RALF HESKE
MIT DIANE ZILLIGES

4 FRAGEN, DIE ALLES VERÄNDERN

DAS GROSSE PRAXISBUCH
FÜR *THE WORK*
NACH *BYRON KATIE*

INHALT

VORWORT VON BYRON KATIE

Ralf Heskes Buch *4 Fragen, die alles verändern* ist eine ausgezeichnete Anleitung für The Work of Byron Katie. Es bietet dir eine klare Beschreibung, wie und warum The Work funktioniert, sowie hilfreiche Beispiele dafür, wie sich Menschen von ihren selbst auferlegten Einschränkungen befreien und sich ein glückliches Leben schenken – einfach indem sie die Gedanken hinterfragen, die sie unglücklich machen.

Ich war dreiundvierzig, als nach zehn Jahren schwerer Depression und tiefer Verzweiflung mein wirkliches Leben begann. Was ich sah, war, dass mein Leiden das Ergebnis meines Kampfes gegen die Realität war. Ich erkannte, dass ich litt, wenn ich meine Gedanken glaubte, aber dass das Leiden vorbei war, sobald ich ihnen nicht glaubte, und dass dies für jeden Menschen gilt. Freiheit ist so einfach! Leiden ist nur eine Option.

Ich fand eine Freude in mir, die niemals wieder verschwand, nicht für einen einzigen Moment. Es ist eine Freude, die jederzeit in jedem Menschen ist. Wenn du aus Liebe zur Wahrheit heraus deinen Verstand hinterfragst, dann kommt er wieder in Übereinstimmung mit seiner wahren Natur und dein Leben wird immer glücklicher, klarer und freundlicher.

Die Work hilft dem leidenden Verstand, seinen Streit mit der Realität zu beenden. Sie hilft uns, uns an den ständigen Wandel anzupassen. Unentwegt geschieht Veränderung, ob uns das gefällt oder nicht. Alles verändert sich, wie es scheint, doch wenn wir an unseren Vorstellungen festhalten, wie diese Veränderung auszusehen hat, fühlt es sich unangenehm an, weil wir keine Kontrolle darüber haben.

Mit The Work betreten wir den Bereich, in dem wir Kontrolle haben: unser Denken. Wir hinterfragen zum Beispiel unsere Gedanken darüber, inwieweit die Welt verrückt geworden zu sein scheint. Und wir sehen, dass die Verrücktheit nie in der Welt war, sondern in uns. Die Welt ist eine Projektion unseres eigenen Denkens. Wenn wir unser Denken verstehen, verstehen wir die Welt und dann lieben und schätzen wir sie. So finden wir Frieden. Wer wäre ich ohne den Gedanken, dass die Welt verbessert werden muss? Glücklich, wo ich gerade bin: die Frau, die auf einem Stuhl in einer offensichtlich schönen Welt sitzt. Ziemlich einfach.

Es ist tatsächlich möglich, ein Leben ohne Leiden und ohne Stress zu führen. Der Weg zur inneren Freiheit beginnt, wenn du erkennst, dass es nicht die Welt ist, die unsere Probleme verursacht – es ist unser Denken über die Welt. Uns macht nicht das unglücklich, was uns passiert – es sind unsere Gedanken darüber. Wenn du das verstehst, ist es, als würdest du aus einem Traum erwachen. Du erkennst, dass dich letztendlich niemand verletzen kann – außer du selbst. Du verstehst, dass du zu 100 Prozent für dein Glück verantwortlich bist und wie du in eine realere, freundlichere Welt hinein aufwachen kannst. Das sind sehr gute Nachrichten. Alle Angst, Wut, Traurigkeit, alle Depression, alle Verbitterung, jeder Wunsch nach der Bestätigung oder Liebe eines anderen, alles, was dich unglücklich macht, es war nur ein Missverständnis. Es war das Ergebnis dessen, dass du Gedanken geglaubt hast, die für dich nicht wahr sind. Diese Gedanken zu identifizieren und sie dann mit den vier Fragen der Work zu überprüfen, hat eine unvorstellbare Kraft – unvorstellbar, bis du es für dich selbst tust.

Sobald du anfängst, die Work als tägliche Übung zu nutzen, entdeckst du eine wunderbare Wahrheit: Der natürliche Zustand des Geistes ist Frieden. Dann kommt dir ein stressiger Gedanke in den Sinn, du glaubst ihn und der Frieden scheint zu verschwinden. Die damit verbundenen stressigen Gefühle lassen dich wissen, dass du gegen die Realität ankämpfst, indem du den Gedanken glaubst. So lernst du, unangenehme Gefühle als Tempelglocke zu erleben, die dich freundlich darauf hinweist: Es ist Zeit zu worken. Wenn du den Gedanken hinterfragst und erkennst, was für dich wahr ist und was nicht, wirst du wieder präsent – dir selbst und deinen Mitmenschen gegenüber. Du wirst zum Zuhörer statt zum Richter, ein aufgeschlossener, weiserer Mensch. Du bemerkst, dass du der Realität deinen Gedanken übergestülpt hattest. Im Lichte dieses Bewusstseins fällt der Gedanke einfach von dir ab. Er verliert seine Macht über dich. Ohne den Gedanken, ohne deine traurige oder angsterfüllte Geschichte bleibt nur das Gewahrsein dessen, was wirklich ist. Ohne deine Geschichte bist du Frieden – bis die nächste stressige Geschichte auftaucht und dich daran erinnert, was noch nicht hinterfragt wurde.

Mit der Zeit wird die Work in dir lebendig: als natürliche wortlose Antwort des Bewusstseins auf aufkommende Gedanken.

Während deiner Praxis beginnst du zu erkennen, dass die Realität gut ist, genau so, wie sie ist. Denn wenn du gegen sie ankämpfst, erlebst du Anspannung und Frustration. Wenn du aufhörst, dich der Realität zu widersetzen, wird das Handeln einfach, fließend, freundlich und furchtlos.

Ich bin meinem geliebten Freund Ralf Heske sehr dankbar, dass er The Work einem größeren Publikum im deutschsprachigen Raum vorstellt – und hoffentlich auch über alle geografischen Grenzen hinaus. Ich liebe es, dass er persönlich so stark von der Work profitiert hat – und ich hoffe, du wirst das auch tun. Es gibt eine Ursache für das Leiden und einen Weg da heraus. Alles, was es braucht, ist ein Stift, ein Stück Papier und ein offener Geist.

Byron Katie
Ojai, Kalifornien, Juli 2020

Wer weiß, wofür das gut ist?

Es war einmal ein Bauer, der lebte vor langer Zeit glücklich und zufrieden mit seinem einzigen Sohn in einem kleinen, ärmlichen Dorf in China. Ihr beinahe einziger Besitz war ein Pferd, das ihnen half, die Felder zu bestellen und die Ernte einzuholen. Eines Tages lief das Pferd davon und blieb verschwunden. Der Nachbar kam herüber und sagte zu dem Bauern: »Oh, du Armer! Dein Pferd ist weg! Jetzt musst du die ganze Arbeit selbst erledigen. Was für ein Unglück!«

Doch der Bauer meinte nur: »Wer weiß, wofür das gut ist …«

Einige Zeit später kehrte das Pferd zurück – und mit ihm eine kleine Herde wilder Pferde. Wieder kam der Nachbar herüber und sagte: »Oh, du Glücklicher! Jetzt hast du ein Dutzend Pferde. Du bist der reichste Mann im Ort. Was für ein Glück!«

Doch der Bauer meinte nur: »Wer weiß, wofür das gut ist …«

Der Sohn des Bauern begann, die wilden Pferde einzureiten. Eines Tages wurde er dabei abgeworfen, flog im hohen Bogen vom Pferd und brach sich ein Bein. Der Nachbar kam herüber und sagte: »Oh, du Armer! Dein Sohn hat sich das Bein gebrochen. Jetzt hast du keinen Helfer mehr. Was für ein Unglück!«

Doch der Bauer meinte nur: »Wer weiß, wofür das gut ist …«

Eine Woche später kamen die Soldaten des chinesischen Kaisers in den Ort und nahmen alle jungen Männer mit, um in den Krieg zu ziehen. Nur der Sohn des Bauern war für den Krieg ungeeignet und konnte nicht mit – er hatte sich ja das Bein gebrochen. Der Nachbar kam herüber und sagte: »Oh, du Glücklicher! Dein Sohn ist der Einzige, der nicht mit in den Krieg ziehen muss! Was für ein Glück!«

Diese kleine Geschichte, die ich hier frei nacherzählt habe, stammt aus einem Klassiker des Daoismus, dem mehr als 2000 Jahre alten chinesischen Text »Huainanzi«. Sie könnte endlos fortgesetzt werden. Diese Fragen können wir uns aus dieser Geschichte mitnehmen:

Will ich recht behalten mit meinem Urteil über die Dinge?

Oder will ich frei sein?

EINLEITUNG

Wir alle scheinen in unseren Mustern gefangen. Wir handeln nicht frei. Wir agieren aus dem heraus, was wir aus den Erfahrungen unserer Kindheit gemacht haben, und ein bisschen aus dem, was wir seitdem an Erfahrungen hinzugewonnen haben. Damit gäbe es auch kein Problem, wenn sich unsere Reaktionen auf das, was wir erleben, gut anfühlen würden, wenn sie uns und andere unterstützen würden. Aber in sehr vielen Situationen ist unser Reagieren aus den – meist unbewussten – Mustern heraus einfach nicht hilfreich. Es bremst uns, es lähmt uns, es macht uns Stress und nicht selten fügen wir damit uns selbst und anderen Schmerzen zu.

Was aber meinen wir eigentlich, wenn wir von unbewussten Mustern sprechen? Wir können sagen: Sie bilden das Mindset, die Grundeinstellung, die wir uns angeeignet haben, und zwar durch die Gedanken, die wir glauben. Manche dieser Gedanken sind Kerngedanken, es sind Glaubenssätze, die unser Leben ganz maßgeblich bestimmen. Meist sind sie sehr alt, etliche haben wir sogar von früheren Generationen übernommen. Oder vielleicht haben wir als Vierjährige erlebt, dass wir nicht geliebt werden, wenn wir etwas Bestimmtes tun. Daraus haben wir dann eine grundsätzliche Lebenseinstellung geschmiedet, nach der wir uns in all unserem Denken und Handeln richten: »Ich werde nur geliebt, wenn ich anders bin. Ich muss auf eine bestimmte Weise handeln oder sein, um von den anderen gemocht zu werden.« Darunter liegt die Grundeinstellung: »So, wie ich bin, bin ich nicht gut genug.« Solche Glaubenssätze prägen unser Lebensgefühl. Und so ist es kein Wunder, dass wir uns nie so gut fühlen, wie wir uns ohne solche Konzepte fühlen könnten. All unser Leiden wird verursacht durch die Konzepte, die wir glauben.

Unser Verstand sucht fortwährend nach Beweisen, die diese Grundhaltung bestätigen. Alles, was wir erleben, sieht er durch den Filter dieser Einstellung, die sich schon in unseren ganz frühen Lebensjahren festgesetzt hat. So gräbt sich diese Idee von uns selbst, den anderen und dem Leben immer tiefer in uns ein und färbt alles, was uns begegnet – bis wir beginnen, unsere Gedanken zu hinterfragen.

Bis wir bemerken, dass wir uns und die Welt auf ganz andere Weise sehen können. Bis wir uns selbst befreien – und dadurch glücklich leben können.

»WIR LEIDEN NUR DANN, WENN WIR EINEN GEDANKEN GLAUBEN. WIR LEIDEN NICHT, WENN WIR DEN GEDANKEN NICHT GLAUBEN.« BYRON KATIE

Für diese Befreiung kenne ich keinen besseren Weg als The Work nach Byron Katie. The Work, das ist eine einfache Methode, die eigenen Gedanken zu überprüfen. Sie besteht aus vier Fragen und Umkehrungen – und in unseren Antworten darauf finden wir den Frieden, nach dem wir ein Leben lang gesucht haben. The Work ist dabei so einfach, dass jeder Mensch sie für sich lernen und nutzen kann.

Wenn wir all das, was uns einschränkt, quält und kleinhält, nicht mehr glauben würden, wären wir frei. Wir würden beginnen, das Leben, uns selbst und die Begegnungen mit anderen mehr zu genießen. Unsere Begegnungen könnten ein Genuss auf Augenhöhe sein. Wir wären unseren Ängsten, unseren Sorgen und den uns beschränkenden Glaubenssätzen nicht mehr ausgeliefert. Das ganze Leben wird zu einem schönen Spiel – und The Work ist das Instrument, mit dessen Hilfe du genau das erleben kannst.

Viele der Dinge, die uns das Leben so schwer machen, die in uns Ängste oder Wut, Traurigkeit, Trauer oder Scham hervorrufen oder für die wir uns schuldig fühlen, beruhen letztlich auf Missverständnissen. The Work ermöglicht uns, diese Missverständnisse zu erkennen, sie aufzulösen und uns dadurch von den emotionalen Auswirkungen dieser Missverständnisse zu befreien. So werden wir freier im Geist, freier in unseren Gefühlen und dadurch auch freier in unserem Tun. Wir können immer mehr so handeln, wie wir wirklich handeln wollen. Wir können immer mehr so sein, wie wir wirklich sein wollen. Das ist ein unermesslich großes Geschenk! Wir kommen immer mehr in die Lage, uns die Lebensumstände zu erschaffen, die zu uns passen, die uns guttun und die uns unterstützen. Oft kommen diese Lebensumstände sogar einfach von ganz allein zu uns, wenn wir unsere Gedanken nicht mehr automatisch glauben, sondern sie hinterfragen.

DAS LEBEN KANN SO VIEL LEICHTER UND SCHÖNER SEIN, WENN WIR NICHT MEHR GLAUBEN, DASS MIT UNS ETWAS NICHT STIMMEN WÜRDE, DASS WIR NICHT GUT GENUG SEIEN, DASS WIR SO, WIE WIR SIND, NICHT GELIEBT WÜRDEN.

UNTERWEGS ZU DIR SELBST

Dieses Buch zeigt dir den Weg zu deinem wahren Selbst. Es zeigt, wie du die Freiheit, die du bist, mehr und mehr entdeckst. Den Frieden, der du bist. Die Liebe, die du bist. Manchmal sieht es so aus, als wenn The Work einfach eine Coachingmethode wäre, die uns dabei hilft, eine bessere Partnerschaft zu leben oder beispielsweise in unserem beruflichen

Umfeld, mit unseren Kindern oder mit uns selbst besser klarzukommen. Aber letztlich geht es um Freiheit, um Wahrheit und um Liebe.
The Work nach Byron Katie ist eine Möglichkeit, mit dem, was nicht funktioniert und was stressig ist, auf ganz neue Weise umzugehen. Was auch immer dich belastet, du kannst dich auf die Suche nach den Gedanken machen, die dieses Leid hervorrufen. Denn immer sind es Gedanken, die uns leiden lassen und die uns in Situationen verstricken, die schmerzvoll sind. Wenn du diese ursächlichen Gedanken überprüfst, erlebst du, wie du immer freier wirst. Du entdeckst einen völlig anderen Blickwinkel und neue Handlungsmöglichkeiten. Bereits mit deiner allerersten Work beginnst du, dein Leben aufzuräumen und im allerbesten Sinne umzuwandeln. Du kommst bei dir selbst an, dort, wo deine Freude, deine Liebe und deine wahre Kraft zu Hause sind. Du bekommst direkten Zugang zu dem tiefen inneren Wissen, was immer schon in dir verborgen war.

The Work ist ein Weg

Eine einzige The-Work-Sitzung kann manchmal das ganze Leben verändern und uns völlig verwandeln. Doch oft gibt das Leben uns immer neue Chancen, uns weiterzuentwickeln. Es stellt uns immer neue Herausforderungen. Es holt in uns all die Glaubenssätze und die Gedanken hervor, die uns nach wie vor Stress und Leid bescheren. Wenn du die Work kennst, dann ist dies stets eine Einladung, deine Stress verursachenden Gedanken zu hinterfragen.
Es braucht diese Wiederholungen, damit sich neue Verschaltungen im Gehirn dauerhaft aufbauen können. Daher nutzen viele die Work als eine regelmäßige Praxis; sie wird zu einer schönen Angewohnheit. Nach und nach gibt es dann immer weniger, was uns einschränken oder nerven kann oder was uns in einen leidvollen Zustand versetzt.
In diesem Buch erfährst du alles, was du brauchst, um deinen Weg mit The Work gehen zu können. Ich werde dir diese Methode Schritt für Schritt vorstellen. So kannst du schnell loslegen und deine eigenen Erfahrungen damit machen. Schon nach den ersten beiden Kapiteln hast du eigentlich alles, was du zum Worken benötigst. Im weiteren Verlauf des Buches stelle ich dir vielfältige Werkzeuge, Kniffe und Übungen vor, mit denen du immer intensiver und wirkungsvoller mit The Work arbeiten kannst.

> *»THE WORK ERLAUBT DIR, SO WEIT ZU GEHEN, WIE DU ZU GEHEN BEREIT BIST.« BYRON KATIE*

The Work in ihrer Einfachheit und Vielfalt wurde von Byron Katie entdeckt und in Tausenden von Seminaren und Coachings und auch in der Selbstbegleitung von unzähligen Menschen weltweit erprobt. Zum Teil wurden die entsprechenden Übungen von mir innerhalb der letzten zwanzig Jahre weiterentwickelt oder auch neu kreiert. Sie alle entstammen der Begeisterung für diesen genial einfachen Weg der Selbstbefragung, der ein Weg des Friedens und der Liebe ist.

VIELLEICHT DIE SCHÖNSTE FORM VON »ARBEIT«

Ich wünsche dir viel Freude auf deinem Weg mit The Work und viele gute und befreiende

Erkenntnisse. Ich weiß, dass ein solcher Weg nicht immer nur angenehm ist, sondern dass es manchmal auch erschreckend sein kann zu erkennen, was wir uns und anderen angetan haben, indem wir unbewusst und unschuldigerweise unsere Gedanken geglaubt haben. Letztlich ist The Work aber immer ein Weg, das Leben zu genießen.

Mir fiel es anfangs eher leicht, ganze Brocken an Belastendem wegzuräumen und mich immer unbeschwerter und besser zu fühlen. Zeitweise habe ich mich gefragt, wieso Byron Katie es eigentlich The Work, also »die Arbeit« genannt hat. Oft geschieht die Transformation so leicht und so einfach. Doch bei bestimmten Themen fühlte es sich auch wirklich wie »Arbeit« an, den Weg heraus aus meinem inneren Gefängnis zu finden.

Später verstand ich, dass es für Katie in den ersten Jahren, nachdem sie die Work entdeckt hatte, vor allem darum ging, ihre Gedanken zu überprüfen, um frei vom Leiden zu bleiben. Das war eine tagtäglich zu verrichtende Arbeit, sozusagen ihr neuer Job. Und auch für mich war es so, dass The Work – neben dem Entdecken der Stille in mir, die auch mein Worken geprägt hat – zum Wichtigsten wurde, was ich tun konnte, für mich selbst und für mein Umfeld.

Unser eigener Weg mit The Work ist immer auch ein Beitrag, den wir für ein besseres Leben auf diesem Planeten leisten können. Es ist unser Weg nach innen, der auch das scheinbare Außen wandelt. Ich danke dir für dein Interesse, dein Leben und deine Welt ein wenig freier und liebevoller werden zu lassen – dadurch, dass du dich um deine Gedanken kümmerst.

In Liebe, Ralf

ZUR EINSTIMMUNG

Mit diesem Buch lade ich dich dazu ein, dir zu erlauben, neugierig zu sein und etwas völlig Neues in dir selbst zu entdecken. Eine völlig neue Sicht auf das Leben. Eine bislang ungeahnte Nähe zu dir selbst. Eine unumstößliche Zuversicht. Ein weit offenes Herz voller Liebe für dich, für andere und für das Leben. Bist du bereit dafür?

Ich lade dich ein, dabei spielerisch zu sein, sanft und freundlich dir selbst gegenüber. Wir alle waren schon lange genug hart gegen uns selbst. Und hat das funktioniert? Wenn nicht, dann könntest du es jetzt einmal ganz anders angehen. Auf eine vollkommen neue Weise.

»Die Definition von Wahnsinn ist, immer wieder das Gleiche zu tun und andere Ergebnisse zu erwarten«, soll Albert Einstein gesagt haben. Trau dich, etwas Neues auszuprobieren – und erkunde einen Weg für dich, der schon so viele vor dir in die Freiheit geführt hat.

WAS IST THE WORK?

Würdest du dein Leben gern mit mehr Freude genießen?
Würdest du dich gern mehr mit anderen verbunden fühlen?
Würdest du dich gern gut fühlen mit dir selbst, so wie du bist?
Ja?
Dann herzlich willkommen bei The Work.

»DU BIST NICHT GUT GENUG.« IST DAS WAHR?

Wenn ich Menschen mithilfe der Work begleite, steckt hinter ihren Themen häufig ein Glaubenssatz wie: »Ich bin nicht gut genug.« Hier skizziere ich dir an diesem Beispiel eine mögliche Work.

Eine Klientin, nennen wir sie Angelika, hatte bereits einige Erfahrung mit The Work und bat mich, sie bei einem für sie aufreibenden Thema zu begleiten. Sie war relativ frisch in einer Partnerschaft und hatte Angst, ihren neuen Partner wieder zu verlieren. Schon oft war sie verlassen worden und sie befürchtete, dass ihr das auch bei ihrem aktuellen Partner wieder passieren würde.

Ich fragte sie, in welcher Situation diese Befürchtung aufgetreten sei. Angelika überlegte kurz und erzählte dann Folgendes: »Letztes Wochenende habe ich Martin vorgeschlagen, zusammen spazieren zu gehen. Aber er wollte nicht. Seine Reaktion hat mich gelähmt, ich habe mich ganz elend gefühlt. Ich habe mich dann gefragt, was dieses Gefühl ausgelöst haben könnte – und bemerkte, wie wertlos ich mich fühlte. Ich fühlte mich nicht gut genug, um eine erfüllte Beziehung zu haben. Ziemlich übertrieben, oder?«

Ich antwortete: »Es hilft ja nicht, das zu bewerten. Du hast dich so gefühlt, wie du dich gefühlt hast – und du hast bereits die Chance genutzt, dich zu fragen, was diese Gefühle ausgelöst haben könnte. Das ist ja nie die Situation an sich, sondern immer das, was wir über die Situation glauben. Und du hast schon Gedanken genannt, die dich in der Situation gequält haben. Diese können wir uns nun mit der Work genauer anschauen.« Dafür gäbe es verschiedene Möglichkeiten, doch ich möchte es bei diesem ersten Beispiel ganz einfach halten. Ich fragte Angelika also: »In dieser Situation, die du beschrieben hast, welche Gedanken hast du da möglicherweise geglaubt?«

»Am stärksten war das ›Ich bin nicht gut genug‹. Ja, das hat mich wirklich getroffen.«

Ich bin nicht gut genug – durch diesen Gedanken begleitete ich Angelika nun mit der Work. Zur Einstimmung sagte ich zu ihr: »The Work ist ein meditativer Prozess. Ich werde dir ein paar Fragen stellen und ich lade dich ein, die jeweilige Frage zu hören, sie wörtlich zu nehmen, innezuhalten und zu bemerken, welche Antwort in dir auftaucht. Es gibt keine richtigen oder falschen Antworten. Vertraue einfach der Antwort, die sich in dir zeigt.«

Ich lud Angelika ein, ihre Augen zu schließen (das kann den inneren Prozess erleichtern) und sich noch einmal ganz und gar in die Situation mit Martin hineinzuversetzen: »Es ist Wochenende, die Sonne scheint, Martin sitzt am Tisch, du kommst ins Wohnzimmer hinein und fragst ihn, ob er mit dir spazieren gehen will. Er sagt Nein.« Angelika begab sich innerlich in diese Situation und beantwortete dann die Fragen, die ich ihr stellte, aus dieser konkreten Situation im Wohnzimmer heraus.

Ich stellte ihr die erste Frage der Work: »In dieser Situation: Du bist nicht gut genug – **ist das wahr?«**

Angelika spürte der Frage nach, ich ließ ihr Zeit dafür. Schließlich hörte ich von ihr ein leises Ja.

Ich fragte weiter: »In deiner Situation: Du bist nicht gut genug – **kannst du mit absoluter Sicherheit wissen, dass das wahr ist?«**

Wieder ließ sie sich Zeit, um ihre Antwort zu bemerken. Schließlich schüttelte sie den Kopf: »Nein.« Sie wirkte ein wenig erleichtert.

DIE FRAGEN EINS UND ZWEI BEANTWORTEN WIR NUR MIT JA ODER NEIN.

Ich stellte die dritte Frage: »In deiner Situation im Wohnzimmer – **wie reagierst du, was passiert, wenn du den Gedanken glaubst** ›Du bist nicht gut genug‹?«

Aus Angelika sprudelte es hervor: »Ich sinke in mich zusammen, meine Schultern hängen, ich atme nur ganz flach. Ich fühle mich schwer und traurig. Da ist eine riesige Traurigkeit in mir. Ich fühle mich einsam und verloren. Gelähmt. Ich versinke in diesem Loch aus Traurigkeit und Hoffnungslosigkeit. Ich bin überzeugt, dass es niemals besser werden wird. Niemand wird jemals bei mir bleiben … Ich merke gerade, dass ich Martin gar nicht richtig wahrnehme, weil ich so in meinem Ärger und in meiner Trauer versunken bin. Ich bin auch wütend auf ihn. Ich fühle mich abgelehnt – und so abhängig von ihm … Ich könnte die Tür zuknallen und wegrennen – und zugleich wünsche ich mir seine Nähe. Ich fühle mich so bedürftig … Das fühlt sich alles so scheußlich an.«

Ich hätte Angelika jetzt noch eine der Unterfragen stellen können, die du weiter hinten in diesem Buch kennenlernen wirst. Sie hatte jedoch die dritte Frage schon umfassend beantwortet – und war dabei auch mit ihren Gefühlen verbunden. Also ging ich weiter zur vierten Frage:

»In der gleichen Situation im Wohnzimmer: Einfach mal angenommen, der Gedanke ›Du bist nicht gut genug‹ hätte gar nicht auftauchen können – **wer wärest du ohne diesen Gedanken?«**

Angelika wurde ganz still. Sie hatte die Augen immer noch geschlossen. Über ihr Gesicht ging ein feines Lächeln. Sie atmete tief und berichtete dann: »Ich wäre innerlich viel ruhiger. Freier. Ich würde mich spüren. Eben bei der dritten Frage schien es mich gar nicht mehr zu geben. Jetzt tauche ich wieder auf. Es wäre okay. Da ist kein Drama mehr … Irgendwie taucht auch Martin wieder auf. Ohne diesen Gedanken nehme ich ihn überhaupt erst richtig wahr. Ich kann sehen, dass er da irgendwas an seiner Kamera bastelt und da völlig drin aufgeht … Es hat nichts mit mir zu tun, dass er nicht spazieren gehen will, er will einfach weiterbasteln. Ich bin frei. Ich beginne mich zu fragen, was ich denn jetzt gern machen möchte … Ich spüre wieder meine Liebe zu ihm. Ich fühle mich beschwingt. Ich kann meine Lebenslust wieder spüren.«

Ich ließ Angelika noch etwas Zeit zum Nachspüren. Dann ging ich zum nächsten Schritt: »**Welche Umkehrung findest du** für den Satz: Ich bin nicht gut genug?«

»Ich *bin* gut genug.« Auch hier lud ich sie wieder ein, sich selbst in ihrer Situation im Wohnzimmer zu spüren, jetzt mit dieser Umkehrung. Nach einiger Zeit fragte ich sie: »Du bist gut genug – wie könnte das möglicherweise wahr sein in deiner Situation mit Martin im Wohnzimmer?«

»Es ist wahr, weil sein Nein nichts mit mir zu tun hat. Er war einfach nur beschäftigt … Außerdem ist es für mich wahr, weil ich so deutlich spüren kann, dass mein Selbstwert nur von meiner Meinung über mich abhängt. Ich lebe mein Leben – und wenn ich glaube, ich sei nicht gut genug, dann fühlt es sich auch so an. Und wenn das Gleiche geschieht und ich das nicht glaube, dann ist es gar keine Frage, ob ich gut genug bin oder nicht. Dann bin ich es einfach.«

»Das sind zwei Beispiele für deine Umkehrung. Findest du vielleicht noch eines? Du bist gut genug – wie könnte das noch wahr sein?«

Angelika spürte eine Weile nach. Dann sagte sie: »Ich kann das gerade gar nicht richtig in Worte fassen. Da taucht so ein Gefühl in mir auf, dass es gar nicht um gut genug oder nicht gut genug geht. Ich bin einfach – und das ist immer gut genug.« Das berührte sie tief. Dann fragte ich sie: »Findest du noch eine weitere Umkehrung?« Da sie bereits Erfahrung mit der Work hatte, kam sie gleich auf: »›*Mein Denken über mich* ist nicht gut genug‹ … Ja, das kann ich finden.« Sie fing an zu lachen. »Das Einzige, woran ich in der Situation mit Martin leide, ist mein Denken, sind meine Urteile darüber, was es bedeutet, dass er nicht mit mir spazieren gehen will. Eigentlich ist alles gut so, wie es ist, aber wenn mein bewertendes Denken aktiv wird, dann taucht damit der ganze Schmerz auf.«

»Gibt es noch eine Umkehrung für dich?«

»Ich bin nicht *schlecht* genug.« Angelika lachte wieder. »Ja, das stimmt auch! Es erscheint mir jetzt völlig unsinnig, dass Martin in dieser Situation irgendwie gegen mich war. So schlecht bin ich einfach nicht. Ja, diese Umkehrung fühlt sich auch richtig an für mich.«

Angelika wirkte jetzt, im Vergleich zum Anfang unserer Sitzung, völlig verändert. Viel leichter, offener, voller Freude und Selbstbewusstsein. Zum Abschluss unserer etwa halbstündigen Sitzung fragte ich sie: »Was nimmst du mit aus dieser Work?«

Sie schloss wieder ihre Augen. Dann sagte sie: »Ich nehme vor allem mit, dass ich immer dann, wenn ich denke, nicht gut genug zu sein, die Realität aus den Augen verloren habe. Wenn ich in der Situation mit Martin ihn wirklich wahrgenommen hätte, dann hätte ich das gar nicht denken können. Ich nehme mit, dass ich gern lernen möchte, immer dann, wenn ich mich schlecht fühle, noch einmal genau hinzuschauen und mich zu fragen: Ist es wirklich so, wie ich denke? Und ich nehme auch mit, dass ich abgesehen von meinem Denken immer schon gut genug bin – einfach weil ich bin.«

WOBEI HILFT DIR THE WORK?

Wie können vier einfache Fragen das ganze Leben verändern? Wie kann es sein, dass wir, indem wir unsere Gedanken hinterfragen, die ganze Welt um uns herum verwandeln? Und was braucht es, um diesen Weg zur Freiheit zu gehen?

The Work kann dir innere Freude, Freiheit und Verbundenheit ermöglichen, wo vorher Enge, Stress und Trennung waren. Wir sind glücklich, wenn wir die Realität so annehmen, wie sie ist, wenn wir lieben, was ist. Und wir fühlen uns schlecht – oder zumindest nicht so gut, wie es möglich wäre –, wenn wir die Realität anders haben wollen, als sie ist, wenn wir also innerlich dagegen ankämpfen. Dieser Kampf dagegen ist bei den meisten Menschen allerdings das, womit sich der Verstand großenteils beschäftigt. Und das hat enorme Auswirkungen auf unser Wohlbefinden.
Außerdem sind wir mit unseren Gedanken sehr oft in der Zukunft. Wir ängstigen uns selbst, weil wir unsere Befürchtungen auf eine vorgestellte Zukunft projizieren. Wir sind wie das kleine Kind, das sich vor dem Monster unter dem Bett fürchtet. Mit The Work machen wir das Licht an: Wir schauen nach und sehen, dass es da gar kein Monster gibt.

Vielleicht kennst du dieses bekannte Gebet: »Gott, gib mir die Gelassenheit, die Dinge hinzunehmen, die ich nicht ändern kann, den Mut, die Dinge zu ändern, die ich ändern kann, und die Weisheit, das eine vom anderen zu unterscheiden.« Diese Gelassenheit, diesen Mut, diese Weisheit können wir in uns selbst entdecken, wenn wir die Work anwenden.

THE WORK EIGNET SICH FÜR JEDES THEMA

Da The Work an der Wurzel des Leidens ansetzt, nämlich in dem Moment, in dem ein Gedanke auftaucht und geglaubt wird, ist es möglich, diesen Prozess auf alle Zustände anzuwenden, mit denen es uns nicht gut geht. Wenn wir die Work häufiger anwenden, kann uns das eine unerschütterliche Zuversicht verleihen, weil wir wissen: Was auch immer geschieht, wir können mit diesem Werkzeug unseren inneren Frieden wiederfinden.

Hier sind einige Beispiele für Anwendungsmöglichkeiten: Wir können mit The Work

- Stress in Beziehungen zu anderen Menschen auflösen.
- uns selbst so annehmen und lieben, wie wir sind.
- unseren Körper so annehmen und lieben, wie er ist (und uns selbst und dem Körper damit Gutes tun).
- belastende Ereignisse aus der Vergangenheit klären.
- freier werden von Wut und Trauer, von Scham- und Schuldgefühlen.
- Befürchtungen auflösen.
- innere Zwänge lockern oder auflösen.
- ein gesundes Selbstbewusstsein entwickeln.
- unsere Schüchternheit überwinden.
- einschränkende Glaubenssätze über uns, über andere und über die Welt auflösen.
- in einen Zustand kommen, in dem wir spüren, dass uns ganz viel möglich ist.
- immer mehr aus dem gegenwärtigen Moment heraus leben.

The Work kann unsere Lebensqualität innerhalb recht kurzer Zeit drastisch verbessern. Viele berichten davon, wie sich Beziehungen, die vorher immer wieder schmerzvoll waren, wunderschön entwickelten. Einige nahmen den Kontakt zu ihren Eltern wieder auf – und waren extrem dankbar für diese neu gewonnene Verbundenheit. Wieder andere hörten auf, mit ihrem Körper zu hadern, oder fühlten sich freier von Schuld, Scham, Ängsten und Unzufriedenheit. Sie begannen, sich selbst zu schätzen und zu lieben und das Leben immer mehr zu genießen. Grundlose Glücksgefühle, Dankbarkeit für das, was ist, und Lebenslust erfüllen mehr und mehr ihr Leben. The Work wurde so für unzählige Menschen zu einem Weg zu innerem Frieden und neuer Lebenslust.

UNSERE WAHRE NATUR

Wir alle leben zunächst in Geschichten. In den Geschichten, die wir uns über all die Ereignisse und Menschen in unserem Leben erzählen. Diese Geschichten verursachen häufig viel Leid – weil wir sie für wahr halten. Und viele nehmen ihre Geschichten mit ins Grab. Doch ohne diese Geschichten sind wir vollkommen frei. Es ist schwer zu beschreiben, doch mit The Work lässt es sich direkt erleben: Ohne Geschichten ruhen wir in uns, sind voller Liebe und unser Frieden breitet sich über unsere gesamte Welt aus. Alles verändert sich, wenn wir unsere Geschichten, die wir der Realität übergestülpt haben, hinterfragen. So ist The Work der ideale Weg zur Freiheit – zur Freiheit von unseren Beurteilungen, Einschätzungen, Meinungen und Ideen über uns selbst und über die Welt, die zuvor unser ganzes Lebensgefühl prägten.

Unser Verstand kann nicht fassen, was wir wirklich sind, da es weit über seine Begrenztheit hinausgeht. Wenn wir im Kontakt mit unserer wahren Natur sind, dann spiegelt es sich in unserer menschlichen Form als eine angenehme Empfindung wider, die mit Adjektiven beschrieben werden kann wie: frei, glücklich, liebevoll, entspannt, freudvoll, verbunden. Wenn wir uns nicht so fühlen, sondern gestresst sind, frustriert, ängstlich, ärgerlich, wütend, dann ist das ein Zeichen dafür, dass wir einen Gedanken glauben, der diesen Stress verursacht. Jeder stressige Gedanke will entweder die Realität anders haben, als sie ist, oder glaubt, dass in der Zukunft etwas Schlimmes geschehen könnte. Wenn wir diese Gedanken glauben, verdecken sie unsere wahre liebevolle Natur. Wenn wir diese Gedanken glauben, verursacht das Stress. Und wenn wir diese Gedanken nicht glauben, fühlen wir uns weit und sind erfüllt von Frieden und Liebe.

LEICHEN IM KELLER

Solange wir Leichen im Keller haben, können wir nicht frei leben. Wir können nicht wirklich unbeschwert sein und es wird uns auch nicht gelingen, dorthin zu gelangen, wo wir in unserem Leben wirklich sein wollen. Das Ungelöste in uns, das, was wir nicht wahrhaben und uns nicht anschauen wollen, was wir mit großem Energieaufwand zu unterdrücken versuchen, es begleitet uns auf Schritt und Tritt. Wir schleppen es in jede unserer Lebenssituationen mit hinein. Diese Leichen anzuschauen, das ist unsere Chance auf Befreiung.

»MIT THE WORK KANN MAN TATSÄCHLICH DIE VERGANGENHEIT VERÄNDERN. ICH SEHE MEINE KINDHEIT HEUTE VÖLLIG ANDERS. SIE WAR ANDERS, ALS ICH LANGE GLAUBTE.« EINE SEMINARTEILNEHMERIN

Das Paradoxe bei The Work ist, dass wir auf diesem Weg erkennen, dass es in unserem Keller gar keine Leichen gibt und nie welche gegeben hat.
Doch solange wir nicht hinschauen, sind sie scheinbar da und beeinträchtigen unser Leben. Wenn wir wirklich frei sein wollen, dann müssen wir uns dem stellen, was wir versucht haben zu verdrängen. Dafür ist The Work das ideale Werkzeug.
Wie die Schalen einer Zwiebel fallen nach und nach die schmerzhaften Vorstellungen von uns ab, mit jeder Work eine Schicht mehr. Wir kommen immer mehr bei uns selbst an, in unserem Kern, der Frieden und Liebe, Verbundenheit und Freiheit ist. Ein solcher Weg ist nicht immer leicht zu gehen. Doch in jeder einzelnen Work gehen wir mit der dritten Frage durch den Schmerz und finden dann in der vierten Frage die Erlösung. Trotz mancher schmerzhafter Momente wird der Weg mit The Work von vielen Menschen als wunderschön beschrieben.

IM JETZT ANKOMMEN

Im jetzigen Moment gibt es keine Probleme. Der Verstand allerdings liebt es, Probleme zu erschaffen, weil er es liebt, sie zu lösen. Wenn er keine Probleme hat, die er lösen kann, dann hat er nichts zu tun. Er fühlt sich nutzlos und befürchtet, sich womöglich aufzulösen. Also hält er immer Ausschau: Wo ist ein Problem? Wo könnte es eins geben? Wo kann ich eins erschaffen? Es braucht solche gedanklichen Aktivitäten für jede Art von Problem. Es braucht dafür Vergangenheit oder Zukunft. Wenn wir ganz im Jetzt sind, dann ruht der Verstand und damit gibt es auch keine Probleme. Auch darum wird in spirituellen Lehren die Gegenwärtigkeit als so bedeutsam hervorgehoben.
Solange unser Verstand durch die ganzen Probleme und Geschichten verwirrt ist, ist es allerdings kaum möglich, gegenwärtig zu sein. Der Großteil unserer Aufmerksamkeit ist dann auf das Denken ausgerichtet. Mit der Ausrichtung auf den Verstand werden wir eine wirkliche Lösung aber nie finden.

Durch das Hinterfragen der Gedanken mit der Work werden wir freier von unserem Denken und dadurch freier von Vergangenheit und Zukunft. So können wir in der Gegenwart ankommen.
Durch deine Antworten auf die Fragen der Work kannst du auch erkennen: Wie willst du wirklich sein? Wie willst du leben? Auch das kann dazu beitragen, dass sich dein Leben immer mehr aus dem gegenwärtigen Moment heraus entfalten kann.

BYRON KATIE – DIE ENTDECKERIN VON THE WORK

The Work würde es nicht geben ohne Byron Katie, von der ich dir hier ein wenig erzählen möchte. An ihrem Lebensweg lässt sich das Potenzial der Work gut ablesen. In einem Ort an der kalifornischen Wüste lebte Katie, wie sie einfach nur genannt wird, zunächst ein ganz normales Leben, bis sie mit Mitte dreißig von einer schweren Depression heimgesucht wurde. Über zehn Jahre hinweg wurden ihre Beschwerden immer schlimmer, sie hatte Panikattacken, fühlte sich zutiefst wertlos und war voller Zorn. Lange Zeit konnte sie nicht einmal mehr ihr Haus verlassen, am Ende blieb sie oft den ganzen Tag im Bett. Eines Morgens im Februar 1986 erwachte sie – und alles hatte sich verändert. Der Schmerz war verschwunden. Das Leid war vorbei. Sie war »erwacht«, wie man in spirituellen Kreisen sagt, und das, obwohl sie niemals in irgendeiner Weise spirituell praktiziert oder meditiert hatte. Über Nacht hatten sich Liebe, Freiheit und eine grenzenlose Glückseligkeit eingestellt. Alles war gut so, wie es war.
Dann bemerkte Katie, wie ein alter Gedanke zurückkam. Sie realisierte: Wenn sie diesen Gedanken wieder glauben würde, wäre auch der alte Schmerz wieder da. Sie ging tief in diese Vorstellung hinein und fragte sich, was genau passieren würde, wenn sie den Gedanken glauben würde. Die Verzweiflung und das Leid kämen zurück, alles wäre wie vorher. Sie bemerkte, dass sie ohne diesen Gedanken frei, glückselig und voller Liebe bleiben konnte. Und sie realisierte, dass der Gedanke, der so viel Leid verursachen konnte, noch nicht einmal wahr war.

KATIE WUSSTE IN DIESEM MOMENT, DASS FÜR JEDEN GILT, WAS SIE FÜR SICH ERKANNT HATTE: WIR LEIDEN, WENN WIR EINEN GEDANKEN GLAUBEN – UND WIR LEIDEN NICHT, WENN WIR DEN GEDANKEN NICHT GLAUBEN.

Auf diese Weise arbeitete sie mit allen Gedanken, die in ihrem freien Geist auftauchten. So kam sie zur Work – oder wie sie selbst es manchmal sagt: The Work hatte sie gefunden. Es war etwas Radikales und Neues, nicht nur für Katie selbst, sondern für die ganze Menschheit, wie sich zeigen sollte.
Katie hatte eine Methode entdeckt, mit der die eigenen Gedanken hinterfragt werden können und durch die es möglich wird, Frieden zu finden, ganz gleich, was man erlebt hat.
Nach ihrem Erwachen hinterfragte Katie zunächst jeden Tag all die Gedanken, die in ihr auftauchten und die sie wieder aus ihrem Frieden hätten bringen können, wenn sie sie

geglaubt hätte. So konnte sie in ihrem neu gewonnenen Frieden bleiben.

Auch ihr Umfeld bekam mit, dass sich hier etwas Außergewöhnliches ereignet hatte. Nach ihrer Entdeckung von The Work sah Katie auf einmal, nach der langen Zeit des Leidens, so glücklich aus, dass die Menschen sie ansprachen und fragten, wie auch sie das erlangen könnten, was Katie offenbar gefunden hatte. Katie setzte sich mit ihnen zusammen und half ihnen, ihre eigenen Gedanken zu überprüfen. Es zeigte sich, dass jeder Mensch mit einer gewissen Offenheit enorm davon profitieren konnte.

Das war der Beginn von The Work als Methode, die schließlich um die Welt ging. In den nächsten Jahrzehnten wuchs die Zahl der Interessenten an dem, was das Leben so nachhaltig verändern kann, stetig an. Katie bereiste alle Kontinente, um mit zahllosen Menschen The Work zu praktizieren. Mit ihrer unvergleichlichen Liebe, ihrem Humor und ihrer weisen Kompromisslosigkeit berührt und verwandelt sie bis heute Tausende. Sie liebt es, The Work zu teilen und die Welt damit zu einem besseren Ort zu machen.

Ihr Geschenk an die Welt steht auch dir zur Verfügung: The Work kann dir ermöglichen, nach Hause zurückzukehren, nach Hause zu dir selbst, zu deiner wahren Natur. The Work kann den Verstand in Übereinstimmung mit der Realität bringen, sie kann Verstand und Herz zusammenführen. Die Folge davon ist ein einfacheres, friedvolleres Leben, in dem dir nichts Schlimmeres passieren kann als ein Gedanke, den du glaubst.

KATIE ALS »ZEN-MEISTERIN«

Für mich ist Katie nicht nur diejenige, die uns die Methode The Work und damit einen Weg zur Freiheit geschenkt hat. Ich sehe sie auch als eine Art Zen-Meisterin. Sie sagt oft Sätze, die an Koans erinnern – Aussagen, die den Verstand zum Stoppen bringen, weil er sie nicht versteht, und die damit ein tieferes Erkennen ermöglichen.

Wenn sie aus ihrer Erfahrung berichtet, dann gibt es da immer wieder Stellen, über die man stolpern und in denen man eine unerwartete tiefe Weisheit finden kann. Ein Beispiel dafür ist, wenn sie sagt: »Ich denke nicht, ich werde gedacht.«

DIE GEDANKEN KOMMEN UND GEHEN. WIR SELBST ABER SIND IMMER DA, VOR DEM GEDANKEN, WÄHREND DES GEDANKENS UND AUCH, WENN ER WIEDER WEG IST.

Ich persönlich schätze das sehr. Mich haben viele ihrer Aussagen jahrelang beschäftigt und mich letztlich tiefer zu mir selbst gebracht.

So wertvoll diese »Koans« und Katies Berichte aus ihrem Leben sein können, die oft tiefe spirituelle Einsichten transportieren: In diesem Praxisbuch habe ich sie naturgemäß kaum berücksichtigt. Denn hier geht es vorrangig um das Handwerkszeug für The Work. Zugleich ist auch dieses Buch von der ersten bis zur letzten Seite von Katies Erfahrungen und dem geprägt, was diese in mir bewirkt haben. Das Buch lädt dich ein, deine eigenen Erfahrungen und Entdeckungen zu machen. Wenn du neben dem Praktischen mehr von Katie als »Zen-Meisterin« erfahren möchtest, kannst du dir ihre Bücher vornehmen, die im Anhang dieses Buches aufgelistet sind, oder ihre Videos, die du beispielsweise auf YouTube findest.

VIELFÄLTIGSTE GESCHENKE

Der deutschsprachige Verband für The Work of Byron Katie (vtw) hat 2019 eine kleine Umfrage unter seinen Mitgliedern gemacht, welche ihrer Erwartungen an The Work sich für sie erfüllt haben und welche nicht. Die Antworten lassen sehr schön erkennen, welche Geschenke The Work für uns bereithält. Und sie zeigen auch, dass die Methode zwar wundervolle Ergebnisse bringen kann, aber natürlich keine Zauberpille ist, die man nur zu schlucken braucht und dann ist alles gut. Es ist ein Weg und während wir ihn gehen, begegnen uns weitere Herausforderungen. Nicht alles löst sich sofort in Wohlgefallen auf. Doch wir haben das ideale Instrument, mit allem, was uns begegnet, gut umgehen zu können.

> SELBSTFÜRSORGE UND SELBSTLIEBE WERDEN DURCH DIE WORK DEUTLICH STÄRKER. DIE WORKENDEN ERLEBEN AUFFALLEND WENIGER SCHULDGEFÜHLE UND EIFERSUCHT, DAFÜR MEHR FREIHEIT, MEHR MUT UND MEHR FREUDE AUCH ÜBER DIE EINFACHEN DINGE.

Was sich für die Teilnehmenden an dieser Umfrage erfüllt hat, war zum Beispiel, dass sie mehr Vertrauen ins Leben empfinden, seit sie worken, und das Universum immer häufiger als freundlich erleben. Mehr Gelassenheit wird erfahren und dafür weniger Stress, Hektik, Aktionismus und Drama. Die Teilnehmenden erleben sich als bessere Zuhörer und ihre Gedanken verlieren insgesamt an Macht. Insgesamt sind die schmerzhaften Gefühle weniger geworden, alte Geschichten klären sich und der Rucksack, den man durchs Leben trägt, wird immer leichter. So vermehren sich Lebensfreude und Lebenskraft. In diesem Sinne lade ich dich herzlich ein, deine eigenen Erfahrungen mit The Work zu machen.

EIN WEG AUS DER DEPRESSION

Mir sind sehr viele Menschen begegnet, die sich mithilfe der Work aus ihrer Depression befreien konnten. Wenn du an Depressionen leiden solltest, empfehle ich dir unbedingt, weiterhin den Anweisungen deiner Ärzte zu folgen. Parallel dazu kannst du gegebenenfalls die Work für dich nutzen. Auch eine Depression rührt daher, dass wir bestimmte Gedanken glauben, die schmerzvoll für uns sind. Diese Gedanken können wir aufspüren, sie mit der Work hinterfragen und ihnen so die Gelegenheit geben, uns in Frieden zu lassen.

Gelebte Work

Ich selbst kam 1999 zur Work. Ich hatte einen Tipp für eine Veranstaltung mit einer Australierin bekommen, hatte aber keine Ahnung, was mich dort erwarten würde. Mit meinen einunddreißig Jahren befand ich mich damals in einem tiefen Sumpf. Seit ich fünfzehn war, hatte ich mich beinahe täglich dicht gemacht – in den ersten Jahren vor allem mit Cannabis, später war ich fast jeden Tag betrunken. Meine Gefühlswelt fühlte sich für mich einfach zu schlimm an, um nüchtern zu bleiben. Ich empfand mich als total ungenügend. Ich war voller Scham und Ängste und wusste keinen Weg da heraus. Ich war extrem schüchtern – wünschte mir aber eigentlich Nähe. Mein Leben war eine große Qual. Genießen konnte ich es so natürlich nicht.

Und dann kam dieser Abend

Ich beobachtete, wie Kali, die Australierin, einige Freiwillige zu sich nach vorn holte und ihnen immer wieder die gleichen Fragen stellte. Es waren teilweise wirklich heftige Geschichten, die die Leute mitbrachten – und ihr Leiden schien sich einfach aufzulösen. Ich spürte das Potenzial, das in diesen vier Fragen lag. Nach der Veranstaltung war mir klar: Wenn ich diese Fragen in mein Leben hole, wird mich das befreien.

So fing ich an, die Work für mich anzuwenden. Ich workte viel, über andere Menschen, aber auch über mich selbst, beispielsweise über meine Grundüberzeugung: »So, wie ich bin, kann man mich nicht lieben.« Nach einiger Zeit bemerkte ich, dass ich seit Wochen keinen Tropfen Alkohol getrunken hatte. Ich hatte mir das nicht vorgenommen, ich hatte es noch nicht einmal bemerkt. Es hatte einfach aufgehört. Sechzehn Jahre lang war ich nie über einen längeren Zeitraum nüchtern geblieben. Jetzt hatte ich begonnen, meine Gedanken zu hinterfragen, und fühlte mich so gut wie nie zuvor. Es gab es keinen Grund mehr, meine Gefühle mit Alkohol zu unterdrücken. Das Trinken hatte einfach aufgehört.

Dranbleiben

Im Sommer 2000 erlebte ich Byron Katie zum ersten Mal. Auch hier wurde ich wieder Zeuge von regelrechten Wundern auf der Bühne. Nachdem ich fünf Jahre lang für mich selbst geworkt hatte, forderten mich Freunde und schließlich auch Katie selbst auf, The Work anzubieten. Seitdem begleite ich Menschen mit Coachings, in Seminaren und Ausbildungen. 2007 verließ ich meinen alten Job und widme mich seitdem komplett der Work. Bis heute führen mich die vier Fragen immer noch tiefer in die Freiheit und in die Liebe hinein.

Ralf

FORSCHUNGSERGEBNISSE ZU THE WORK

Dies ist ein Überblick über eine Reihe wissenschaftlicher Untersuchungen, die sich mit der Wirksamkeit von The Work beschäftigten. Sie spiegeln das breite Spektrum wider, in dem The Work positive Veränderungen bewirken kann. Von der Steigerung der Lebenszufriedenheit bis hin zur Burnout-Prophylaxe – The Work ist ein hilfreiches und einfach anzuwendendes Tool, mit dem die Gesundheit auf geistig-seelischer wie auch auf körperlicher Ebene effektiv und nachhaltig verbessert werden kann. Die Aussagen der Studien werden hier vereinfacht dargelegt von Juliane Korittnik, die sich im Rahmen ihrer Masterarbeit in Psychologie mit der Wirksamkeit der Work beschäftigte. Die Quellenangaben zu den zitierten Studien findest du hier: ralf-heske.de/praxisbuch-bonus.

In der Forschung wird The Work häufig als Inquiry-Based Stress Reduction, kurz IBSR, also als »Untersuchungsbasierte Stressreduktion« bezeichnet.

Mehr Wohlbefinden und Förderung der seelischen Gesundheit

Die Ergebnisse einer israelischen Studie demonstrieren sowohl eine Zunahme der Lebenszufriedenheit als auch eine Steigerung des allgemeinen Wohlbefindens, des Selbstwert- und des Kohärenzgefühls. Letzteres wird als wichtige Ressource im Umgang mit herausfordernden Lebenssituationen betrachtet. Dass The Work zur Förderung der seelischen Gesundheit beiträgt, verdeutlichen die Ergebnisse einer weiteren Studie: Nach der täglichen Anwendung von The Work über einen Zeitraum von achtundzwanzig Tagen hatten sich bei den Teilnehmern die Lebensqualität und ein Glücksgefühl, das von äußeren Umständen unabhängig war, deutlich erhöht. Gleichzeitig berichteten sie von einer Verringerung depressiver Symptome, weniger Ärger und einem Rückgang von Angstsymptomen.

Eine andere Studie befasste sich intensiv mit dem Thema Ängstlichkeit. Angst kann die Lebensqualität stark beeinträchtigen. Wissenschaftliche Theorien gehen davon aus, dass Angst dann auftritt, wenn Menschen eine Situation als bedrohlich für ihr Wohlbefinden einstufen. Das Identifizieren und Hinterfragen der Gedanken mit The Work ermöglicht eine Änderung der Einschätzung von Situationen, sodass sie als weniger bedrohlich empfunden werden. Wie die Ergebnisse der Studie demonstrieren, kann Ängstlichkeit mit The Work effektiv vermindert werden. Nicht nur bei Ängstlichkeit als Persönlichkeitseigenschaft, sondern auch bei Prüfungsangst kann sich The Work als hilfreich erweisen.

Positive Ergebnisse für einzelne Beschwerdebilder

In verschiedenen therapeutischen Modellen werden dysfunktionale Wahrnehmungen und Überzeugungen als Ursache psychischer Belastungen diskutiert. Auf Basis dieser Überlegung konnten Wissenschaftler zeigen, dass das Hinterfragen Stress auslösender Gedanken mit The Work dazu beiträgt, Stress zu reduzieren, die psychische Belastung zu vermindern und das psychische Wohlbefinden zu steigern. Eine andere Untersuchung ergab, dass The Work ein wirksames Tool zur Verringerung zahlreicher psychopathologischer Symptome wie Depressivität, Ängstlichkeit, Unsicherheit im Sozialkontakt, Aggressivität, Feindseligkeit, Zwanghaftigkeit, paranoidem Denken und Psychotizismus sein kann.

Dass The Work das Leben von Frauen mit einem erhöhten Brustkrebsrisiko positiv beeinflussen kann, bestätigen weitere wissenschaftliche Untersuchungen. Die Wirksamkeit von The Work bei überlebenden Frauen nach einer Brustkrebserkrankung wurde außerdem von Wissenschaftlern einer israelischen Universität untersucht: Schlafqualität, Müdigkeitsgrad sowie das körperliche, soziale, familiäre und emotionale Wohlbefinden der Frauen verbesserten sich mit der regelmäßigen Praxis signifikant.

Weitere Forschungsergebnisse zeigen eine positive Wirkung von The Work auf die Lebensqualität von Menschen mit HIV in Irland und in Zimbabwe. Bei Infizierten besteht oftmals ein hohes Maß an Selbststigmatisierung. Negative Selbsturteile, die zu Scham, Selbstbeschuldigung und einem Gefühl von Wertlosigkeit führen, beeinträchtigen die allgemeine Lebensqualität und den Zugang zu Pflege und Behandlung. The Work bietet einen Ansatz, solche Kernüberzeugungen aufzudecken, wodurch die Überwindung der Selbststigmatisierung ermöglicht wird. The Work kann Menschen mit HIV so dabei unterstützen, ihre Lebensqualität zu verbessern. Eine andere wissenschaftliche Untersuchung rückte die Selbststigmatisierung von Sexarbeiterinnen in Vietnam in den Fokus und kam zu ähnlich positiven Ergebnissen.

Verbesserungen für Therapeuten und Lehrer

Eine weitere Studie befasst sich mit der Wirkung von The Work in der therapeutischen Arbeit. Wissenschaftler einer australischen Universität fanden heraus, dass The Work für Psychotherapeuten ein hilfreiches Tool sowohl im persönlichen Leben als auch in ihrer therapeutischen Arbeit sein kann. Die Anwendung von The Work unterstützte sie, ihr Wohlbefinden zu stärken und sich vor Burnout zu schützen. Als ein wirksames Werkzeug zur Selbstfürsorge förderte The Work das Selbstbewusstsein und die Selbstannahme der Therapeuten und erhöhte die Akzeptanz den Klienten gegenüber, die kognitive Flexibilität und das metakognitive Bewusstsein. Auch das Vertrauensverhältnis zwischen Therapeut und Klient wurde durch The Work positiv beeinflusst.

In einer Studie befragte Lehrer beschrieben durch die Praxis von The Work ein Gefühl der Zentriertheit sowie eine größere Fähigkeit, die Realität zu akzeptieren. Sie berichteten über eine positive Veränderung in Bezug auf die Festlegung von Grenzen, eine höhere Flexibilität des Denkens und eine Stärkung des Selbstbewusstseins. Diese Verbesserungen unterstützten sie dabei, mit der Komplexität ihres Berufs besser umzugehen, was wiederum Burnout vorbeugen kann.

WAS MACHT THE WORK AUS?

The Work ist eine Methode, mit der du die Gedanken finden kannst, die die Ursache für deine Probleme, deinen Stress und deine unangenehmen Gefühle sind. Diese Gedanken kannst du dann mit vier Fragen und Umkehrungen überprüfen. Das kann alles ändern …

The Work ist ein einfacher, aber kraftvoller Frageprozess, der uns zeigt, wie wir die Gedanken, die alles Leiden in der Welt verursachen, identifizieren und hinterfragen können. The Work lässt uns verstehen, was uns verletzt, und ermöglicht uns, der Ursache unserer Probleme mit Klarheit zu begegnen. The Work ist damit ein Werkzeug, mit dem jeder Mensch das Leiden in sich beenden kann. Alles, was es dafür braucht, ist eine gewisse Offenheit dafür, dass die Dinge auch anders sein könnten, als wir zuvor geglaubt haben.

DAS ENDE DES LEIDENS

Leiden entsteht durch inneren Widerstand gegen die Realität. Wenn ein Gedanke die Realität anders haben will, als sie jetzt gerade ist, dann kann sich das nicht gut anfühlen. Es löst Gefühle aus wie Ärger, Wut, Traurigkeit, Enttäuschung, Verzweiflung, Hilflosigkeit, Scham oder Schuld. Fast jeder von uns erfährt das im Kleinen oder Großen Hunderte Male am Tag. Mögliche Folgen des unhinterfragten Glaubens von solchen Gedanken sind Unzufriedenheit, Frustration, mangelndes Selbstbewusstsein, mangelnde Selbstliebe, Schüchternheit oder die Abhängigkeit von anderen Menschen, Mustern und Substanzen. Wir stehen uns selbst im Weg und behandeln uns und andere so, wie wir es eigentlich gar nicht wollen. Um davon frei zu werden, können wir unsere Gedanken mit The Work hinterfragen. The Work besteht im Kern aus drei Schritten:

1. dem Identifizieren eines Gedankens, der die Ursache für ein leidvolles Gefühl ist.
2. dem Hinterfragen dieser Überzeugung mit den vier Fragen.
3. dem Nachspüren und Erforschen, wie die Umkehrungen dieser Überzeugung auch wahr sein könnten.

Diesen inneren Prozess können wir für uns selbst oder mit einem Begleiter durchführen.

Er ermöglicht es uns, in der jeweiligen Situation Frieden zu finden und bessere Handlungsmöglichkeiten für uns zu entdecken. Warum aber funktioniert das so gut?

DAS ZUSAMMENSPIEL VON GEDANKEN UND GEFÜHLEN

Es gibt einen inneren Ablauf, der unser Erleben prägt. Vereinfacht gesagt taucht zuerst ein Gedanke auf, dem folgt ein Gefühl und aus diesem Gefühl heraus entsteht unser Handeln. Mit unseren Handlungen erschaffen wir Situationen, die wiederum Gedanken hervorrufen, und so weiter. Viele glauben, dass zuerst die Gefühle da sind. Meist bemerken wir die Gefühle auch als Erstes, sie entstehen aber aus einer Überzeugung, die wir für wahr halten. Gefühle sind die Widerspiegelung des Denkens im Körper.

Beispiel Wut

Jemand tut etwas – und das scheint dich wütend zu machen. Das Gefühl von Wut ist das, was du wahrnimmst. Doch ohne einen Gedanken wie »Es ist falsch, was er tut« hätte die Energie, die du als Wut im Körper erlebst, gar nicht aufgebaut werden können.

Mit der Work setzen wir am Ursprung unserer Gefühle, also den Gedanken an. Wenn du die Gedanken, die deine Wut auslösen, mit der Work hinterfragst, dann kann es passieren, dass du diese Gedanken nicht mehr glauben kannst. Die Wut verschwindet dann, weil sie sich an nichts mehr festhalten kann.

Dieses vereinfachte Modell ist hilfreich, um uns selbst besser zu verstehen, auch wenn das Zusammenspiel von Gedanken und Gefühlen nicht immer in dieser linearen Reihenfolge abläuft. Ein Gefühl kann auch stressige Gedanken verstärken, die dann wiederum das Gefühl intensivieren. So kann Wut die ablehnenden Gedanken über den Menschen, auf den wir wütend sind, verstärken, was uns wiederum noch wütender werden lässt.

Auch kann es passieren, dass Menschen unsere Gefühle wahrnehmen und darauf reagieren. Jemand, der wütend ist, kann Ärger förmlich anziehen, da andere Menschen mit viel Wut in sich darauf reagieren. Andererseits ziehen Menschen, die friedlich und dankbar durch die Welt gehen, erfahrungsgemäß Situationen an, die Anlass zu noch mehr Dankbarkeit und Freude geben.

Beispiele Trauer, Angst und Scham

Wenn wir einen Gedanken glauben wie »Es ist schade, dass …«, dann löst diese Überzeugung Traurigkeit aus. Bei Angst ist der Grundgedanke: »Etwas könnte geschehen, womit ich nicht umgehen kann.« Um Scham zu spüren, müssen wir etwas glauben wie: »Mit mir stimmt etwas nicht.« Die Art der Gedanken, die wir haben, bestimmt, wie wir uns fühlen. Wenn jemand beispielsweise eine uns wichtige Einladung absagt, dann können bei verschiedenen Personen oder in verschiedenen Situationen Gedanken auftauchen, die entweder Wut, Traurigkeit, Angst oder Scham auslösen. Und manchmal vermischen sich die Gefühle auch.

Umgang mit heftigen Emotionen

Wenn wir die Work nutzen wollen, um Frieden zu finden oder uns selbst besser zu verstehen, dann geht es zunächst darum, die Gedanken zu finden, die wir in einer bestimmten Situation glauben. Diese Gedanken schreiben wir auf, wählen einen oder mehrere aus und untersuchen sie mit den vier Fragen und Umkehrungen der Work.

Wenn wir uns mitten in einem heftigen Gefühlsausbruch befinden, dann sind wir manchmal nicht in der Lage, die Gedanken sofort aufzuschreiben. Mein Tipp ist, das trotzdem so schnell wie möglich, zumindest in Stichworten, zu tun. Eine Stunde später ist es manchmal schon schwieriger, die Gedanken zu entdecken. Hinterfragen kannst du sie auch später noch.

Was ich grundsätzlich auch empfehle, ist, den Gefühlen Raum zu geben und sie bewusst zu fühlen. Normalerweise reagieren wir auf schmerzliche Gefühle, indem wir sie entweder ausagieren oder unterdrücken. Wenn wir Gefühle unterdrücken, beispielsweise indem wir uns mit etwas ablenken, dann sorgen wir so dafür, dass sie weiter in uns abgespeichert bleiben, unsere Stimmung weiter prägen und vielleicht sogar körperliche Symptome hervorrufen oder wir Unfälle anziehen.

Was viele Menschen überrascht: Wenn wir unsere Gefühle ausagieren, dann ist auch das ein Versuch, sie nicht spüren zu müssen, beispielsweise wenn wir wütend sind und jemanden anschreien oder wenn wir traurig sind und übertrieben weinen.

Eine Alternative dazu ist, innerlich möglichst still zu werden und das Gefühl ganz und gar zu fühlen. Es nicht auszuagieren oder zu unterdrücken, sondern es einfach da sein zu lassen. Oft tauchen dann andere Gefühle auf. Auch die können wir fühlen. Darunter ist es möglich, einen Frieden zu entdecken, der immer auf uns wartet.

Das ist natürlich Übungssache. Es kann dazu führen, dass künftig ein Gefühl wie Wut oder Trauer kommt, dich überschwemmt, du es fühlen kannst – und nach einer Minute bist du wieder friedlich, energetisiert oder sogar von Freude erfüllt. Das ist der natürliche Fluss von Gefühlen, wie wir ihn oft bei Kindern erleben können.

Das »Wegworken« von Gefühlen

Manchmal passiert es, dass Menschen die Work für sich entdecken und sie dann dazu benutzen, ihre Gefühle »wegzuworken«. Vielleicht funktioniert das eine Zeit lang sogar, aber letztlich kann es nie wirklich befreiend sein – es können sich sogar körperliche Symptome manifestieren.

Erlaube dir, deine Gefühle zu fühlen, so gut es geht. Schreib deine Gedanken auf und überprüfe sie mit der Work – und erlaube dir auch in der Work, deine Gefühle wirklich zu fühlen. So kann Heilung auf allen Ebenen in dein Leben kommen.

Stimmungen sind kein Schicksal

Stimmungen könnte man als länger anhaltende Grundgefühle beschreiben. Auch eine Stimmung resultiert aus den Gedanken, die wir glauben. Sie ist eine Folge unserer aktuellen Überzeugungen oder auch unserer Glaubenssätze. Auch diese stimmungsauslösenden Gedanken lassen sich identifizieren, beispielsweise indem wir uns fragen: »Was glaube ich möglicherweise, um mich so zu fühlen und in dieser Grundstimmung zu sein?« Diese Gedanken könntest du auflisten und sie dann mit der Work überprüfen.

GLAUBENSSÄTZE

Neurowissenschaftler sagen, dass wir etwa 60.000 Gedanken denken – jeden Tag! Das ist etwa ein Gedanke pro Sekunde. Die meisten dieser Gedanken werden uns gar nicht bewusst – das heißt aber nicht, dass sie nicht da sind. Byron Katie nennt diese unbewussten Gedanken die »Unterwelt«.

Aus Gedanken können manchmal Grundüberzeugungen werden. Vielleicht haben wir in einer konkreten Situation eine bestimmte Erfahrung gemacht – und dadurch wurde eine innere Überzeugung geprägt, die zu einer Grundannahme über uns, die anderen oder das Leben wurde. Diese Grundannahmen werden oft auch Glaubenssätze genannt. Das sind also Gedanken, die immer wieder in verschiedenen Situationen geglaubt und auf die jeweilige Situation übertragen werden. Das geschieht natürlich unbewusst. Die meisten dieser Glaubenssätze haben wir uns schon in unseren ersten Lebensjahren angeeignet. Mit der Work können wir uns von ihnen wieder befreien.

»Keiner interessiert sich für mich.«

Lass uns das an einem Beispiel betrachten: Nehmen wir an, ein Mädchen hat in der Kita ein Bild gemalt. Es kann es kaum abwarten, es ihren Eltern zu zeigen. Die Mutter nimmt sich aber nicht die Zeit und schaut es sich gar nicht an. Als der Vater nach Hause kommt, lacht er nur und fragt, was das denn für ein Krickelkrakel sei. Das Mädchen fühlt sich allein und nicht gesehen. Es spürt vielleicht eine Verkrampfung in der Magengrube oder einen Kloß im Hals. Das könnte der Moment sein, wo in ihm ein Glaubenssatz wie »Keiner interessiert sich für mich« geprägt wird – und es vielleicht sogar die Lust am kreativen Ausdruck verliert.

Der Verstand versucht immer neu zu beweisen, dass er recht hat mit dem, was er glaubt. So funktioniert er einfach. Der Verstand des Mädchens wird möglicherweise ab diesem Tag immer wieder nach vermeintlichen Beweisen dafür suchen, warum sich andere nicht für es interessieren. Und da die Menschen, die ihm begegnen, mit vielem beschäftigt sind, wird es vermutlich nicht schwer sein, diese vermeintlichen Beweise zu finden. So verfestigt sich der Glaubenssatz: »Keiner interessiert sich für mich!«

DAS WIEDERENTDECKEN DER SCHÖNHEIT DES LEBENS

Wie viele unserer täglichen 60.000 Gedanken sind auf die Schönheit des Lebens ausgerichtet? Auf Freude? Auf Liebe? »Oh, wie schön ist dieser Schneekristall.« »Wundervoll, diese Blume!« »Die Luft riecht heute so schön würzig.« »Das Vogelzwitschern ist herrlich belebend.« »Das ist aber eine nette Verkäuferin.« »Ich bin dankbar für dieses Leben.«
Und wie viel von unserer Aktivität im Kopf ist auf die vom Verstand erschaffenen Probleme ausgerichtet? Wenn wir worken, wird unser Geist frei für die Schönheit des Lebens. Wir bekommen Zugang zu unserer Kreativität und können tun, was ansteht, anstatt zu grübeln und unsere Energie im Nachdenken über Probleme zu vergeuden.

Außerdem wirkt unser Mädchen vielleicht auf die anderen manchmal etwas seltsam, weil es einerseits dabei sein will, sich aber andererseits so oft beklagt, dass die anderen es schlecht behandeln. Vielleicht ist dann wirklich mal jemand von ihm genervt und wendet sich von ihm ab. Was für es ein weiterer Beweis dafür wäre, dass es recht hat mit dem, was es glaubt.

GANZ LEICHT KÖNNEN GEDANKEN, DIE WIR GLAUBEN, ZU SICH SELBST ERFÜLLENDEN PROPHEZEIUNGEN WERDEN.

Wenn wir die Work nutzen wollen, können wir den Gedanken »Keiner interessiert sich für mich« überprüfen – und so den Verstand mehr in Übereinstimmung mit der Realität bringen. Wir können aber auch mit der ursprünglichen Situation arbeiten – was uns oft besonders tiefe Selbsterkenntnis ermöglicht. Wenn wir uns an so eine Situation erinnern, die sich, als wir klein waren, schlecht angefühlt hat, dann können wir – aus der Position des Kindes in dem Moment, wo es diese Erfahrung gemacht hat – ein »Urteile über deinen Nächsten«-Arbeitsblatt ausfüllen (siehe Kapitel »Das Finden der stressigen Überzeugungen«). In den Umkehrungen zu den Gedanken, die wir dort aufschreiben, ist die Medizin zu finden, die uns heilen kann.

THE WORK ALS »NOTFALLSET« UND ALS WEG

The Work gibt dir die Möglichkeit, effektiver mit Problemen umzugehen. Wenn du The Work in deinem Leben hast, dann kannst du, sobald du ein Problem bemerkst, sagen: »Okay, ich bemerke ein Problem. Nachher habe ich Zeit, da setze ich mich hin und mache eine Work zu diesem Thema. Auf diese Weise kann ich Lösungen finden, die für mich funktionieren. Bis dahin kann ich in Frieden leben.«
Oftmals verändert bereits eine Work grundlegend unsere Sicht auf das Problem oder löst es auf. Was vorher schwierig oder sogar dramatisch war, kann nach der Work entspannt und friedvoll betrachtet werden, weil wir wieder Zugang zu unserem inneren Wissen bekommen haben. Und manchmal braucht es dafür weitere Works.

Probleme lösen

Du kannst The Work also nutzen, wenn du ein aktuelles Problem hast, wenn du zum Beispiel Stress in der Beziehung hast, einen Konflikt bei der Arbeit, Ärger mit deinen Kindern oder wenn du dich unwohl in der Nähe von irgendeiner Person fühlst. Auch wenn du dir selbst im Weg stehst und merkst, dass du nicht das tust, was du eigentlich tun willst, wenn du dich selbst blockierst oder kleinhältst und begrenzt. Wenn so etwas passiert, kannst du die Work nutzen. Du identifizierst mit einer der Übungen aus dem Kapitel »Das Finden der stressigen Überzeugungen« die einschränkenden Gedanken und hinterfragst sie. Mit jeder einzelnen Work wirst du freier von den alten Gedanken und Glaubensmustern. Dann kannst du bald bemerken, wie sich deine Beziehungen zu anderen verbessern, deine Beziehung zu dir selbst liebevoller wird, wie die innere Stimme, die immer wieder auf dich einredet, sanfter wird, wie du mehr von den Dingen machen kannst, die du eigentlich gern machen willst, wie du immer mehr so

leben kannst, wie du eigentlich gern leben willst.
Mit jeder einzelnen Work können wir mehr Frieden finden, andere Perspektiven einnehmen, andere Möglichkeiten erkennen, andere Bewertungen über das, was geschehen ist, entdecken. Wir können von negativen Bewertungen zu neutralen oder sogar positiven Bewertungen kommen, die sich sehr viel besser anfühlen und uns freiere Handlungsweisen eröffnen.
The Work ist damit ein wunderbares, sehr effektives Coachingtool. Ob es akute Schwierigkeiten und Ärgernisse sind oder tief sitzende Themen, die dich vielleicht schon über Jahre begleiten – mit The Work kannst du sie verändern und lösen. Manchmal ist es dabei mit einer einzigen Work getan. Und manchmal braucht es ein paar Works, ein paar Tage oder ein paar Wochen. Doch du bringst auf jeden Fall einen positiven Wandel in deinen Geist und damit in dein Leben.

Den Verstand schulen

Mindestens genauso wertvoll an The Work ist es, dass wir darüber unseren Verstand und die Art seines Funktionierens verändern können. Du löst damit nicht nur bestimmte persönliche Probleme auf, sondern kannst dein ganzes Leben grundlegend verändern und dich von der alten Art des Denkens befreien. Wenn du beginnst, The Work zu einem Teil deines Lebens werden zu lassen, dann ist es ganz unumgänglich, dass du nach einem, nach drei oder fünf Jahren nicht mehr die gleichen Gedanken denkst wie anfangs. Und wenn sich dein Denken grundlegend verändert, dann verändert sich deine ganze Welt.
Du wirst andere Menschen mit liebevolleren Augen betrachten, dich deutlich weniger aufregen oder ärgern, du wirst insgesamt freundlicher, mitfühlender, kraftvoller und klarer. Du fährst dir selbst nicht mehr mit Gedanken, die dich nur lähmen und stressen, in die Parade. Und du lässt nicht mehr so leicht zu, dass dir deine Gedanken Angst machen und dir einreden, in einer gefährlichen Welt zu leben. Das viele Worken hat dann deinen Verstand geschult, er nutzt seine Fähigkeiten zunehmend konstruktiv.

Kein Weglaufen mehr

Viele Menschen berichten nach einiger Zeit mit The Work, dass ihnen etwas auffällt: Früher lebten sie mit ihrem Verstand in der Hölle und jetzt sind sie im Paradies gelandet, im Paradies auf Erden. Die meisten Menschen haben sehr viel Schmerz in sich angesammelt

ALTE WEISHEIT

Im Talmud gibt es eine viel zitierte Weisheit, die auch zum Geist von The Work passt: »Achte auf deine Gedanken, denn sie werden deine Worte. Achte auf deine Worte, denn sie werden deine Taten. Achte auf deine Taten, denn sie werden deine Gewohnheiten. Achte auf deine Gewohnheiten, denn sie werden dein Charakter. Achte auf deinen Charakter, denn er wird dein Schicksal.«

und betäuben sich deshalb auf die unterschiedlichste Weise. Viele haben verschiedenste Süchte entwickelt, um diesen Schmerz nicht spüren zu müssen. Unsere ganze Gesellschaft ist sehr stark auf Ablenkungen ausgerichtet, sie macht es uns leicht, vor unserem Schmerz davonzulaufen. Mit der Work gehen wir in genau die andere Richtung: Wir schauen uns unseren Schmerz an und lösen seine Ursache auf. Dann brauchen wir nicht mehr wegzulaufen, nicht mehr vor uns selbst und nicht mehr vor den anderen und der Welt. Sobald etwas wehtut, wissen wir: Es ist Zeit für die Work. Damit sehen wir dann auch, dass der Verstand es nicht böse meint, er erledigt seine Aufgaben, so gut er kann. Schulen wir ihn – und genau das passiert mit der Work –, wird er ein hilfreiches Werkzeug, das uns auf

ÜBER ANDERE MENSCHEN WORKEN

Byron Katie empfiehlt, zumindest anfangs lieber Gedanken über andere Menschen zu hinterfragen als Sätze über uns selbst. Manche Menschen sagen: »Ich weiß ja, dass es alles nur an mir liegt – und nicht an den anderen. Deswegen will ich an mir arbeiten, bei den anderen finde ich gar nichts, die sind schon in Ordnung so, wie sie sind.« Und ja, es ist auch eine Möglichkeit, die Work über uns selbst zu machen. Allerdings ist es für den Verstand dabei oft nicht so leicht möglich, wirklich ehrlich hinzuschauen. Oft ist das auch der kompliziertere Weg, beispielsweise weil es so scheint, dass die Umkehrungen dann keinen Sinn ergeben.

Grundsätzlich empfiehlt es sich daher, das Thema, das uns beschäftigt, so zu betrachten, dass wir unsere Work erst einmal über andere Menschen machen, die wir persönlich kennen. Später können dann auch unser Körper, unsere Gefühle, Dinge, Institutionen und selbst Gott »andere« sein. Sieh es einmal so: Wenn du allein auf einer wunderbaren Karibikinsel wärst und für alles gesorgt wäre, dann würden die meisten Glaubenssätze über dich selbst wegfallen. Daran erkennst du, dass sie erst im Kontext mit anderen aktiv werden. Letztlich arbeiten wir immer an unserem Denken, egal, um wen es in unserer Work geht. Es geht wirklich immer um uns, auch wenn wir vermeintlich über andere worken. Daher lade ich dich ein, deine Works über andere zu machen – das ist der effektivste Weg, um an dir selbst zu arbeiten. Und zugleich kann es manchmal auch genial sein, die Glaubenssätze über uns selbst zu überprüfen.

unserem Weg in immer größere Freiheit und immer umfassendere Liebe unterstützt.

The Work als Weg des Wachsens

Letztlich ist es ein schöner Nebeneffekt von The Work, dass sich mit ihr unsere Probleme lösen. Das führt dazu, dass sehr viele Menschen einfach dranbleiben. Sie haben einmal reingeschnuppert und worken von da an regelmäßig und zu allem, was auftaucht. Mit der Zeit stellen sie dann fest, dass sie zu jemand anderem geworden sind – und dass die Welt eine andere geworden ist.

THE WORK VERÄNDERT DIE WELT – WEIL SIE UNS VERÄNDERT.

Die Work als Weg ermöglicht es uns, in das Schönste hineinzuwachsen, was es gibt: in unsere wahre Natur. Das scheint unsere Aufgabe in diesem Leben zu sein und es geschieht unentwegt. Mit The Work wird uns das bewusst: Denn wir merken beim Hinterfragen unserer Gedanken, dass gerade die besonders schmerzhaften Momente und Ereignisse in unserem Leben genau dafür da sind, dass wir weiterwachsen. In ihnen verbergen sich die größten Heilmöglichkeiten und damit auch die Chance zur Entfaltung unseres ganzen Potenzials.

Wenn du The Work als Weg zu leben beginnst, wirst du vielleicht – wie so viele andere – mit der Zeit bemerken, dass dich all deine Krisen nur weiterbringen wollten und wollen. Dann räumst du mit allem auf, was aus der Vergangenheit noch unbereinigt in dir ist. Und du stürzt dich freudig in aktuelle Herausforderungen und weißt bei jedem schwierigen Gefühl, bei jeder Auseinandersetzung, bei jeder Hürde: »Offenbar denke ich etwas, was mir diesen Schmerz beschert. Jetzt kann ich es mir anschauen und mich damit weiterbewegen.« So wächst du immer mehr in deine wahre Größe hinein und verlässt ein einengendes Konzept nach dem anderen, ganz egal, ob es aktuell entstanden ist, aus frühkindlichen Erfahrungen oder gar aus jahrhundertealten Prägungen der Menschheit stammt. Du entdeckst mehr und mehr dein wahres Wesen, das immer frei war und frei ist. Dein wahres Wesen, das sich als Liebe und Freude zeigen kann. Du bringst deinen Verstand zunehmend in Übereinstimmung mit der Realität. Dadurch fällt Stress ab, du kommst in deine Kraft und kannst dein Leben immer mehr genießen.

Ich lade dich daher von ganzem Herzen ein, The Work und all die Anregungen in diesem Buch wirklich für dich zu nutzen und deine eigenen Erfahrungen damit zu machen. Es ist wahrscheinlich nicht so, dass du dann von einem Tag auf den anderen überhaupt keine Schwierigkeiten mehr haben wirst. Es ist ein Prozess. Du kannst dir die verschiedenen Themen anschauen und dich von Work zu Work weiterentwickeln. So hängst du vielleicht bald nicht mehr für fünf Tage in einer miesen Stimmung, sondern nur noch für eine halbe Stunde oder für fünf Minuten. Und irgendwann wirst du vielleicht bemerken, dass du schon lange nicht mehr in einer solchen Stimmung warst. Diese Erkenntnis ist ein phantastisches Gefühl.

Wenn du Geschmack an der Work findest und dranbleibst, wirst du sie zunehmend praktizieren, allein schon deshalb, weil das Worken so viel Freude macht und du mit jeder Work etwas Neues über dich erfährst.

DEINE ERSTE WORK

Nun ist es so weit: Ich lade dich zu deiner ersten Work ein. Wenn du die Work bereits kennst und nutzt, hast du vielleicht Lust, einen Klassiker unter den stressigen Gedanken mit mir gemeinsam zu überprüfen.

Für diese Work habe ich eine Situation gewählt, die jeder Mensch auf die eine oder andere Art schon einmal erlebt haben dürfte. Ich lade dich ein, dich an eine Situation zu erinnern, in der du jemanden geliebt hast, doch er oder sie deine Liebe nicht erwidert hat – oder zumindest nicht so, wie du es gern gehabt hättest.

Schließ ruhig die Augen und lass dir Zeit, um eine solche Situation in dein Bewusstsein kommen zu lassen. Vielleicht liegt sie schon Jahre zurück oder es war ein Moment vor wenigen Stunden. Vielleicht war es jemand, mit dem du gern zusammen sein wolltest, oder ein Partner oder eine Partnerin, vielleicht deine Mutter oder dein Vater, deine Schwester oder dein Bruder. Frage dich: Wer hat deine Liebe irgendwann einmal nicht erwidert?

Erinnerst du dich an so eine Situation? Gut. Das ist unser Startpunkt. Frage dich jetzt: In welchem ganz konkreten Moment war es besonders schmerzhaft für dich, dass du die Liebe dieser anderen Person nicht bekommen hast? Hier geht es um einen ganz kurzen Moment, wähle am besten die schmerzhafteste Sekunde aus. Werde dir bewusst: Was ist direkt vorher passiert? Wenn du so weit bist, dann notiere dir diesen Moment in Stichworten.

Zu dieser konkreten Situation, diesem kurzen Moment wirst du gleich, wenn du die Fragen der Work beantwortest, immer wieder zurückkehren.

Was wolltest du in dieser konkreten Situation? Du wolltest, dass er oder sie dich liebt, richtig? Das ist der Gedanke, den wir jetzt gemeinsam mit der Work überprüfen: »Ich will, dass er oder sie mich liebt.«

Selten kommt es vor, dass sich jemand an keine Situation erinnern kann, wo so etwas aufgetaucht ist. Dann könntest du nach einer Situation Ausschau halten, in der du Aner-

kennung wolltest, vielleicht für etwas, was du getan hast. Wähle einen konkreten Moment aus – und überprüfe dann den Gedanken: »Ich will, dass er oder sie mich anerkennt.« Im folgenden Verlauf würdest du dann »liebt« für dich mit »anerkennt« übersetzen.
Lass dich von dem folgenden Text durch deine Work führen. Nimm dir dafür am besten mindestens dreißig Minuten Zeit. Diese dreißig Minuten können wirklich dein ganzes Leben verwandeln, weil sie dein Start in die Work sind.
Beantworte jede der Fragen für dich selbst. Notiere deine Antworten und dann auch die Beispiele für die Umkehrungen. Das ist hilfreich, um dabeizubleiben. Manche mögen es, ihre Antworten ausführlich aufzuschreiben, andere notieren nur Stichworte. Das ist Geschmackssache. Schließ zum Hinspüren gern immer wieder die Augen, wenn du nicht gerade liest oder schreibst. Auch das hat sich schon tausendfach bewährt.

1. FRAGE: IST DAS WAHR?

Ich lade dich ein, in deiner Vorstellung in dem schmerzhaften Moment zu bleiben, den du notiert hast. In dieser Situation: Du willst, dass er oder sie dich liebt. Ist das wahr?
Nimm diese Frage wahr, nimm sie wörtlich, halte inne und warte, welche Antwort in dir auftaucht. Lass dir Zeit dabei und vertraue darauf, dass sich die für dich stimmige Antwort zeigt. Es gibt bei der Work keine richtigen oder falschen Antworten. Es geht nur um deine Wahrheit.
Also noch einmal: Du willst, dass er oder sie dich liebt. Ist das wahr? Beantworte diese Frage nur mit Ja oder Nein. Notiere deine Antwort. Bei einem Nein könntest du direkt weitergehen zur 3. Frage.

2. FRAGE: KANNST DU MIT ABSOLUTER SICHERHEIT WISSEN, DASS DAS WAHR IST?

Du willst, dass er oder sie dich liebt – kannst du mit absoluter Sicherheit wissen, dass das wahr ist? Begib dich innerlich in den Moment, den du ausgewählt hast – und warte auf deine Antwort. Auch hier lautet die Antwort entweder Ja oder Nein. Halte inne und warte auf die Antwort, die sich in dir zeigt. Notiere dann dein Ja oder dein Nein. Dann geht es weiter zur 3. Frage, ganz gleich, welche Antwort du entdeckst hast.

3. FRAGE: WIE REAGIERST DU, WAS PASSIERT, WENN DU DEN GEDANKEN GLAUBST?

Begib dich innerlich wieder in deine Situation, in den einen kurzen Moment, den du notiert hast. Wie reagierst du in dieser Situation, was passiert, wenn du den Gedanken glaubst »Ich will, dass er oder sie mich liebt?« – und er oder sie tut es nicht (zumindest nicht in deiner konkreten Situation). Lass dir Zeit, schließ die Augen und beobachte es. Notiere deine Antworten, vielleicht auch nur in Kurzform.

Unterfragen zur 3. Frage

Wenn du magst, kannst du weitere Fragen miteinbeziehen – sogenannte Unterfragen –, immer wieder deine Augen schließen und deine Antworten notieren. Bleib innerlich in deiner Situation, in dem konkreten Moment, den du notiert hast. Jede der folgenden Fragen bezieht sich auf den Gedanken, den wir überprüfen.
Der Gedanke, den wir überprüfen, lautet: »Ich will, dass er oder sie mich liebt.«

- Welche Gefühle tauchen auf, wenn du den Gedanken glaubst?

- Wo spürst du es im Körper, wenn du den Gedanken glaubst – und wie fühlt sich das an?
- Wie behandelst du die andere Person, wenn du diesen Gedanken glaubst?
- Und wie fühlt es sich für dich an, die andere Person so zu behandeln?
- Wie gehst du mit dir selbst um, wenn du den Gedanken glaubst?
- Und wie fühlt sich das an, so mit dir selbst umzugehen?
- Bringt dieser Gedanke Stress oder Frieden in dein Leben?
- Wozu bist du nicht in der Lage, wenn du den Gedanken glaubst?

Da wir in diesem Buch nicht interaktiv miteinander arbeiten können, möchte ich dir – anders als in einem Coaching – einige mögliche Antworten anbieten. Vielleicht findest du hier ein paar hilfreiche Anregungen.

BLEIB INNERLICH IMMER IN DEINER SITUATION, IN DEM KONKRETEN MOMENT, DEN DU NOTIERT HAST, WÄHREND DU DIE FRAGEN UND AUCH MÖGLICHE UNTERFRAGEN BEANTWORTEST.

Wie reagierst du, wenn du den Gedanken glaubst: Du willst, dass er oder sie dich liebt? Vielleicht bist du traurig oder enttäuscht, fühlst dich klein oder verlassen. Vielleicht bist du wütend auf den anderen oder fühlst dich ungerecht behandelt. Vielleicht spürst du Enge im Körper und deine Atmung ist flach. Wenn du den Gedanken glaubst »Ich will, dass er oder sie mich liebt« – und sie tun es nicht: Wie behandelst du die andere Person dann? Ist das Liebe, mit der du ihr begegnest? Bist du der anderen Person gegenüber möglicherweise abweisend? Schiebst du sie innerlich vielleicht weg und denkst, dass sie sowieso nicht so toll ist und du gar nicht mit ihr zusammen sein willst? Vielleicht bist du fordernd ihr gegenüber oder anhänglich und klammernd. Wie fühlt es sich an, so zu sein? Bemerke all das ganz in Ruhe. Und tauche immer noch einmal neu ein in die Frage. Wie reagierst du, was passiert, wenn du den Gedanken glaubst: Du willst, dass er oder sie dich liebt? Notiere deine Antworten zumindest stichwortartig.

4. FRAGE: WER WÄRST DU OHNE DEN GEDANKEN?

In der gleichen Situation, die du dir vorhin notiert hattest: Du willst, dass er oder sie dich liebt – wer wärest du ohne diesen Gedanken? Schließ die Augen und bemerke, was sich zeigt. Wie wäre es, wenn dieser Gedanken gar nicht mehr auftauchen könnte? Erlaube dir, das zu spüren. Erlebe es. Gönn dir Zeit dafür. Mach dir dann ein paar Notizen, wie es ist, frei von diesem Gedanken zu sein.

DIE UMKEHRUNGEN

Bei den Umkehrungen überprüfen wir, ob die gegenteiligen Formulierungen zu unserem Gedanken möglicherweise auch wahr sein könnten.
Kehre den Satz zuerst zu dir selbst um. Dann wird aus »Ich will, dass er oder sie mich liebt« »Ich will, dass *ich* mich liebe«.
Erlaube dir zunächst, diese Umkehrung in deiner Situation zu erleben. Lass dir Zeit dafür und schließ am besten deine Augen, da-

mit du es besser in deiner Vorstellung spüren kannst. Frage dich dann: Wie könnte diese Umkehrung möglicherweise auch wahr sein? Finde in deiner konkreten Situation Beispiele dafür – und schreibe sie auf. Wie könnte es wahr sein für dich: »Ich will, dass *ich* mich liebe«?

VIELLEICHT KANNST DU BEMERKEN, DASS DU DIE GANZE SITUATION ANDERS ERLEBT HÄTTEST, WENN DU IN DER LAGE GEWESEN WÄREST, DICH IN DIESEM MOMENT SELBST ZU LIEBEN.

Kannst du noch weitere Beispiele für die Umkehrung »Ich will, dass *ich* mich liebe« finden? In deiner Situation oder auch darüber hinaus? Wie könnte diese Umkehrung noch Sinn ergeben?

Deine zweite Umkehrung ist: »Ich will, dass *ich ihn* liebe.« Oder: »Ich will, dass *ich sie* liebe.« Erlebe auch diese Umkehrung. Frage dich dann: Wie könnte das für dich wahr sein, in deiner Situation? Schließ, wenn du magst, wieder die Augen und bemerke die Beispiele, die auftauchen. Wie könnte das wahr sein? Vielleicht merkst du, wie weich und sanft es wird, wenn du die andere Person in dieser Situation einfach lieben würdest. Wie gut es dir tut. Vielleicht verschwinden das Fordern und die Abhängigkeit. Wenn du in der Lage wärst, ihn oder sie auch in der Situation zu lieben – wie würde sich das für dich anfühlen? Findest du weitere Beispiele für diese Umkehrung? Notiere sie.

Die dritte Umkehrung: »Ich will *nicht,* dass er oder sie mich liebt.« Geh innerlich in deine Situation hinein und lass dort diese Umkehrung auf dich wirken. Frage dich dann: Wie könnte die Umkehrung »Ich will *nicht,* dass er oder sie mich liebt« für dich wahr sein? Betrachte, wenn du magst, die andere Person. Vielleicht merkst du, dass sie gerade einfach mit etwas anderem beschäftigt ist. Frage dich: Ist sie in der Situation emotional überhaupt in der Lage, dir ihre Liebe zu zeigen? Könnte es, so betrachtet, wahr sein: »Ich will *nicht,* dass er oder sie mich liebt«?

Wie könnte es noch wahr sein und vielleicht wahrer als der ursprüngliche Satz? Findest du weitere Beispiele? Wofür könnte es möglicherweise für dich, vielleicht auf lange Sicht gesehen, sogar gut sein, dass du die Liebe der anderen Person in dem Moment nicht bekommen hast? Lass dir Zeit für die Beispiele und notiere sie dann.

WAS NIMMST DU MIT?

Zum Abschluss frage dich: Was nimmst du mit aus dieser Work? Was willst du mitnehmen? Notiere dir gern deine Erkenntnisse.

THE WORK IM ÜBERBLICK

Wähle einen stressigen Gedanken (wie du diese findest, erfährst du im Kapitel »Finden von stressigen Überzeugungen«). Formuliere ihn so kurz, einfach und eindeutig wie möglich. Schreib den Gedanken auf und überprüfe ihn in der Situation, in der er auftaucht (falls es eine konkrete Situation gibt). Beispiel: Er hat mich verletzt. Situation: Als ich ihn fragte, ob er mir hilft, hat er nicht geantwortet. Ich saß in der Küche und er verließ den Raum.

Die vier Fragen

Den gewählten Gedanken überprüfst du nun mit den vier Fragen. Nimm sie wörtlich, halte inne und warte, welche Antwort in dir auftaucht. Vertraue der Antwort, die sich in dir bemerkbar macht. Während des Prozesses kannst du gern die Augen schließen. Gönn dir die Zeit, die es braucht.

1. Frage: In deiner Situation – er hat dich verletzt. **Ist das wahr?**
(Antworte nur mit Ja oder Nein. Bei Nein gehst du weiter zur dritten Frage.)
2. Frage: In deiner Situation – er hat dich verletzt. **Kannst du mit absoluter Sicherheit wissen, dass das wahr ist?** (Ja oder Nein.)
3. Frage: In deiner Situation – er hat dich verletzt. **Wie reagierst du, was passiert, wenn du diesen Gedanken glaubst?**
4. Frage: In deiner Situation – er hat dich verletzt. **Wer wärest du ohne diesen Gedanken?**

Die Umkehrungen

Anschließend bildest du eine Umkehrung für deinen Satz. Erlaube dir, diese Umkehrung zu erleben. Lass dir Zeit dafür. Finde dann Beispiele dafür, wie diese Umkehrung auch wahr sein könnte.
Bilde dann, wenn möglich, die nächsten Umkehrungen, erlebe sie jeweils und finde deine Beispiele. (Mehr zu den Umkehrungen findest du im Kapitel »Die Umkehrungen«). Für unser Beispiel bedeutet das:

Umkehrung zu dir selbst: »*Ich* habe mich verletzt.«

Umkehrung zum anderen: »*Ich* habe *ihn* verletzt.«

Umkehrung ins Gegenteil: »Er hat mich *nicht* verletzt.«

ÜBER DIESES PRAXISBUCH

The Work ist ganz einfach: Vier Fragen und ein paar Umkehrungen, mit denen wir Gedanken hinterfragen können, die uns Stress verursachen. Zugleich können wir mit der Work auf vielfältige Weise alle möglichen Themen anschauen. In diesem Buch möchte ich dir beides, die Einfachheit und die Vielfalt, näherbringen.

Auch über dreißig Jahre, nachdem Byron Katie The Work entdeckt hatte, gab es meines Wissens weltweit kein wirkliches Praxisbuch zu dieser Methode. Katie selbst hat zahlreiche Bücher veröffentlicht, die zeigen, wie die Work funktioniert, und die auch über ihre Anwendung hinausgehen, und diese Bücher haben das Leben unzähliger Menschen auf dem gesamten Globus auf wunderbare Weise verändert. Auch andere Work-Begeisterte haben bereits wertvolle Bücher über die Work veröffentlicht. All das ist nicht nur spannend und hilfreich, es hat auch viele Menschen zur Work gebracht.

Doch ein wirkliches Praxisbuch gab es noch nicht. Die ganze Vielfalt, mit der wir auf unsere leidvollen und Stress verursachenden Gedanken aufmerksam werden können, die vielen Feinheiten, die wir beim Worken beachten können, die kleinen Kniffe, die auf diesem Weg manchmal ganz entscheidende Sprünge initiieren, all das ist bislang meines Wissens nirgendwo systematisch niedergeschrieben worden. Das habe ich jetzt in diesem Buch versucht.

Für meine Seminare und die Ausbildungen zum Coach für The Work habe ich einige Handbücher erstellt, die ich seit vielen Jahren verwende. Sie erleichtern es den Teilnehmenden, diese Methode für sich und mit anderen anzuwenden. Ich habe es immer schon geliebt, die praktischen Möglichkeiten von The Work in all ihren Facetten zu strukturieren und weiterzuentwickeln.

Vor einigen Jahren dann sprach ich Byron Katie darauf an, dass es für viele Menschen sehr hilfreich sein könnte, solch ein umfassendes Handbuch zu haben, das sie auf ihrem Weg mit der Work begleitet. Ich bat sie, solch ein Buch zu schreiben. Katie gefiel die Idee – sie forderte mich jedoch auf, es selbst zu verfassen. Hier ist es nun. In diesem Buch versammeln sich all die praktischen Anregungen, die dir deinen Weg mit der Work, also deinen Weg zu deinem wahren Selbst leichter machen können. Es ist gedacht als Praxisbuch sowohl für Einsteiger als auch für langjährig Praktizierende.

DEIN WORK-WEGBEGLEITER

Dieses Buch ist einerseits ein Coaching-Handbuch. Es zeigt dir in allen Details, wie du die Work in den unterschiedlichsten Situationen und mit verschiedensten Themen anwenden kannst, um dadurch mehr Frieden zu finden und kreative Handlungsmöglichkeiten zu entdecken. So kannst du das Buch einfach als praktisches Handbuch für The Work nutzen – ganz gleich, ob du die Work durch dieses oder andere Bücher, Videos und/oder Seminare kennengelernt hast.

Zugleich kann dieses Buch auch so etwas wie dein persönlicher Begleiter auf deinem inneren Entwicklungsweg sein. Es kann nämlich passieren, dass du durch das Worken mehr und mehr entdeckst, welche ungeahnten Weiten sich in dir auftun und was für ein leichtes, liebevolles Leben dir möglich ist. Wenn du entdeckst, dass du eigentlich immer schon Frieden und Liebe warst, wirst du auf diesem Weg vermutlich weitergehen wollen. Und Kapitel für Kapitel gibt dir dieses Buch Anregungen, um immer noch tiefer mit dir selbst und deiner Wahrheit in Kontakt zu kommen. Es lädt dich gewissermaßen ein, auch in abgelegeneren Winkeln deines Wesens nach den Glaubenssätzen zu suchen, die es dir im Leben schwerer machen, als es nötig wäre – und diese Überzeugungen dann mit der Work zu überprüfen.

Wenn du die Work noch gar nicht kennst, kannst du dieses Buch einfach von vorn nach hinten lesen. Ich nehme dich darin an die Hand und begleite dich durch die einzelnen Schritte, sodass du dir diesen so kraftvollen und wertvollen Prozess für dich erschließen kannst. Wenn du mit The Work bereits vertraut bist, findest du hier in einem Werk zusammengefasst alles, was dich unterstützen und dein Worken vertiefen kann. Vieles davon wird dir bekannt sein, anderes vermutlich noch nicht.

»ICH LIEBE, WAS IST. UND ZWAR NICHT, WEIL ICH SO EIN SPIRITUELLER MENSCH BIN, SONDERN WEIL ES WEHTUT, WENN ICH ANFANGE, MIT DER REALITÄT ZU STREITEN.« BYRON KATIE

Im vierten Kapitel »The Work zu einzelnen Themen« gebe ich dir konkrete Anregungen, wie du dir verschiedenste Themen mit der Work anschauen kannst. Hier kannst du zu den Lebensbereichen springen, die dich gerade besonders interessieren. Wenn beispielsweise aktuell Schuldgefühle dein Leben beherrschen, dann beginne ruhig mit dem Schuldkapitel. Meine Einladung an dich lautet in jedem Fall, nach und nach das Buch als Gesamtes zu erforschen, weil ich vermute, dass du – wie die allermeisten von uns – beim tieferen Hinsehen in den unterschiedlichsten Lebensbereichen Gedanken aufspüren kannst, die dein Leben unnötig belasten. So findest du im gesamten Buch verstreut wertvolle Tipps und Hinweise, die deine Erfahrungen mit The Work intensivieren und deinen Weg zur Freiheit beschleunigen können.

Auf ralf-heske.de/praxisbuch-bonus gibt es ergänzend noch weiteres hilfreiches Material.

ZUR ENTSTEHUNG

Dieses Buch basiert auf meiner über zwanzigjährigen Erfahrung mit The Work. Mein eigenes intensives Worken, meine langjährige Arbeit als Coach und mein Wirken als Lehrcoach in unzähligen Seminaren und Ausbildungen brachten es mit sich, dass ich die Work in all ihrer Vielfalt immer tiefer kennenlernen durfte. Es freut mich total, diesen Erfahrungsschatz mit diesem Buch an eine breitere Öffentlichkeit weitergeben zu können.

Außerdem freue ich mich, dass ich mit Diane Zilliges die perfekte Partnerin für das Schreiben dieses Buches gefunden habe. Diane workt selbst mit Begeisterung seit fast zehn Jahren und hat bei mir die Ausbildung zum Coach für The Work gemacht. Als jemand, der sich selbst so tief in die Work hineinbegeben hat und zugleich eine erfahrene Lektorin und Autorin ist, stand sie mir auf allerbeste Weise zur Seite. Ich bin glücklich und dankbar dafür, denn ohne Diane wäre es mir nicht möglich gewesen, das Buch in dieser Form herauszubringen.

Ein Hinweis zur Sprache

Mir ist eine Sprache, die Frauen genauso wie Männer einbezieht, sehr wichtig. In diesem Buch war das eine Gratwanderung für mich. Zugunsten der leichteren Lesbarkeit habe ich mich daher trotzdem dazu entschieden, die weiblichen Formen an manchen Stellen wegzulassen.

WIE DU THE WORK PRAKTISCH ANWENDEST

Dieses Kapitel zeigt dir die unterschiedlichen Möglichkeiten, The Work für dich selbst anzuwenden. Außerdem erhältst du einen ersten Einblick, wie es sein kann, sich von jemandem durch den Prozess begleiten zu lassen und umgekehrt jemandem bei der Überprüfung seiner Gedanken zur Seite zu stehen.

WIE DU DICH SCHRIFTLICH SELBST MIT DER WORK BEGLEITEST

Hier findest du eine Anleitung dafür, wie du für dich selbst The Work anwenden kannst – und zwar schriftlich. Denn das ist der bewährteste Weg, die vier Fragen und die Umkehrungen wirklich effektiv für dich zu nutzen.

Unser Verstand kann sehr trickreich sein. Es ist seine Aufgabe, Gedanken zu produzieren, die genau die Wahrheit und das Weltbild stützen, die wir uns in unserem bisherigen Leben angeeignet haben.

Auch wenn du mit der Work arbeitest, wird sich dein Verstand oft nach Kräften bemühen, dieses Weltbild zu verteidigen. Er wird es ausführlich begründen und er wird oftmals auch versuchen, dich von der Selbstbefragung abzulenken. Das kann er sehr gut, wie du sicherlich aus deinem Alltag weißt: Sehr schnell verlieren wir den Fokus und sind plötzlich mit unseren Gedanken ganz woanders.

Damit genau das bei deiner Selbstbefragung nicht passiert, empfiehlt es sich unbedingt, sie schriftlich zu machen. Wenn du allein workst, solltest du das also immer mit Papier und Stift tun (zu Ausnahmen komme ich später). Auf diese Weise bringst du deine Gedanken auf Papier, wo sie sich nicht mehr so schnell verflüchtigen können. Du kannst deinen Verstand sozusagen auf Papier anhalten. Das macht es dir möglich, deine Gedanken gründlich zu überprüfen, sodass du frei von ihnen werden kannst.

DIE VORBEREITUNG

Es bietet sich an, dass du dir ein wenig Zeit nimmst um deine Work zu machen. Setz dich in Ruhe hin, nimm dir Schreibzeug und gegebenenfalls auch das eine oder andere Arbeitsblatt, wie du sie hier im Buch noch kennenlernen wirst (sie sind hilfreich, aber du kannst auch ohne sie worken). Mit der Zeit und der Erfahrung wirst du sicherlich immer freier im Umgang mit der Methode und kannst sie bald in jeder Lebenslage nutzen. Zugleich kann es auch nach Jahrzehnten der Erfahrung wertvoll sein, sich Ruhe zum Worken zu gönnen.

DER STRESSIGE GEDANKE

Nun geht es darum, den Satz zu wählen, mit dem du arbeiten möchtest. Du findest im dritten Kapitel unterschiedliche Möglichkeiten, an die Gedanken heranzukommen, deren Überprüfung dein Leben verändern kann.

In den meisten Fällen wirst du vermutlich Stress verursachende Gedanken in einer konkreten Situation aus deinem Leben überprüfen wollen. Wenn du einen solchen Moment dafür auswählst, dann notiere ihn dir stichwortartig und bleib während der Untersuchung deiner Gedanken innerlich möglichst die ganze Zeit in dieser Situation. Mehr dazu im Unterkapitel »Konkrete oder allgemeine Situation«.

Entscheide dich jeweils für einen stressigen Gedanken, den du überprüfen willst. Achte zuerst darauf, dass es ein möglichst kurzer und einfacher Satz ist. Er sollte so formuliert sein, wie du ihn auch denken würdest, auch wenn er dann vielleicht unfreundlich klingt.

WIE IST VERÄNDERUNG MÖGLICH?

Der effektivste Weg, um Veränderungen im Innen und auch im Außen zu ermöglichen, ist nach meiner Erfahrung, die Realität zunächst einmal so anzunehmen, wie sie ist. Solange wir innerlich Widerstand leisten gegen das, was ist, erhalten wir damit oft genau die Dinge aufrecht, die wir gern anders hätten. Wenn wir die Dinge aber so annehmen können, wie sie sind, dann geschieht Veränderung oft ganz von selbst.

Es ist schon lustig: Die Realität ist sowieso schon so, wie sie ist, ganz gleich, was wir davon halten. Wenn wir sie ablehnen, dann haben wir immer schon verloren – weil sie ja weiterhin noch so ist, wie sie ist. Die Folge ist immer Leiden. Die Work kann uns ermöglichen, die Realität so anzunehmen, wie sie ist, sie willkommen zu heißen und nach und nach vielleicht sogar so zu lieben, wie sie ist. Das ermöglicht uns Frieden und Freiheit.

Während unserer Works bemerken wir, wie schmerzvoll es ist, Gedanken zu glauben, die für uns bei näherem Hinsehen noch nicht einmal wahr sind. Da der Verstand letztlich immer hilfreich für uns sein will, lässt er die Schmerz verursachenden Konzepte durch dieses Erkennen nach und nach ganz von selbst los.

Auf diese Weise geschehen nachhaltige Veränderungen in uns selbst – und oft auf fast magisch wirkende Weise auch in unserem Umfeld.

Wenn er eher lang ist, prüfe, wie du ihn so kürzen kannst, dass er seine Bedeutung für dich behält. Oft tauchen auch verschiedene Aspekte in einem Satz auf. Bilde dann lieber zwei oder mehr Sätze und wähle anschließend den Satz mit der größten emotionalen Ladung für deine Work aus.
Schreib diesen einen Gedanken dann auf. So bringst du deinen Verstand auf Papier. Du hast damit sozusagen einen Ausschnitt deines Denkens vor dir liegen. Und diesen einen Gedanken kannst du jetzt mit den vier Fragen und den Umkehrungen überprüfen.

DIE SELBSTBEFRAGUNG

Die vier Fragen der Work kennst du bereits. Bei der schriftlichen Selbstbefragung gehst du genauso vor, wie es in der Übersicht auf Seite 38 dargestellt ist. Du stellst dir also einzeln die Fragen in Bezug auf den Gedanken, den du überprüfst. Dann schließt du die Augen und wartest auf die Antworten, die in dir auftauchen. Du notierst sie in Stichworten oder ausführlicher, was auch immer für dich passt.
Bleib bei den Fragen immer bei den vorgegebenen Formulierungen. Sie haben sich bewährt und funktionieren ideal. Außerdem wird The Work auf diese Weise bald zu einer Art rituellem Ablauf für dich, zu einem Rahmen, der dir Klarheit und Sicherheit in diesem Prozess gibt.

Erste Frage: Ist das wahr?

Nimm die Frage – wie alle anderen Fragen auch – wörtlich. In deiner Situation: Ist das wahr? Lass dir Zeit – und beantworte diese Frage letztlich nur mit einem Wort: Ja oder Nein. Notiere deine Antwort. Wenn deine Antwort Nein ist, gehst du direkt zur dritten Frage, ansonsten folgt die zweite Frage.

Zweite Frage: Kannst du mit absoluter Sicherheit wissen, dass das wahr ist?

Wiederhole für dich deinen Gedanken und stell dir dazu diese zweite Frage. Bleib innerlich in der konkreten Situation. Lass dir die nötige Zeit, deine Antwort, deine Wahrheit in dir zu entdecken. Auch hier antwortest du nur mit Ja oder Nein.
Manchmal glauben Menschen, dass sie bei der zweiten Frage unbedingt mit Nein antworten müssen, das ist aber nicht der Fall. Du »musst« bei The Work gar nichts. Es geht um deine Wahrheit und die Methode unterstützt dich dabei, sie zu finden und in dir zu erleben. Sei also offen und nimm wahr, ob deine Antwort auf diese zweite Frage Ja oder Nein ist. Oft kommt hier ein Nein als Antwort – denn was können wir schon mit absoluter Sicherheit wissen? Das muss aber nicht so sein. Es geht um die Antwort, die für dich stimmig ist.

Dritte Frage: Wie reagierst du, was passiert, wenn du den Gedanken glaubst?

Wieder vergegenwärtigst du dir die Situation, die du für die Befragung eventuell gewählt hast, und den Gedanken, den du überprüfst. Dann stellst du dir die dritte Frage und bemerkst, was sich dir offenbart. Notiere deine Antworten. Schreib viel oder wenig, so wie es für dich gut passt. Vielleicht wiederholst du die Frage: Bemerke, was jetzt noch in dir auftaucht. Oftmals ist es so, dass wir Schicht um Schicht tiefer tauchen. Wir notieren unsere Antwort, dann schließen wir erneut unsere Augen, wiederholen die Frage und nehmen wahr, was sich zeigt. So erleben wir meist noch weitere Facetten.
Es empfiehlt sich, dir wirklich Zeit und Ruhe zu gönnen und dich ganz auf das, was zu dieser dritten Frage spürbar wird, einzulassen.

Erlaube dir, die Gefühle, die auftauchen, wirklich zu spüren.
Manchmal kann es passieren, dass du abschweifst oder beginnst, dich zu erklären, zu verteidigen oder zu rechtfertigen. Dein Verstand will vielleicht daran festhalten, dass du im Recht bist. Sobald du so etwas bemerkst, wiederhole dir deinen Satz und die dritte Frage und lass dich erneut darauf ein.
Häufig arbeiten wir mit Sätzen der Form »Er sollte …«, »Ich will, dass sie …« oder »Ich brauche von ihnen, dass sie …«. Unser Stress rührt in solchen Fällen daher, dass sich die anderen nicht so verhalten, wie wir es verlangen. Daher bietet es sich an, bei der dritten Frage zu ergänzen: »… und sie tun es nicht«. Also zum Beispiel: »Wie reagiere ich, was passiert, wenn ich den Gedanken glaube: Ich will, dass er mir zuhört – und er tut es nicht?«

DEINE ÜBLICHEN GEDANKEN ZU DEINER SITUATION KENNST DU SCHON. GIB DIR DIE CHANCE, ETWAS NEUES ZU ENTDECKEN.

Es ist ein häufiges Missverständnis, bei der dritten Frage anzunehmen, dass der andere erfüllt, was du von ihm willst. Doch wenn der Gedanke, den du überprüfst, lautet: »Ich will, dass er mir zuhört«, dann geht es darum, wie du reagierst, wenn du etwas willst – und der andere es nicht tut. Denn in der Situation, die du hier überprüfst, tut er es ja nicht.

Vierte Frage: Wer wärest du ohne den Gedanken?

Bleib gedanklich in deiner Situation und stell dir diese vierte Frage in Bezug auf deinen Gedanken. Schließ auch dabei am besten die Augen und erlebe, was sich in dir zeigt.
Die vierte Frage wird oftmals als eine unglaubliche Befreiung erlebt, weswegen ich auf ihre besondere Magie gleich noch genauer eingehen möchte. Was auch immer jedoch andere dazu sagen und was auch immer du bereits selbst damit erlebt hast: Sei jedes Mal neu offen dafür, was sich als Antwort in dir zeigt. Wenn eine Antwort kommt wie »Dann wäre ich wahrscheinlich freier« oder »Vielleicht würde es mir dann besser gehen«, kann das ein Hinweis darauf sein, dass du die Frage nicht aus der konkreten Situation heraus beantwortet hast. Dann vergegenwärtigst du dir am besten noch einmal die Situation und fragst dich: »Wer bin ich – in genau der Situation – ohne den Gedanken?«
Wenn du bei der vierten Frage keine befreiende Antwort spürst, kannst du einfach weiter zu den Umkehrungen gehen. Manchmal braucht es vielleicht auch etwas mehr Zeit in der dritten Frage, bevor du bereit bist, dich für die vierte Frage zu öffnen. Die Unterfrage zur dritten Frage: »Wozu bist du nicht in der Lage, wenn du den Gedanken glaubst?« ist dann oftmals eine hilfreiche Brücke zur vierten Frage.

DAS ARBEITSBLATT »UNTERSUCHE EINE ÜBERZEUGUNG«

In der hinteren Klappe des Buchumschlags findest du das Arbeitsblatt zum Überprüfen eines Gedankens, mit dem du dich selbst schriftlich begleiten kannst. Es führt dich durch die vier Fragen, einige Unterfragen und die Umkehrungen. Du findest dieses offizielle Arbeitsblatt von Byron Katie auch zum Herunterladen auf ralf-heske.de/praxisbuch-bonus.

DIE MAGIE DER VIERTEN FRAGE

Wenn wir in die vierte Frage eintauchen, können die verrücktesten Sachen passieren. Verrückt im wahrsten Sinne des Wortes – es verrückt uns den Verstand, weg vom Leiden und hin zu unserer wahren Natur. Diese kann in der vierten Frage beispielsweise wie folgt erlebt werden:

- Das Drama verschwindet. In der dritten Frage haben wir gelitten, jetzt können wir kein Problem mehr erkennen. Unsere Welt hat sich verändert.
- Freiheit. Weite. Innere Stille.
- Frieden. Verbundenheit. Freude.
- Liebe für den Menschen, den wir gerade noch verurteilt haben.
- Selbstliebe.
- Mitgefühl. Bedingungslose Liebe.
- Nichts – was sich gut anfühlt.
- Spontanes Lachen.
- Dankbarkeit.

Menschen, die öfter worken, beschreiben oft einen grundlegenden Wandel in der Wahrnehmung ihres Seins. Sie erleben immer wieder Aspekte ihrer wahren Natur, die sich in der Weite der vierten Frage offenbaren. Je häufiger das geschieht, umso mehr verliert das automatische Denken die Macht über sie und sie genießen ihr Leben in mehr Leichtigkeit aus dem Raum heraus, den die vierte Frage ermöglicht.

Das, was immer schon da war

Wie kommt es aber dazu, dass wir mit der vierten Frage einen Zustand großer innerer Weite und echten Glücks erleben können? Wir schlucken ja keine Glückspille und fügen auch sonst nichts hinzu. Stattdessen nehmen wir etwas weg: den Gedanken, der unseren Stress auslöst. Bei der dritten Frage haben wir erlebt, wie sehr uns ein Gedanke unter Druck setzen kann: Alles wird eng und wir gehen

Gelebte Work

Wer wäre ich ohne diesen Gedanken? Ich habe diese vierte Frage kaum gestellt, da muss ich schon laut lachen. Von einer Millisekunde auf die andere ist mein Verstand stehen geblieben – und dann das befreiende Lachen. Als hätte mein Gedankenapparat in dieser Millisekunde, als er die Frage erfasst hatte, auch realisiert, dass ein Leben ohne diesen Gedanken möglich ist. »Ich brauche seine Liebe.« Das war für mich immer so selbstverständlich! Doch ich existiere auch ohne diesen Gedanken. Ganz wundervoll sogar! Wer hätte das gedacht? Ohne diesen Gedanken kann ich eine Ahnung von meiner Freiheit spüren. Und ich kann meinen Mann in Ruhe lassen, wenn er eben gerade keine Zeit für mich oder schlechte Laune hat. Mein Horizont öffnet sich meilenweit.

Anna

weder mit uns selbst noch mit anderen Beteiligten gut um. In der vierten Frage, ohne diesen Gedanken, verschwindet diese Enge – und es zeigt sich das, was immer schon da war. Das ist die Ent-deckung unserer wahren Natur. Der Gedanke hat uns von unserer wahren Natur getrennt – ohne ihn können wir sie wieder erleben. Das ist also eigentlich unser natürlicher Zustand. Weite, Freiheit, Freude, Stille, reines Sein oder bedingungslose Liebe waren die ganze Zeit schon da. Wie sich deine wahre Natur zeigt, kann immer mal etwas variieren.

UNSER WAHRES SEIN HAT IMMER AUF UNS GEWARTET. WIR HABEN ES NUR DESWEGEN NICHT GESPÜRT, WEIL DIE GEDANKEN, DIE WIR GEGLAUBT HABEN, DIESES ERLEBEN VERDECKTEN. LIEBE, FREIHEIT, FREUDE ZEIGEN SICH, WENN WIR UNSERE GEDANKEN NICHT MEHR GLAUBEN.

Das gehört zu den absoluten Besonderheiten von The Work: Du kannst auf einfache Weise in einen Zustand kommen, für den andere vielleicht jahrzehntelang meditieren. Das ist oft auch eine Übungssache. Falls du die vierte Frage nicht als befreiend erlebst, dann geh einfach weiter zu den Umkehrungen. Wenn du häufiger die Work machst, wirst du vermutlich irgendwann einfacher einen Zugang zur vierten Frage bekommen.

»Wer *bist* du ohne den Gedanken?«

Eine Vertiefung der vierten Frage kann es sein, wenn du fragst: »Wer *bin* ich, jetzt, hier, in diesem Moment, ohne diesen Gedanken?« Du stellst die Frage also nicht mehr im Konjunktiv »Wer *wäre* ich …?«, was manchmal zu einer eher vagen Antwort verleitet. Wenn du fragst »Wer *bin* ich …?«, dann wird das Erleben oft konkreter: Du erlebst dich im gegenwärtigen Moment ohne den stressigen Gedanken.

Du schenkst dir damit das Erleben dessen, was immer in dir ist, solange du es nicht mit stressigen und unwahren Gedanken überdeckst. Du kannst entdecken, dass du wirklich Liebe bist. Und Freiheit. Freude. Dankbarkeit. Diese Zustände bezeichne ich deswegen auch nicht als Emotionen. Sie zeigen sich, wenn das, was wir hinzugefügt haben und was so trennend ist, also die Stress verursachenden Gedanken, wegfällt. Wir bekommen Zugang zu einem Frieden, der unabhängig von äußeren Umständen immer da ist.

Wenn du deine Work in einer konkreten Situation machst, kannst du auch fragen: »Wer *bin* ich, jetzt, in dieser Situation, ohne diesen Gedanken?« In deiner Vorstellung bist du ja, während du die Fragen stellst, in der Situation. Auch hier kann die Formulierung »Wer *bin* ich …« dein Erleben vertiefen.

In dem Fall, dass du einmal mit der Formulierung der vierten Frage nichts anfangen kannst, frage dich: »Wie wäre es ohne diesen Gedanken?«

UMKEHRUNGEN

Den Abschluss deiner Work bilden immer die Umkehrungen. Mehr dazu findest du im gleichnamigen Kapitel.

DIE KONKRETE SITUATION

Unsere stressigen Gedanken kommen meist nicht aus heiterem Himmel. Sie tauchen auf, wenn wir mit bestimmten Menschen in bestimmten Situationen bestimmte Dinge erleben. Wenn du die Work machst, ist es daher oft hilfreich, deinen Gedanken in einer konkreten Situation zu überprüfen.

Unser Verstand ist meist voller Gedanken. Zigtausende gehen uns davon am Tag durch den Kopf. Wenn wir einen davon hinterfragen, kann es natürlich sein, dass er für viele unterschiedliche Situationen in unserem Leben passt. Sätze wie »Er sollte nett zu mir sein«, »Ich schaffe das nicht« oder »Ich brauche seine Aufmerksamkeit« passen von der Kindheit bis in die Gegenwart zu vielen Momenten, die wir mit den unterschiedlichsten Bezugspersonen erleben.

Um effektiv zu worken, ist es hilfreich, sich auf eine konkrete Situation festzulegen, in der der stressige Gedanke auftaucht. »Er sollte nett zu mir sein« haben wir vielleicht gedacht, als unser Partner uns vorgestern beim Abendessen in der Küche kritisiert hat. »Ich schaffe das nicht« war unsere gedankliche Reaktion auf eine Aufgabe, die uns unsere Lehrerin vor vielen Jahren gestellt hat. »Ich brauche seine Aufmerksamkeit« ist vielleicht aufgetaucht, als unser Sohn vorhin nicht einmal vom Handy aufsah, als wir mit ihm sprachen und uns eine Antwort von ihm wichtig war.

Auch wenn viele unserer Stress verursachenden Gedanken in unzähligen anderen Momenten auftauchen können, ist es hilfreich, sie in einer einzigen ganz konkreten Situation zu überprüfen.

Wir wählen also einen ganz bestimmten Moment aus, in dem ein Gedanke aufgetaucht ist, und betrachten dann, was in diesem Moment wirklich los war. Im Laufe des Prozesses können wir zeitweise auch über diesen Moment hinausblicken. Grundsätzlich aber orientieren wir uns an einer sehr kurzen Zeitspanne, die das Geschehen auf den Punkt bringt.

KEINE GESCHICHTE, KEINE ANALYSE

Du wählst also eine ganz konkrete Situation aus deinem Leben, in der dein stressiger Gedanke aufgetaucht ist. Du machst dir diese Situation im Detail bewusst und beantwortest alle vier Fragen dann aus dieser Situation heraus. Auch für die Umkehrungen findest du zunächst Beispiele in dieser Situation, bevor du deinen Blickwinkel eventuell noch etwas ausweitest.

Das alles heißt nicht, dass du die Situation analysierst oder psychologische Forschungen anstellst. Anders als in vielen therapeutischen Ansätzen geht es bei The Work nicht um deine Geschichte und auch nicht um irgendwelche Analysen. Es geht um deine Wahrheit, die du durch die Work entdecken kannst. Auch wenn du jemand anderen mit der Work begleitest oder dich begleiten lässt, ist nur wichtig, die Situation so weit zu erzählen, dass ihr euch mit einem bestimmten Stichwort an die Situation erinnern könnt. Bei den vier Fragen kann dann immer wieder gesagt werden: »In deiner Situation …«, »Vorgestern Abend in der Küche …« oder: »In der Schule, als deine Lehrerin …«

Erinnere dich am besten mit einem Stichwort an die Situation, das sich auf einen Ort bezieht. Erinnere dich nicht mit einer Bewertung an die Situation, also nicht mit so etwas wie »… als er mich betrogen hat …«.

VIELFALT AN SITUATIONEN

The Work lässt sich für alle denkbaren Situationen anwenden, ganz gleich, ob es um Situationen aus der Vergangenheit oder in der Zukunft geht – oder um dein Leben jetzt. Möglich sind zum Beispiel:

- Klar erinnerte Situationen mit anderen Menschen.
- Konkrete Situationen mit dir selbst, eine Angst, eine Überforderung vielleicht.
- Situationen aus der ferneren Vergangenheit.
- Situationen aus deiner Kindheit, auch wenn du sie nur ungefähr erinnerst.
- Situationen der ferneren Vergangenheit, an die du keinerlei konkrete Erinnerung hast, beispielsweise weil sie direkt nach deiner Geburt geschehen sind.
- Vorgestellte Situationen in der Zukunft auf diese Weise kannst du Befürchtungen überprüfen.
- Der jetzige Moment, in dem du ganz allgemein an ein Thema denkst und grundlegende Gedanken untersuchst, zum Beispiel »Niemand liebt mich«, »Es sollte anders sein« oder »Ich bin eine schlechte Mutter«.

Es kann sehr wertvoll sein, genau die Sekunde herauszufiltern, in der der fragliche Gedanke in dir auftauchte, und diesen kurzen Augenblick anzuschauen. Das kann dir unglaublich viel über dich selbst verraten.

VERGANGENHEIT …

Oft liegt unsere Situation in der nahen oder ferneren Vergangenheit. Es gab einen Moment irgendwann in unserem Leben, der uns geärgert, traurig gemacht oder auf andere Weise aufgewühlt hat. Wenn wir unsere Gedanken in diesem Moment untersuchen, beziehen wir uns auf die jeweilige Situation.

MIT THE WORK KANNST DU TATSÄCHLICH DEINE VERGANGENHEIT, JA SOGAR DEINE KINDHEIT VERÄNDERN. DENN DU VERWANDELST DEINEN BLICK DARAUF UND ERLEBST SIE VÖLLIG NEU.

Wenn wir auf diese Weise in die Kindheit und vielleicht sogar in die frühe Kindheit gehen, kann es sein, dass wir dort entweder keine ganz konkrete Situation erinnern, oder es tauchen bestimmte Grundgedanken auf, in deren Licht wir gewissermaßen unsere gesamte Kindheit sehen. Das können Gedanken sein wie »Ich wurde nicht so sehr geliebt wie meine Schwester« oder »Meine Mutter war zu streng mit mir«. Hier kann es sinnvoll sein, erst einmal ganz allgemein solche Gedanken mit den vier Fragen zu untersuchen. Dabei tauchen sicherlich auch konkrete Situationen auf, die dann noch extra geworkt werden können. So näherst du dich den wunden Punkten, die möglicherweise noch bestehen, an und kannst dafür Heilung ermöglichen.

Es ist nicht wichtig, dass du eine Situation haargenau erinnerst, um deine Work zu machen. Oftmals wissen wir einfach nicht mehr jedes Detail, manchmal haben wir nur noch eine nebelige Stimmung in uns gespeichert und es kann sogar sein, dass wir von einer Situation nur aus Erzählungen wissen oder dass einzig irgendwelche Bilder auftauchen. Auch solche Situationen kannst du mithilfe der Work überprüfen. Die Situation kann ja auch ohne ganz konkrete Erinnerung als belastend empfunden werden.

Auf diese Weise kannst du bis in die Schwangerschaft deiner Mutter mit dir zurückgehen. Oder sogar in Situationen, die aus früheren Leben aufzutauchen scheinen.

… UND ZUKUNFT

Genauso kannst du auch in die Zukunft gehen und dir vorstellen, was dort Unangenehmes passieren könnte. Vielleicht schaust du mit Sorge oder Angst einem Termin oder einem Treffen entgegen. Dann kann deine Situation für die Hinterfragung ein vorgestellter Moment bei diesem Termin oder Treffen sein. Natürlich ist das nur eine Projektion, denn du weißt ja nicht, was genau passieren wird. Stell es dir so vor, wie es in deinen schlimmsten Befürchtungen werden könnte, und schau, welche Gedanken dann Stress in dir verursachen. Diese Gedanken notierst du und hinterfragst sie dann mit der konkreten (vorgestellten) Situation im Kopf.

Bei den Umkehrungen kannst du auch allgemeiner in deinem Leben schauen, ob sie für dich Sinn ergeben. Untersuche immer möglichst zuerst die konkrete Situation und geh dann erst gegebenenfalls darüber hinaus.

WIE DU DICH SELBST OHNE AUFSCHREIBEN BEGLEITEN KANNST

Worken ist absolut alltagstauglich. Und es funktioniert auch, wenn du weder Stift noch Papier bei dir hast. Dann überprüfst du die stressigen Gedanken einfach im Kopf – zumindest, wenn du schon ein wenig Erfahrung hast.

Byron Katie spricht oft davon, dass wir uns bei The Work »mind on paper« anschauen, Verstand auf Papier. Es ist eine sehr hilfreiche Empfehlung, die Methode schriftlich zu nutzen. Dafür gibt es einige Arbeitsblätter – du hast schon das »Untersuche eine Überzeugung«-Arbeitsblatt kennengelernt, weitere werden folgen. Unser Verstand produziert mit unseren Gedanken etwas sehr Flüchtiges und meist bemerken wir die einzelnen Gedanken in ihren unterschiedlichen Intensitäten gar nicht. Es denkt uns.

Beginnen wir jedoch mit The Work, genauer hinzuschauen, ist es nötig, die Gedanken erst einmal greifbar zu machen. Und am besten geht das, wenn wir sozusagen den Verstand anhalten, indem wir die Gedanken aufschreiben. Das ermöglicht es uns, sie genau anzuschauen und zu hinterfragen. Grundsätzlich empfiehlt es sich daher, auch deine Antworten auf die vier Fragen, die Umkehrungen und die Beispiele, zumindest in Kurzform, aufzuschreiben. Der Verstand trickst dich sonst nur zu leicht aus und springt von dem Gedanken, den du überprüfen möchtest, in alle möglichen anderen Richtungen, bis du dich vollständig in irgendetwas verheddert hast. In Indien gibt es dafür den Begriff »Monkey Mind« – also ein Verstand, der wie ein Affe von einem Ast zum nächsten hüpft. Es kann nur allzu leicht passieren, dass du dich dann nach zwei Minuten nicht einmal mehr an den Satz erinnern kannst, mit dem du ursprünglich gestartet bist. Wenn du ihn jedoch aufschreibst und dir auch zu den vier Fragen jeweils ein paar Stichpunkte notierst, bleibst du viel wahrscheinlicher bei der Sache und wirst damit die befreiende Kraft der Work erleben können. Das Aufschreiben schafft dabei einen Rahmen, der dir hilft, wirklich tief in deine Work einzutauchen und sie nicht nur nebenbei abzuhandeln.

Zugleich ist The Work sehr flexibel und es macht gerade ihren Reiz aus, dass sie so einfach und letztlich in jeder Lebenslage anwendbar ist. So ist es auch möglich, ganz ohne äußere Mittel und nur im Kopf zu worken. Das erfordert eine höhere Konzentration, doch es kann auch auf diese Weise sehr hilfreich sein. So kannst du beispielsweise auch den Weg zur Arbeit oder einen Spaziergang nutzen, die Zeit im Bett nach dem Aufwachen oder vor dem Einschlafen.

LIEBER OHNE AUFSCHREIBEN WORKEN ALS GAR NICHT.

Die Works ohne Aufschreiben werden oftmals kürzer sein, daher eignet sich diese Möglichkeit sehr gut dazu, kurz in die vier Fragen zu einem bestimmten Gedanken einzutauchen. Wenn du schon etwas geübt bist, wirst du es manchmal vielleicht schätzen, mit der dritten Frage nur für ein paar Momente in das hineinzugehen und hineinzuspüren, was der Gedanke in dir auslöst. Danach erlebst du mit der vierten Frage den Zustand, in dem du ohne diesen Gedanken bist. Das kann sehr schnell gehen und dir ein immer klareres Empfinden dafür geben, wie deine Gedanken auf dich einwirken und deine Stimmungen ebenso wie dein Handeln, ja deine ganze Welt bestimmen. Die Umkehrungen gehören grundsätzlich zu jeder Work dazu.

VOR SICH HINPLAPPERN

Unser Verstand funktioniert einfach so: Er denkt und produziert Gedanken und denkt ... Es ist seine Aufgabe. Unsere Aufgabe könnte es sein, den besten Umgang damit zu finden. Viele, die gelegentlich worken, ohne sich dabei etwas aufzuschreiben, haben sich deswegen etwas Besonderes angewöhnt: Sie plappern ihre Gedanken halblaut vor sich hin. Das ist ebenfalls eine Möglichkeit, klarer bei der Sache zu bleiben und sich nicht von der einen oder anderen Gedankenflut hinwegreißen zu lassen.

Gelebte Work

Ich worke gelegentlich gern in der Badewanne. Das warme Wasser entspannt mich und weder Telefon noch Schreibtisch oder Abwasch können mich erreichen. So erlebe ich mich in diesem geschützten Rahmen ganz bei mir. Damit komme ich leichter in die innere Ruhe, um ausgiebig in die Tiefe bestimmter Themen einzutauchen.

Franziska

WIE DU DICH MIT DEINEM HANDY SELBST BEGLEITEN KANNST

Ohne Papier und Stift: Es gibt die Möglichkeit, deine Work mithilfe deines Handys und einer Audioaufnahme zu machen.

Wenn du worken möchtest, ohne etwas mitzuschreiben, vielleicht weil die äußeren Umstände das nicht zulassen, kannst du deine Worte auch aufnehmen. Mit dem Smartphone oder einem Diktiergerät ist das genial einfach: Du schneidest deine Work einfach von Anfang bis Ende mit, von der ersten Frage bis zu den Umkehrungen. So schaffst du dir eine äußere Unterstützung, die dir dabei hilft, dich klar auf deine Antworten zu fokussieren und es deinem Verstand nicht zu erlauben, abzuschweifen und dich abzulenken.

Manche Menschen schätzen es, nach Abschluss der Work in die Aufnahme hineinzuhören. So können sich Erkenntnisse vertiefen oder sie entdecken weitere Gedanken, die ebenfalls lohnen, einmal mit einer Work überprüft zu werden.

Was für mich und viele andere auch sehr gut funktioniert, vor allem, wenn man die Work draußen macht, ist, sich einfach ein Handy ans Ohr zu halten. Das erlaubt dir, die Fragen und Antworten auszusprechen – und das Halten des Handys ist wie ein Anker, der hilft, mit deiner Aufmerksamkeit bei der Work zu bleiben. Deine Work kannst du auf diese Art aufnehmen oder auch nicht.

VORTEILE EINER AUFNAHME

- Du bist flexibel.
- Du hast einen Anker, der dir hilft, dich zu fokussieren.
- Du erlaubst dir, die Fragen, Antworten, Umkehrungen und Beispiele laut auszusprechen.
- Du kannst dir deine Aufnahme später anhören und dabei, insbesondere bei der dritten Frage, Gedanken entdecken, die du ebenfalls überprüfen willst.

WIE DU DICH VON JEMAND ANDEREM BEGLEITEN LÄSST

Viele Menschen schätzen es, sich bei ihrer Work von jemand anderem begleiten zu lassen. Oft geht eine Work noch tiefer, wenn wir einen »Zeugen« haben, der einfach nur zuhört und nacheinander die vier Fragen stellt.

Obwohl die Methode The Work so einfach ist, gibt es weltweit zahlreiche Coaches, die ihre Klienten dabei unterstützen. Es muss aber kein ausgebildeter Coach für diese Technik sein, wenn du dich von einem anderen Menschen durch deinen Prozess führen lassen möchtest. Natürlich haben die Coaches meist sehr viel Erfahrung in Sachen The Work und kennen die Feinheiten – grundsätzlich kannst du dich aber auch von Menschen aus deinem Umfeld begleiten lassen.

Byron Katie demonstriert die Kraft und Einfachheit der Work manchmal, indem sie jemandem aus dem Publikum, der noch gar nichts von The Work weiß, ein kleines Kärtchen in die Hand drückt und ihn bittet, nacheinander die vier darauf abgedruckten Fragen an sie zu richten. Sie wählt einen belastenden Gedanken und beantwortet dann die Fragen. So können die Anwesenden schnell erkennen, worum es bei The Work geht und woher die Antworten tatsächlich kommen können – nämlich aus der Tiefe, die sich durch das stille Erforschen des Inneren offenbart.

Bei genau diesem Forschen kannst auch du bisweilen davon profitieren, dass dir jemand anderes die Fragen stellt. Selbst langjährig geübte Worker nutzen diese Möglichkeit gern. Viele verabreden sich über Jahre hinweg regelmäßig mit anderen Workern, oft einfach am Telefon, um sich gegenseitig beim Hinterfragen von stressigen Gedanken zu begleiten. Die Aufgabe des Begleiters ist dabei wirklich nur, die Fragen vorzulesen und der anderen Person dann Ruhe und Raum zu lassen, um sie für sich zu beantworten. Es geht überhaupt nicht darum, dass der andere Tipps, Hinweise oder gut gemeinte Ratschläge gibt. Es geht auch nicht darum, dass er bestätigt oder kritisiert, was gesagt wird. Er oder sie ist einfach da und hält den Raum für den inneren Prozess des Workenden.

LASS DICH BEGLEITEN

Wenn du dir bei bestimmten Themen Unterstützung wünschst oder einfach mal erleben willst, wie es ist, bei einer Work begleitet zu werden, dann bitte doch jemanden darum.

Work-Fremde

Du kannst »irgendjemanden« fragen, ob er ein wenig Zeit für dich hat. Dann gibst du ihm ein Blatt mit den vier Fragen oder schlägst für ihn die Seite 38 in diesem Buch auf und bittest ihn, dir ganz in Ruhe nacheinander die vier Fragen zu stellen und jeweils abzuwarten, was sich bei dir an Antworten zeigt. Das Ganze ist so einfach, dass alle Menschen diese Aufgabe erfüllen können, die in der Lage sind zuzuhören, ohne sofort die eigenen Bewertungen mitteilen zu müssen. Meine Tochter Kaya hat mich als Sechsjährige, als sie gerade anfing zu lesen, durch eine Work begleitet – und das war ganz wunderbar.

Wahrscheinlich wirst du dir dafür einen Menschen aussuchen, der dir sympathisch ist, mit dem du vertraut bist und dem du zutraust, dass er oder sie dir ausreichend Raum für dein Hinspüren lässt. Bitte diese Person darum, wirklich nichts weiter zu tun, als dir die Fragen vorzulesen, wenn du so weit bist. Du kannst ihr auch diesen Absatz zum Lesen geben. Falls sie beginnen sollte, dich zu kritisieren, zu korrigieren oder dir Ratschläge zu geben, bitte sie, bei der Work zu bleiben und einfach nur Zeuge von dem zu sein, was sich in diesem Rahmen entfalten mag.

Work-Kenner

Sehr bereichernd kann es sein, wenn sich Work-Kenner zusammentun, um sich gegenseitig bei ihrer inneren Arbeit zu begleiten. Es ist dabei nicht entscheidend, wie viel oder wie wenig Erfahrung die eine oder der andere hat. Die Work funktioniert, solange sich beide an ein paar Grundregeln halten.

Es gibt den schönen Ausspruch »Deine Work ist meine Work«: Beim aufmerksamen Begleiten eines anderen mit der Work wird dir nämlich fast immer auffallen, dass du auf irgendeine Weise alles, was der andere gerade offenbart, auch in dir selbst finden kannst. Und so machst du immer auch deine eigene Work, wenn du einen anderen Menschen mit bei der Work begleitest.

Eine weitere Möglichkeit ist es, sich von ausgebildeten Coaches für The Work begleiten zu lassen. Das bietet sich besonders am Anfang an oder bei Themen, die du dir lieber mit der Unterstützung eines Profis anschauen willst.

Infos dazu, wie du Begleiter findest, gibt es am Ende des Buches.

WIE DU ANDERE MIT DER WORK BEGLEITEN KANNST

Wer die Work für sich als hilfreich erlebt, wird oft auch anderen anbieten wollen, diesen Prozess kennenzulernen.

Bei Byron Katie hat ihr großes Erweckungserlebnis und die Möglichkeit, ihre Gedanken zu hinterfragen, alles verändert. Katie war für ihr Umfeld in der ersten Zeit kaum wiederzuerkennen, so radikal war ihre Verwandlung. Dann begannen andere, Katie zu fragen, ob sie ihnen das, was sie offenbar gefunden hatte, auch geben könne. Katie war klar, dass sie es nur für sich selbst entdecken konnten, und so begann sie, andere mit der Work zu begleiten. Ich selbst habe extrem viel von Katie gelernt und bilde als Lehrcoach andere Menschen zum Coach für The Work aus. Einer der wichtigsten Aspekte der Ausbildung ist es, wie die Teilnehmenden diese besondere innere Haltung verinnerlichen können, in der für die Klienten unglaubliche Veränderungen möglich werden. Das ist so einfach und gleichzeitig so anders als das, was wir sonst erleben. Es geht im Wesentlichen darum, den Raum für den Klienten zu halten und sich nicht in diesen Prozess einzumischen. Viele Therapeuten, Ärztinnen, Sozialarbeiter, Lehrerinnen und Coaches, die an den Ausbildungen teilgenommen haben, berichten, wie wertvoll diese innere Haltung auch im Zusammensein mit ihren Klientinnen, Patienten und Schülerinnen ist. Und wie genial es ist, in dieser Haltung auch dem Partner, Kindern oder anderen zu begegnen.

»BELEHREN IST KEINE ÜBERPRÜFUNG. BELEHRST DU ODER HÖRST DU ZU?«
BYRON KATIE

Wenn du magst, dann kannst du andere Menschen mit der Work in Berührung bringen, wenn es dir stimmig erscheint und sie dafür offen sind. Natürlich solltest du ihnen nie vor lauter Begeisterung etwas aufdrängen. Aber du kannst sie fragen, ob sie Interesse daran haben, das kennenzulernen, was sich für dich als hilfreich erwiesen hat. Falls sie Nein sagen, dann akzeptiere das bitte bedingungslos. Mach dir klar: Wenn du glaubst, jemand anderes sollte die Work machen, wer will dann die Realität anders haben, als sie ist? Das wärest dann du, richtig? Das wäre also ein schöner Anlass, deine Gedanken über die andere Person zu überprüfen. Es kann sehr wertvoll sein, solch eine Work zu machen.

Die Schritte beim Begleiten anderer

- Lass ihnen Raum, halte dich mit deinen Ideen über sie und ihre Situation komplett zurück und sei mit deiner Aufmerksamkeit ganz bei ihnen.
- Lass dir die Situation beschreiben, die sie stresst. In Kurzform, du brauchst nicht alle Einzelheiten zu durchdringen. Gibt es eine konkrete Situation? Wenn ja, notiere dir den Ort, zum Beispiel: »In der Küche.«
- Lass sie einen Gedanken auswählen, der sie stresst. Achte darauf, diesen Gedanken so kurz, eindeutig und einfach wie möglich zu formulieren.
- Stell die vier Fragen. Wiederhole bei jeder Frage den Gedanken, den ihr überprüft, und erinnere gegebenenfalls an die Situation. Lass ihnen Zeit für ihre Antworten.
- Geh zu den Umkehrungen. Gib ihnen Raum, jede Umkehrung in ihrer Situation zu erleben, und lass sie dann Beispiele finden. Falls sie kein Beispiel finden, könntest du sie fragen: »Ich habe ein Beispiel für diese Umkehrung. Möchtest du es hören?« Sei dir bewusst, dass dein Beispiel für sie möglicherweise nicht passt. Das wäre natürlich völlig okay. Lass ihnen die Freiheit, nur so weit zu gehen, wie sie es wollen.

Gelebte Work

Ich habe ungefähr sechs Jahre lang sehr viel für mich allein geworkt. Das hat viel in meinem Leben verändert und nicht umsonst bin ich ja an dieser Methode drangeblieben. Dann besuchte ich einen Workshop bei Katie, bei dem wir als Teilnehmende oft eingeladen wurden, uns gegenseitig zu begleiten. Das eröffnete mir eine vollkommen neue Dimension. Denn in dieser Woche saß ja nicht nur ich mit meinen Themen vor anderen, auch sie saßen vor mir und offenbarten sich mit ihren Schwierigkeiten. Das hat mich zutiefst entspannt: Andere haben ganz ähnliche Themen wie ich. Es brachte mir Mitgefühl für andere und einen gelasseneren Umgang mit meinen Schwächen.

Diane

DIE UNTERFRAGEN

Manchmal können weitere Fragen uns helfen, uns noch tiefer auf die Work einzulassen und bei der Überprüfung unserer Gedanken bestimmte Aspekte deutlicher zu erkennen.

Eine Kurzbeschreibung von The Work ist: Es sind vier Fragen und Umkehrungen, mit denen du deine stressigen Gedanken überprüfen kannst. Mehr braucht es nicht. Wenn du dich auf The Work einlässt, dann ist es ein ganz wesentlicher Schritt, den vier Fragen vertrauen zu lernen. Es gibt zusätzlich wunderbare, hilfreiche Unterfragen, die Work jedoch funktioniert auch ohne sie und wenn du glaubst, du müsstest diese Unterfragen verwenden, damit »es klappt«, dann vertraust du nicht auf die geniale Einfachheit, die The Work ausmacht.

Grundsätzlich kann es bei der Begleitung von Menschen, die The Work noch nicht kennen, hilfreich sein, die eine oder andere Unterfrage zu verwenden, damit sie eine Idee davon bekommen, wohin sie sich innerlich von der Methode führen lassen können. Doch auch geübte Anwender der Work sind oft dankbar für die Möglichkeit, mit gezielten Unterfragen auf Aspekte gebracht zu werden, die sie sonst vielleicht übersehen hätten. Gleichzeitig gilt: Weniger ist oft mehr! Hier braucht es Fingerspitzengefühl.

Ich gebe dir auf den folgenden Seiten eine große Auswahl an Unterfragen. Du kannst immer mal wieder eine dieser Fragen in deiner Work anwenden und so deine eigenen Erfahrungen mit ihnen machen.

Sobald du das Grundprinzip von The Work verinnerlicht hast, kannst du dich selbst oder andere immer mal nur mit den vier Fragen und dann wieder mit einzelnen ausgewählten Unterfragen begleiten.

Sei dir bewusst darüber, dass die Unterfragen die Antworten kanalisieren. Beispielsweise ermöglicht die dritte Hauptfrage »Wie reagierst du, was passiert, wenn du den Gedanken glaubst?« den Raum, Antworten auf ganz verschiedenen Ebenen zu entdecken. Sobald du dann fragst: »Wie behandelst du den anderen, wenn du den Gedanken glaubst?«, geht es nur noch um diese eine Ebene. Deswegen ist es so wesentlich, immer zunächst der Hauptfrage ihren Raum zu lassen und dann erst, falls passend, eine Unterfrage zu stellen. Oft sind nach der Hauptfrage die Unterfragen gar nicht mehr nötig.

Eine wunderbare Möglichkeit ist es, bei der dritten Frage, statt eine Unterfrage zu stellen, einfach die Hauptfrage zu wiederholen und folgendermaßen zu ergänzen: »Wie reagierst du, wenn du den Gedanken glaubst? Taucht sonst noch etwas auf?«

Auch wenn ich dir im Folgenden sehr viele Unterfragen nenne: Bitte quäle weder dich selbst noch andere damit, dass du sie alle stellst. Das kann für besonders hartnäckige Themen vielleicht auch einmal hilfreich und interessant sein – für mich selbst waren das oft lebensverändernde Works –, aber es stellt wirklich eine Ausnahme dar. Meist empfiehlt es sich, bei den vier Fragen zu bleiben und bei der dritten eventuell noch ein oder zwei Unterfragen zu stellen. Je fließender die Antworten kommen, umso weniger Unterfragen braucht es meist. Beachte auch, dass die Unterfragen nur in bestimmten Situationen überhaupt passen – und es auch dann angemessener sein kann, sie wegzulassen.

Falls du einen Gedanken in einer konkreten Situation überprüfst, dann beziehen sich die Unterfragen auch auf die konkrete Situation.

Bevor du andere mit einer Unterfrage begleitest, solltest du sie schon öfter für dich selbst angewandt haben. Wenn du sie bei Klienten anwendest, dann stell sie nur, wenn sie nicht sowieso schon beantwortet wurde.

Du kannst die folgenden Seiten auch gern erst einmal überspringen und bei den Umkehrungen weiterlesen. Praktisches Material zu den Unterfragen findest du auch hier: ralf-heske.de/praxisbuch-bonus.

MÖGLICHE UNTERFRAGEN ZUR ERSTEN FRAGE

Die erste Frage: Ist das wahr?

- Was wäre deine Antwort, wenn du die Frage »Ist das wahr?« nur mit Ja oder Nein beantworten könntest? (Falls die Antwort nicht nur Ja oder Nein war.)
- Ist das, was du glaubst, die Realität – oder sind das Bilder in deinem Kopf?
    - Ist es also wahr, was du glaubst?
- Wie sieht die Wirklichkeit aus? (Passt vor allem bei »Er/sie sollte …«-Sätzen.)
    - Ist es also wahr, was du glaubst?
- Wessen Angelegenheit ist es, was du sagst, tust oder denkst? … Und wessen Angelegenheit ist es also, was er oder sie sagt, tut oder denkt?

- Kannst du mit hundertprozentiger Sicherheit wissen, dass es – auf lange Sicht gesehen – besser für dich wäre, wenn die Realität so wäre, wie du sie gern hättest?
- Kannst du mehr wissen als Gott? Kannst du wirklich wissen, wie die Realität sein sollte?

MÖGLICHE UNTERFRAGEN ZUR ZWEITEN FRAGE

Die zweite Frage: Kannst du mit absoluter Sicherheit wissen, dass das wahr ist?

- Was wäre deine Antwort, wenn du nur mit Ja oder Nein antworten könntest?

MÖGLICHE UNTERFRAGEN ZUR DRITTEN FRAGE

Die dritte Frage: Wie reagierst du, was passiert, wenn du diesen Gedanken glaubst?

Schließ gern deine Augen. Spüre es. Gönn dir Zeit, das zu erleben.

- Welche Gefühle tauchen auf, wenn du den Gedanken glaubst? Wie fühlt sich das an?
- Wo spürst du es im Körper, wenn du den Gedanken glaubst – und wie fühlt sich das an?
- Wie behandelst du ihn oder sie, wenn du den Gedanken glaubst?
    - Wie fühlt es sich für dich an, ihn oder sie so zu behandeln?
- Wie behandelst du möglicherweise andere Menschen, vielleicht deine Kinder, die damit gar nichts zu tun haben, wenn du den Gedanken glaubst?
    - Wie fühlt es sich für dich an, sie so zu behandeln?
- Wie gehst du mit dir selbst um, wenn du den Gedanken glaubst?
    - Wie fühlt es sich für dich an, so mit dir selbst umzugehen?
- Bringt dieser Gedanke Frieden oder Stress in dein Leben?
- Öffnet oder schließt es dein Herz, wenn du den Gedanken glaubst?
- Welchen Preis zahlst du, wenn du den Gedanken glaubst?
- Kannst du einen Grund dafür finden, diesen Gedanken loszulassen? Es geht hier nicht darum, ihn loszulassen. Die Frage ist einfach, ob du einen Grund finden kannst, der dafürspräche, den Gedanken loszulassen.
- Kannst du einen friedvollen Grund dafür finden, an diesem Gedanken festzuhalten?
    - Falls ja: Ist dieser Grund wirklich friedvoll?
- Wozu bist du nicht in der Lage, wenn du diesen Gedanken glaubst? (Diese Frage ist oft ein guter Übergang zur vierten Frage.)

WEITERE UNTERFRAGEN FÜR DIE DRITTE FRAGE

Für sehr ausführliche und dadurch vielleicht besonders tief gehende Works kannst du für deine Selbstbegleitung auch die folgenden Unterfragen zur dritten Frage einbeziehen:

- Wie ist deine Atmung, wenn du den Gedanken glaubst?
- Welche Bilder aus der Vergangenheit tauchen auf, wenn du diesen Gedanken glaubst? Schau sie dir an, sei still und nimm einfach nur wahr.
- Wann tauchte dieser Gedanke zum ersten Mal in deinem Leben auf? Wie alt warst du da in etwa?
- Bezog sich dieser Gedanke früher vielleicht auf eine andere Person? (Wenn hier etwas auftaucht, kannst du vielleicht später ein »Urteile über deinen Nächsten«-Arbeitsblatt (s. vordere Innenklappe) über diese Person in einer konkreten schmerzhaften Situation ausfüllen.)
- Welche Bilder von der Zukunft siehst du, wenn du diesen Gedanken glaubst?
- Was spürst du, wenn du an die Zukunft denkst und diesen Gedanken glaubst?
- Wie behandelst du die Person, über die du geschrieben hast, wenn du den Gedanken glaubst? Wie gehst du mit ihr um? Wie siehst du sie, wenn du den Gedanken glaubst?
- Was sagst du zu ihr (eventuell nur in deinen Gedanken)? Was tust du konkret? Versuchst du, sie in irgendeiner Form zu ändern? Falls ja: Was tust du, um sie zu ändern?
  - Wie fühlt es sich für dich an, diesen anderen Menschen so zu behandeln? (Manchmal fühlt es sich oberflächlich vielleicht sogar gut und gerechtfertigt an, den anderen so zu behandeln. Aber wie fühlt es sich wirklich an, tief in dir, ihn so zu behandeln?)
- In welche Position begibst du dich, wenn du diesen Gedanken glaubst? Machst du dich beispielsweise klein? Begibst du dich in die Opferrolle?
- Wie ist dein Selbstbild, wenn du diesen Gedanken glaubst?
- Was vermeidest du, wenn du den Gedanken glaubst?
- Wenn du den Gedanken glaubst: Ist das der Zeitpunkt, wo du etwas tust, was du eigentlich nicht tun willst? Tauchen dann Süchte auf?
- Was benutzt du, um dich von dem Schmerz abzulenken, der mit diesem Gedanken verbunden ist? Vielleicht Essen, Alkohol, Kaffee, Zigaretten, Drogen oder Medikamente? Schaltest du das Radio, den Fernseher oder den Computer an? Schaust du aufs Handy? Benutzt du Arbeit, Telefonate, Pornografie, Sex, Ausgehen oder Shopping, um dich abzulenken? Surfst du länger im Internet, als du eigentlich willst? Spielst du Spiele? Oder lenkst du dich auf irgendeine andere Art und Weise ab? Was genau ist es bei dir?
  - Wie fühlt es sich für dich an, das zu nutzen, um dich abzulenken?
  - Wie fühlt es sich gegebenenfalls an, das zu tun, obwohl du es eigentlich nicht tun willst?

- Gehst du mental in die Vergangenheit oder in die Zukunft, um dich abzulenken? Wie fühlt sich das für dich an?
- Wohin wandert dein Verstand, wenn du diesen Gedanken glaubst? Welche weiteren Gedanken tauchen auf? (Liste die darunterliegenden Grundüberzeugungen auf und hinterfrage sie gegebenenfalls später.)
- Tauchen Gedanken von Selbsthass auf, wenn du den Gedanken glaubst? Falls ja, welche? (Beispiele dafür könnten sein: »Ich bin nicht gut genug«, »Ich kriege es nie hin«, »Keiner mag mich«, »So wie ich bin, kann man mich nicht lieben«, »Ich sollte gelassener sein«. Diese Sätze kannst du gegebenenfalls später hinterfragen.)
- Bemerkst du depressive Tendenzen, wenn du diesen Gedanken glaubst?
- In wessen Angelegenheit bist du, wenn du den Gedanken glaubst? (Mehr zum Thema Angelegenheiten findest du im Kapitel »The Work über Gott und die Welt«.)
- Wenn du diesen Gedanken glaubst: Gibt dir das Energie oder klaut dir das Energie?
- Was hast du davon, wenn du den Gedanken glaubst? Welche (vielleicht auch nur vermeintlichen) Vorteile bringt dir das?
    - Funktioniert es für dich, den Gedanken zu glauben, um diese Vorteile zu bekommen?
- Welchen Preis zahlst du, wenn du den Gedanken glaubst?
- Was siehst du nicht, wenn du den Gedanken glaubst?
- Insgesamt gesehen: Wie lebst du dein Leben, wenn du diesen Gedanken glaubst? (Hierbei kannst du die Augen schließen und dich beobachten, wie du dein Leben im Glauben dieses Gedankens lebst.)
- Was könnte Schlimmes geschehen, wenn du diesen Gedanken nicht mehr glauben würdest? Liste es auf und frage dich zu jedem Punkt:
    - Kannst du wirklich wissen, dass es wahr ist, dass das geschehen würde?
    - Kehre es ins Gegenteil um und überprüfe: Könnte das Gegenteil genauso wahr oder vielleicht sogar noch wahrer sein?
    - Untersuche die Punkte gegebenenfalls später in einer eigenen Work.
- Was gibst du vor, nicht zu wissen, wenn du an diesem Gedanken festhältst?

MÖGLICHE UNTERFRAGEN ZUR VIERTEN FRAGE

Die vierte Frage: Wer wärst du ohne den Gedanken?

Nicht immer fällt es uns leicht, uns in diese vierte Frage hineinfallen zu lassen und uns ohne den Gedanken zu erleben. Zu sehr sind wir oftmals mit ihm verhaftet. In solchen Fällen kann es helfen, sich selbst oder auch Menschen, die wir mit The Work begleiten, zusätzlich zur eigentlichen vierten Frage eine der folgenden Fragen zu stellen. Und manche der Fragen laden einfach zu einem vertieften Erleben der vierten Frage ein.

Wichtig ist, dir darüber im Klaren zu sein, dass es immer in Ordnung ist, wenn du keine befreiende Antwort auf die vierte Frage findest. Du kannst dann weitergehen zum nächsten Schritt, zu den Umkehrungen. So macht Katie das übrigens auch.

- Stell dir vor, der Gedanke könnte nicht auftauchen. Wer wärest du ohne den Gedanken?
- Ich lade dich ein: Schließ deine Augen, spüre deinen Atem. Einfach in Stille für dich. Ohne etwas zu sagen, jetzt, hier, in diesem Moment: Wie fühlt sich der Atem an? Erlaube dir, das zu spüren … Lass dir ein paar Atemzüge Zeit dafür … Frage dich dann:
    - Wer oder was bist du, in der gleichen Situation, ohne den Gedanken? Oder:
    - Wer oder was bist du jetzt, hier, in diesem Moment, ohne den Gedanken?
- Ohne den Gedanken – wie fühlt sich das an?
- Wie ist deine Atmung ohne den Gedanken?
- Ohne den Gedanken, du bist in deiner Situation, sie ist, wie sie ist – was nimmst du wahr?
- Ohne den Gedanken: Wie begegnest du der anderen Person?
- Stell dir vor, du begegnest der anderen Person ganz ohne deine Geschichte. Vielleicht schaust du ihr in die Augen. Lass dir Zeit dafür. Ohne den Gedanken – was nimmst du wahr?
- Wie gehst du – ohne den Gedanken – mit dir selbst um? Und wie fühlt sich das für dich an?
- Wie würdest du dein Leben ohne den Gedanken leben?
- Wie würdest du dein Leben möglicherweise anders leben, wenn du diesen Gedanken nie wieder glauben könntest? Schließ die Augen und stell dir dein Leben ohne diesen Gedanken vor.
    - Wie würde es sich anfühlen, dein Leben so zu leben?
- Wie wäre es, wenn du völlig frei von dem wärest, was du zuvor geglaubt hast?
- Wer wärst du ohne deine Geschichte?

DIE UMKEHRUNGEN

Wenn die vier Fragen beantwortet sind, folgen die Umkehrungen. Der ursprüngliche Gedanke wird auf unterschiedliche Weisen ins Gegenteil umgedreht. Dann wird geprüft, ob diese Umkehrungen auch wahr sein könnten.

Bei den Umkehrungen geht es darum, das Gegenteil von dem zu erleben, was du zuvor gedacht und geglaubt hast. Das kann den Verstand zurück in die Realität bringen – und dir dadurch Frieden, Freiheit und vielfältige Handlungsmöglichkeiten eröffnen.

Die Umkehrungen bieten dir die Möglichkeit zu erkennen, worum es dir wirklich geht und wie du wirklich sein möchtest – mit dir selbst und mit anderen. Und sie liefern dir die Anleitung dafür, wie du das auch umsetzen kannst, gleich mit.

Du kannst neue Perspektiven entdecken, derer du dir vielleicht noch nie zuvor bewusst warst. Das weitet dein Bewusstsein auf geradezu geniale Weise aus. Das Feld dessen, was für dich möglich ist, wird unglaublich groß. Vermutlich wirst du, nachdem du deine Umkehrungen erforscht hast, immer wieder darüber erstaunt sein, dass die Realität so viel freundlicher ist, als du es dir je hättest vorstellen können. Manchmal wirkt es so, als hätte sich die ganze Welt in einen schönen Ort verwandelt.

Solange durch unser altes Denken unser Verstand verschlossen war, war auch unser Herz verschlossen. Wenn der Verstand sich öffnen kann, dann öffnet sich auch unser Herz. Die Umkehrungen können Herz und Verstand zusammenführen. Damit kommen Freundlichkeit, Mitgefühl und Liebe zurück in unser Leben.

Am Anfang fällt es dem Verstand oft nicht leicht, sich auf die Tiefe der Umkehrungen einzulassen. Das ist Übungssache. Ich empfehle dir aus meiner eigenen Erfahrung und der mit vielen Klienten, sanft mit dir zu sein und zumindest anfangs bei den Basis-Umkehrungen zu bleiben. Auf den nächsten Seiten werde ich dir die ganze Vielfalt der Umkehrungen vorstellen, die du nach und nach testen kannst.

BEISPIELE FÜR DAS BILDEN DER UMKEHRUNGEN

Je nach Art des ursprünglichen Gedankens sind eine, zwei, drei oder sogar noch mehr Umkehrungen möglich.

Die Basis-Umkehrungen

Dies sind die drei Basis-Umkehrungen:

- zu dir selbst
- zum anderen
- ins Gegenteil

WIE DU DIE BASIS-UMKEHRUNGEN BILDEN KANNST

Die Umkehrungen sind gegenteilige Formulierungen des Gedankens, den du überprüfst. Hier findest du Beispiele für die Basis-Umkehrungen der Formulierungen der ersten fünf Punkte des »Urteile über deinen Nächsten«-Arbeitsblatts, das du in der Umschlagklappe findest. Die Umkehrungen für Punkt 6 des Arbeitsblatts sind etwas anders, du findest sie auf Seite 96 beschrieben.
Beachte, dass die Umkehrung zum anderen je nach Satzbau nicht immer möglich ist.

Satz von Punkt 1:	Martin	denkt nur an	sich.
1. Zu mir:	*Ich*	denke nur an	*mich.*
2. Zum anderen:	*Ich*	denke nur an	*Martin.*
3. Ins Gegenteil:	Martin	denkt *nicht* nur an	sich.

Satz von Punkt 2:	Ich will, dass	Martin	für	mich	da ist.
1. Zu mir:	Ich will, dass	*ich*	für	mich	da bin.
2. Zum anderen:	Ich will, dass	*ich*	für	*Martin*	da bin.
3. Ins Gegenteil:	Ich will *nicht*, dass	Martin	für	mich	da ist.
Variante zu 3:	Ich will, dass	Martin	*nicht* für	mich	da ist.

Satz von Punkt 3:	Martin	sollte	mir	wirklich zuhören.
1. Zu mir:	*Ich*	sollte	mir	wirklich zuhören.
2. Zum anderen:	*Ich*	sollte	*Martin*	*wirklich zuhören.*
3. Ins Gegenteil:	Martin	sollte	mir	nicht (wirklich) zuhören.

Satz von Punkt 4:	Ich brauche von	Martin,	dass	er	mich	liebt.
1. Zu mir:	*Ich brauche von*	*mir,*	dass	*ich*	mich	liebe.
2. Zum anderen:	Ich brauche von	*mir,*	dass	*ich*	*Martin*	liebe.
Variante zu 2:	*Martin* braucht von	*mir,*	dass	*ich*	mich	liebe.
Weitere Variante zu 2:	*Martin* braucht von	*mir,*	dass	*ich*	*ihn*	liebe.
3. Ins Gegenteil:	Ich brauche *nicht* von	Martin,	dass	er	mich	liebt.
Variante zu 3:	Ich brauche von	Martin,	dass	er	mich	*nicht* liebt.

Satz von Punkt 5:	Martin	ist	hart.
1. Zu mir:	*Ich*	bin	hart (mir gegenüber).
2. Zum anderen:	*Ich*	bin	hart *(Martin gegenüber).*
3. Ins Gegenteil:	Martin	ist *nicht*	hart.

Bei den Sätzen von Punkt zwei, drei und vier des »Urteile über deinen Nächsten«-Arbeitsblatts ist es oft hilfreich, die Umkehrungen in genau dieser Reihenfolge zu machen. Ansonsten gibt es keine festgelegte Reihenfolge für die Umkehrungen.
Erlebe die jeweilige Umkehrung in deiner Situation. Lass aus diesem Erleben Beispiele dafür auftauchen, wie sie für dich genauso wahr sein könnten oder sogar noch wahrer sind.

WEITERE BEISPIELE FÜR UMKEHRUNGEN

Da sich The Work auf alle nur denkbaren Arten von Sätzen anwenden lässt, gibt es auch eine große Vielfalt an möglichen Umkehrungen. Im Folgenden biete ich dir auch dafür einige Beispiele – mit der Zeit und etwas Übung wirst du ganz leicht für alle Gedanken, die du überprüfst, die für dich passenden Umkehrungen finden.

Basis-Umkehrungen für Sätze mit drei Personen

Kommen in einem Satz drei Personen vor, gibt es naturgemäß deutlich mehr Umkehrungen. Denn du kannst jede einzelne dieser drei Personen satztechnisch zum Subjekt oder zum Objekt machen. Im folgenden Beispiel sind theoretisch acht Basis-Umkehrungen möglich. Doch ist es normalerweise nicht sinnvoll, mit dir selbst oder jemand anderem alle diese acht Umkehrungen anzuschauen. Es kann allerdings hilfreich sein, die verschiedenen Möglichkeiten für die Umkehrungen zu kennen. In deiner Work würdest du jene Umkehrungen genauer betrachten, mit denen du in Resonanz gehst. Möglicherweise kann es auch ganz großartig und befreiend sein, alle diese Umkehrungen zu erforschen und Beispiele dafür zu finden. Wenn du magst, könntest du auch das einmal ausprobieren.

Generell gilt: Mach es dir leicht! Finde die für dich wesentlichen Umkehrungen.

Ursprünglicher Satz:

	Petra	**sollte**	**mir**	**den Kontakt mit**	**Ben**	**nicht**	**untersagen.**

Mögliche erweiterte Basis-Umkehrungen:

Zu mir:	*Ich*	sollte	mir	den Kontakt mit	*mir*	nicht	untersagen
Zu mir:	*Ich*	sollte	mir	den Kontakt mit	Ben	nicht	untersagen.
Zu mir:	*Ich*	sollte	mir	den Kontakt mit	*Petra*	nicht	untersagen.

Zum anderen:	*Ich*	sollte	*Petra*	den Kontakt mit	*mir*	nicht	untersagen
Zum anderen:	*Ich*	sollte	*Petra*	den Kontakt mit	Ben	nicht	untersagen.
Zum anderen:	*Ich*	sollte	*Ben*	den Kontakt mit	*mir*	nicht	untersagen.
Zum anderen:	*Ich*	sollte	*Ben*	den Kontakt mit	*Petra*	nicht	untersagen.
Ins Gegenteil:	Petra	sollte	mir	den Kontakt mit	Ben		untersagen.

Die Umkehrung ins äußerste Gegenteil

Die Umkehrung ins äußerste Gegenteil ist eine Variante der Umkehrung ins Gegenteil. Beide funktionieren nicht nur bei Gedanken über andere, sondern auch bei Gedanken über dich selbst. Bei der Umkehrung ins Gegenteil fügen wir meistens ein »nicht« ein oder lassen ein »nicht« weg. Bei der Umkehrung ins äußerste Gegenteil fragen wir uns (bei der Selbstbegleitung) oder den Klienten, was denn das Gegenteil des Begriffes sein könnte, der in dem ursprünglichen Satz auftaucht. Das ist eher ein intuitiver Prozess, der zu einer individuell stimmigen Antwort führt. Auch hier ein paar Beispiele:

Ursprünglicher Satz	**Umkehrung ins äußerste Gegenteil**
Ich will, dass er bei mir bleibt.	Ich will, dass er mich *verlässt.*
Männer sollten nicht so egoistisch sein.	*Frauen* sollten nicht so egoistisch sein.
Das Leben ist schwierig.	Das Leben ist *leicht.*
Er kümmert sich nicht um mich.	*Er* ist für mich *da.*
Ich habe Schmerzen.	Es ergeht mir *wohl.*
Ich habe zu *wenig* Geld.	Ich habe (zu) *viel* Geld.

Die Hurra!-Umkehrung

Für (vielleicht ja auch nur vermeintliche) Tatsachen passt manchmal auch eine ganz besondere Umkehrung: die Hurra!-Umkehrung. Eigentlich ist es gar keine Umkehrung – wir setzen vor unseren ursprünglichen Satz einfach nur das Wort »Hurra!« und finden dann für uns stimmige Beispiele für diese Aussage: Warum könnte genau das, was uns beispielsweise traurig oder wütend gemacht hat, etwas Gutes sein?

Ursprünglicher Satz	Umkehrung ins äußerste Gegenteil
Ich habe meinen Job verloren. (Schnief)	*Hurra!* Ich habe meinen Job verloren.
Mein Partner hat mich verlassen. (Schnief)	*Hurra!* Mein Partner hat mich verlassen.
Meine Freundin hört mir nicht zu. (Schnief)	*Hurra!* Meine Freundin hört mir nicht zu.

Diese Umkehrung wird eher selten angewandt. Da, wo sie passt, kann sie jedoch richtig genial sein und deine Sichtweise komplett verwandeln. Wenn du nach Beispielen für eine Hurra!-Umkehrung suchst, könntest du die sogenannte »Universumsfrage« anwenden, auf die ich auf Seite 77 näher eingehe: »Einfach mal angenommen, das Universum wäre ein freundlicher Ort. Angenommen, alles, was geschieht, geschieht für dich und stößt dir nicht einfach nur zu: Warum könnte es (vielleicht auf lange Sicht gesehen) gut für dich sein, dass es genau so ist, wie es ist?«

UMKEHRUNGEN VON ICH-SÄTZEN

Mit The Work lassen sich alle Arten von Sätzen hinterfragen. Oft geht es zunächst um Gedanken, die wir über andere glauben. Doch die meisten von uns sind auch voll von Gedanken über sich selbst – und manche verurteilen sich noch brutaler, als sie andere verurteilen. Auch diese Gedanken und einschränkenden Glaubenssätze lassen sich mit The Work untersuchen, was oftmals tief greifende Veränderungen bewirkt.

Byron Katie äußert sich eher zurückhaltend, was das Überprüfen dieser sogenannten Ich-Sätze betrifft. Sie empfiehlt ausdrücklich, vor allem Gedanken über andere zu hinterfragen. Mit diesen Works über andere arbeiten wir auf genial einfache Weise an unserem Mindset. Insofern empfehle auch ich es sehr, über andere Menschen die Work zu machen. Andererseits hat sich mein Leben auch dadurch komplett gewandelt, dass ich Glaubenssätze wie »So wie ich bin, kann man mich nicht lieben« immer wieder hinterfragt habe. Auch bei anderen habe ich beobachtet, wie solche Works absolut lebensverändernd waren. Mehr dazu findest du im Kapitel »The Work über einschränkende Glaubenssätze über dich selbst«.

Trotzdem hier noch ein Hinweis: Gerade Menschen, die besonders gut im Selbstverurteilen sind, empfehle ich, eher über andere als über sich selbst zu worken, auch wenn es ihnen schwerfällt, die stressigen Gedanken über andere überhaupt zu finden. Sie arbeiten auf diese Weise auch an ihren eigenen Gedanken.

Wenn sie nur Ich-Sätze worken, drehen sie sich damit oft im Kreis.

Es gibt nur eine Basis-Umkehrung für Ich-Sätze – die Umkehrung ins Gegenteil. Hier sind ein paar Beispiele:

- »Ich bin nicht gut genug« wird umgekehrt zu »Ich bin gut genug«.
- »Ich gehöre nicht dazu« wird zu »Ich gehöre dazu«.
- »Mit mir stimmt etwas nicht« wird zu »Mit mir stimmt etwas«. Hier kannst du vielleicht auch ausprobieren: »Mit mir stimmt *alles.*«
- »Ich werde nie glücklich sein« wird zu »Ich werde glücklich sein«. »Ich werde *immer* glücklich sein« ist als erste Umkehrung möglicherweise ein zu großer Sprung, du kannst sie aber natürlich auch erforschen.

Bei Ich-Sätzen gibt es oft nur diese eine Umkehrung. Manchmal passt es, zusätzlich die Umkehrung zu »Mein Denken« zu erforschen, auf die ich gleich unter »Wenn die Gedanken nicht von Personen handeln« eingehen werde. Die Umkehrung ins äußerste Gegenteil und die Hurra!-Umkehrung können weitere Möglichkeiten sein.

Die Umkehrungen zu »Ich muss ...«-Sätzen

Wir alle kennen wahrscheinlich den Stress, den Gedanken mit »Ich muss …« auslösen. Dafür gibt es auf Seite 114 eine eigene Übung. Zuerst erforschen wir bei »Ich muss«-Sätzen immer die Umkehrung ins Gegenteil. Weitere Möglichkeiten für Umkehrungen entstehen, indem du das Wort »muss« durch andere Verben ersetzt:

- »Ich *will* …«
- »Ich *darf* …«
- »Ich *kann* …«

Die »Ich *will*«-Umkehrung passt eigentlich immer ganz gut – entweder weil wir entdecken, dass wir etwas von Herzen gern wollen, oder weil wir bemerken, dass wir etwas wollen, um beispielsweise besser dazustehen. Die Umkehrungen zu »Ich *darf* …« und »Ich *kann* …« können zwar manchmal stimmig sein, oft aber auch weggelassen werden.

Für den Klassiker »Ich muss arbeiten« sind folgende Umkehrungen möglich:

- »Ich muss *nicht* arbeiten.«

(Diese Umkehrung machen wir bei »Ich muss«-Sätzen immer zuerst.)

- »Ich *will* arbeiten.«
- »Ich *darf* arbeiten.«
- »Ich *kann* arbeiten.«

Wie bei allen anderen Umkehrungen auch suchen wir für jede einzelne dieser Umkehrungen nach stimmigen Beispielen. Du bekommst dabei möglicherweise einen ganz neuen Blick auf deine Arbeit. Allein schon bei der ersten Umkehrung »Ich muss *nicht* arbeiten« kannst du dich fragen: »Ist das genauso wahr oder vielleicht sogar noch wahrer?« Zwingt dich jemand, zur Arbeit zu gehen? Hält dir jemand morgens eine Pistole an den Kopf, damit du dich auf den Weg zur Arbeit machst? Und selbst wenn es so wäre, würdest du dann – in Anbetracht der möglichen Konsequenzen – nicht vielleicht zur Arbeit gehen wollen? Mit dieser Umkehrung findest du heraus, worum es dir wirklich geht. Vielleicht willst du ja zur Arbeit gehen, um Geld zu verdienen. Du schaust genauer hin und das kann alles verändern.

Umkehrungen zu »Ich darf nicht …«-Sätzen

Bei »Ich darf *nicht* …«-Sätzen kannst du die Umkehrung zu »Ich will nicht …« anwenden, nachdem du die Umkehrung ins Gegenteil erforscht hast. Beispiel: »Ich darf nicht Nein sagen«:

- »Ich darf Nein sagen.«
- »Ich *will* nicht Nein sagen.«

Wie könnte »Ich *will* nicht Nein sagen« Sinn ergeben? Vielleicht kann man da für sich selbst entdecken, dass man zwar Nein sagen darf, es aber gar nicht will, beispielsweise aus Angst vor den möglichen Konsequenzen. Das zu erkennen kann häufig sehr heilsam sein – und man könnte die Befürchtungen notieren und dann mit einer weiteren Work überprüfen.

WENN DIE GEDANKEN NICHT VON PERSONEN HANDELN

Wir können mit der Work auch stressige Gedanken überprüfen, die nicht von anderen Menschen oder uns selbst handeln, sondern beispielsweise von unserem Körper, von Krankheiten, Symptomen, Gott, unserem Auto oder anderen Gegenständen, dem Wetter, Gefühlen oder Bürokratie. Hier verwenden wir dann die Umkehrung ins Gegenteil und eine weitere Umkehrung: zu »Mein Denken«. Sie ersetzt die Umkehrungen zu uns selbst. Bei dem Satz: »Mein Körper sollte gesund sein« wäre die geläufige Umkehrung zu

Gelebte Work

Ich habe mal eine Klientin begleitet, die den Gedanken überprüft hat: »Ich muss meine Mutter pflegen.« Ihre Geschwister kümmerten sich nicht um die Mutter, sie war die Einzige. Bei der Umkehrung »Ich *will* meine Mutter pflegen« konnte sie erkennen, dass es das war, was sie von Herzen gern wollte. Von außen betrachtet hat sich nach der Work nichts verändert. Sie ist mehrmals in der Woche zu ihrer Mutter gefahren und hat mit ihr Zeit verbracht. Innerlich aber war alles anders. Anstatt gestresst und genervt zu sein (weil sie dachte, sie müsse sich kümmern), konnte sie jetzt die Freude spüren, die Zeit mit ihrer Mutter zu verbringen. Kannst du dir vorstellen, was für eine Veränderung das für die beiden war? Auf einmal hatten sie eine richtig gute Zeit zusammen – und fingen sogar an, viel zusammen zu lachen. Und das nur, weil die Tochter erkannt hat, dass sie das wollte, was sie sowieso schon so lange tat.

Ralf

uns selbst: »Ich sollte gesund sein.« Sie führt hier aber nicht viel weiter. Ganz anders kann es aussehen, wenn wir umkehren: *»Mein Denken* über meinen Körper sollte gesund sein.« Aus dem ursprünglichen Satz »Mein Körper sollte gesund sein« ergeben sich also zwei Umkehrungen:

- »Mein Körper sollte *nicht* gesund sein.« (Es bietet sich an, zuerst diese Umkehrung ins Gegenteil zu erforschen.)
- *»Mein Denken über meinen Körper* sollte gesund sein.«

Wie bei allen anderen Umkehrungen auch kannst du diese beiden Umkehrungen zunächst einmal in deiner Situation fühlen – und dann Beispiele für sie finden.

Bei der Umkehrung zu »Mein Denken« geht es vor allem um dein Denken über das, wovon dein ursprünglicher Gedanke handelt. Beispielsweise wird »Die Bürokratie steht mir im Weg« zu *»Mein Denken* über die Bürokratie steht mir im Weg«. Vielleicht findest du auch Beispiele dafür, wie dir bestimmte andere Gedanken im Weg stehen – und es kann natürlich hilfreich sein, diese Gedanken zu untersuchen. Auf den Punkt kommen wir jedoch meist, wenn wir uns anschauen, wie unser Denken *über die Bürokratie* uns im Weg steht.

Ich habe mal ein oder zwei Jahre zu fast jedem Satz die Umkehrung zu »Mein Denken« ergänzend zu den Basis-Umkehrungen gemacht, also auch zu Sätzen über mich oder über andere Personen. Das war genial für mich, ich möchte es nicht missen. Dadurch wurde mir so deutlich, dass immer nur mein Denken die Quelle meiner Schwierigkeiten ist. Vielleicht hast du Lust, ebenfalls damit zu spielen und deine eigenen Erfahrungen zu machen. Wenn ich andere begleite, lasse ich diese Umkehrung bei Sätzen über mich oder über andere Personen aber meist weg, um den Prozess klarer zu halten.

EIN PAAR HINWEISE ZU DEN UMKEHRUNGEN

Manchmal gibt es für einen Satz drei, vier oder noch mehr Umkehrungen, die uns ansprechen. Und manchmal passt nur eine einzige. Manchmal finden wir für jede Umkehrung zahlreiche Beispiele und in anderen Fällen gibt es nur ein einziges, das aber unsere ganze Sichtweise verändern kann. Es geht nicht darum, immer alle möglichen Umkehrungen zu bilden oder so viele Beispiele wie irgend möglich zu finden. Manchmal ist es kraftvoller, uns nur auf ein oder zwei Aspekte zu fokussieren und diese tief wirken zu lassen.

Ein Tipp zu den Umkehrungen ins Gegenteil bei »Ich will, dass er/sie ...«-Sätzen: Hier gibt es zwei Varianten. Aus »Ich will, dass er mich liebt« kann werden »Ich will *nicht*, dass er mich liebt« oder »Ich will, dass er mich *nicht* liebt«. Oft ist es leichter, für die erste Variante, bei der das »nicht« vorn steht, stimmige Beispiele zu finden. Hier gibt es dann auch ein wertvolles Beispiel, das es bei der zweiten Variante nicht gibt: Ich will es *nicht*, weil es schmerzvoll wäre, es weiter zu wollen, wenn er es nicht tut (erinnere dich dabei an deine Antworten auf die dritte Frage). Das Gleiche gilt für »Ich brauche von ..., dass«-Sätzen.

Einen Hinweis noch zum Umgang mit Verallgemeinerungen oder Verstärkungen. Sätze wie »Er hört mir nie zu« kehren wir meist erst einmal um in *»Ich* höre mir nicht zu«, *»Ich* höre *ihm* nicht zu« und »Er hört mir zu«. Das heißt, die Verallgemeinerung »nie« ignorieren wir zunächst. »Er hört mir *immer* zu« ist eher selten eine stimmige Umkehrung – doch wunderbar, wenn sie Sinn ergibt. Ähnlich kann das Vorgehen sein bei Wörtern wie »immer«, »keiner«, »niemand«, »alle«, »jeder«, »alles«, »nichts«, »überall«, »nirgends«, »wirklich«, »echt«, »total«. Es gibt Ausnahmen, beispielsweise ist eine erkenntnisreiche Umkehrung zu »Ich muss ihm immer hinterherräumen«, besonders wenn wir sie wörtlich nehmen: »Ich muss ihm *nicht* immer hinterherräumen.« Hier könnte sogar auch die Umkehrung ins äußerste Gegenteil passen: »Ich muss ihm *nie* hinterherräumen.«

Und noch ein Hinweis: Bei den Basis-Umkehrungen zum Satz »Ich brauche von Martin, dass er mich liebt« habe ich auch die beiden Umkehrungen »*Martin* braucht von *mir*, dass *ich ihn* liebe« und »*Martin* braucht von *mir*, dass *ich* mich liebe« angeführt. Manche meinen, dies seien keine echten Umkehrungen, da man sich damit in die Angelegenheiten von Martin begeben würde. Allerdings könnte man das auch bei vielen Basis-Umkehrungen ins Gegenteil behaupten, wie: »Ich will nicht, dass sie respektvoll ist.« Letztlich ist eine Umkehrung nie richtig oder falsch. Es kommt immer darauf an, was wir daraus machen. Wenn eine Umkehrung uns Selbsterkenntnis ermöglicht, dann ist sie sinnvoll. Wenn wir dabei jemand anderen beschuldigen, dann hat das mit der Work nichts zu tun. Was manchmal passieren kann, ist, dass sich jemand bei Umkehrungen wie »Ich sollte ihm zuhören« selbst beschuldigt, weil erkannt wird, dass er selbst nicht getan hat, was er von anderen gefordert hat. Wenn solch eine Umkehrung schmerzvoll ist, dann wäre es gut,

DOPPELTE UMKEHRUNGEN

Bei einer Umkehrung wird normalerweise ein Aspekt des ursprünglichen Satzes umgekehrt: Entweder wird mein Satz zu mir, zum anderen oder in sein Gegenteil umgekehrt – oder vielleicht auch zu »Mein Denken« oder wir bilden die Hurra!-Umkehrung. Zwei Aspekte gleichzeitig umzukehren ist meist nicht sinnvoll. Oft reden wir damit unseren Anteil an einer Situation einfach nur schön.

In seltenen Fällen allerdings kann solch eine doppelte Umkehrung oder »Umkehrung einer Umkehrung« besonders erkenntnisreich sein. Wenn wir beispielsweise wütend auf jemand anderen sind, dann ist ein recht häufiger Grund dafür, dass er sich etwas herausnimmt, was wir uns selbst nicht erlauben. Die doppelte Umkehrung für den Satz »Er sollte sich nicht so viel Raum nehmen« wäre »*Ich* sollte mir so viel Raum nehmen«. Vielleicht ist das die Umkehrung, um die es wirklich geht. Oft sind doppelte Umkehrungen bei – bewussten oder unbewussten – Neidthemen besonders wirkungsvoll. Probiere es einfach aus.

diesen Schmerz zu fühlen, zu erkennen, was du daraus lernen kannst, und vielleicht sogar Wiedergutmachung für das anzubieten, was du deiner Meinung nach jemand anderem angetan hast. In der Selbstbeschuldigung hängen zu bleiben hilft allerdings niemandem weiter. Du konntest im jeweiligen Moment – mit den Gedanken, die du geglaubt hast und mit dem, was dir innerlich und/oder äußerlich zur Verfügung stand – nicht anders handeln, als du es getan hast.
Bei den Umkehrungen geht es nie darum, dich unter Druck zu setzen oder dich zu beschuldigen. Es geht auch nicht darum, dir etwas schönzureden.

ES GEHT EINFACH DARUM, EINE ALTERNATIVE ZU DEM ZU ERFORSCHEN, WAS DU VORHER GEGLAUBT HAST. DAS KANN DICH FÜR EINE SELBSTERKENNTNIS ÖFFNEN, DIE BEFREIEND IST.

DAS ERLEBEN DER UMKEHRUNGEN

Wenn du eine Umkehrung gebildet hast, dann empfehle ich, dir die Zeit zu nehmen, diese Umkehrung wirklich zu spüren. Nimm sie mit in deine Situation und erlebe dich mit dieser neuen Aussage.
Dieses Erleben der Umkehrungen ist in meinen Augen wichtig für den Wandel, der durch die Work möglich ist. Oft wird dieser Schritt aber übersprungen. Wenn eine Umkehrung gebildet und sofort nach Beispielen gesucht wird, dann besteht die Gefahr, dass das einfach nur ein mentaler Prozess bleibt, der nichts bewirkt.
Bevor Byron Katie vor vielen Jahren die Empfehlung eingeführt hat, für jede Umkehrung drei Beispiele zu finden, war es üblich, einfach »mit der Umkehrung zu sitzen«. Das ging mit dem Suchen nach Beispielen oft verloren. Inzwischen hat Katie ihre Formulierung auch wieder verändert.
Wenn du deinen Gedanken in einer konkreten Situation überprüfst, dann spüre die Umkehrung auch in dieser Situation. Katie lädt manchmal dazu ein, sie anzuprobieren wie ein Kleidungsstück. Probiere die Umkehrung – in deiner Situation – aus und erlebe, wie sich das anfühlt. Gönn dir Zeit dafür.

DAS FINDEN DER BEISPIELE

Wenn du eine Umkehrung gebildet und sie innerlich in deiner Situation erlebt hast, beginnst du nach Beispielen für sie Ausschau zu halten. Dabei können beispielsweise folgende Fragen hilfreich sein:

- Wie ist diese Umkehrung für dich wahr?
- Wie könnte diese Umkehrung möglicherweise wahr sein?
- Inwiefern könnte diese Umkehrung auch wahr sein?
- Warum könnte diese Umkehrung für dich Sinn ergeben?
- Kannst du das finden (was die Umkehrung sagt)?
- Wie könnte das auch sein?
- Warum wäre das eine gute Idee?
- Warum könnte diese Umkehrung auch wahr oder vielleicht sogar noch wahrer sein als dein ursprünglicher Satz?

Deine Beispiele sollten für dich stimmig sein. Es geht nie darum, sich etwas vorzumachen. Echte Beispiele haben das Potenzial, dir zu verdeutlichen, worum es dir wirklich geht oder wie du leben möchtest. Oder sie bewegen dein Denken dahin, dass es mit der Realität übereinstimmt. Das ist dann das Ende des Leidens.

Die Beispiele nehmen deinen rationalen Verstand an die Hand und lassen ihn teilhaben an den Erkenntnissen, die ein anderer Teil von dir schon bei den vier Fragen oder beim Erleben der Umkehrung gehabt hat.

Mit unserem alten Denken werden wir die Beispiele für die Umkehrungen nicht entdecken. Gönn dir die Zeit, die es braucht, um den kreativen Teil deines Gehirns zu aktivieren. Das kann dir helfen, echte Beispiele für deine Umkehrungen zu finden.

Es empfiehlt sich, zumindest ein Beispiel für die Umkehrung in genau der konkreten Situation zu finden, um die es bei der Überprüfung geht. Danach kannst du deine Suche über diese Situation hinaus ausweiten: Vielleicht merkst du, dass der neu gebildete Satz auch in anderen Situationen wahr ist. Mit anderen Menschen. In anderen Lebensbereichen. Zu anderen Zeiten. Hast du auch dafür ein oder mehrere für dich gültige Beispiele gefunden, kannst du den Suchradius noch weiter ausdehnen: Wie könnte dieser Satz allgemein in deinem Leben wahr sein?

Wenn ich eine schmerzvolle Situation aus meiner Kindheit überprüfe, dann finde ich es oft schön, Beispiele für die Umkehrungen auch für mein Leben jetzt zu finden. Dann kann ich jetzt das leben, was mir damals nicht möglich war. So wird die damalige Situation sinnstiftend für mein Leben heute.

Du kannst beliebig viele weitere Beispiele finden. Einige Jahre lang hat Katie empfohlen, für jede Umkehrung mindestens drei Beispiele zu finden. Das macht sie inzwischen in ihren Anleitungen nicht mehr. Mir scheint, diese Empfehlung hat dazu geführt, dass das Finden der Beispiele oft eher abgehakt wurde. Das verhinderte eine Tiefe, die für die Transformation hilfreich ist.

Für mich ist das Erleben der Umkehrungen viel wesentlicher als das Finden einer bestimmten Anzahl an Beispielen. Manchmal ist das erste Beispiel schon so umfassend und berührt uns so tief, dass es keine weiteren Beispiele braucht. Und in anderen Fällen ist es genial, zehn oder mehr zu finden.

Falls eine Umkehrung mal gar keinen Sinn für dich ergibt und du kein einziges Beispiel für sie findest, dann kann es sein, dass sie einfach nicht passt. Das ist sehr selten. Oft ist es so, dass gerade das ein Hinweis auf einen blinden Fleck ist, der sich lohnt, weiter erforscht zu werden. Deswegen kann es erhellend sein, andere Work-Erfahrene zu fragen, ob sie für deine Umkehrung Beispiele finden können. Oder du legst dir einen Zettel mit der Umkehrung auf den Küchentisch, wo du ihn oft siehst – und kontemplierst in den nächsten Tagen immer mal darüber. Notiere dir Beispiele, sobald sie sich zeigen.

Es hilft auch, sich darüber im Klaren zu sein, dass ein Beispiel die ursprüngliche Situation nicht aufwiegen muss. Ich habe mal eine Mutter erlebt, die zu der Umkehrung »Meine Tochter hätte sterben sollen« Beispiele gefunden hat wie: »Ich muss nicht mehr Taxi für sie spielen.« Diese Mutter hat ihre Tochter über alles geliebt. Aber sie war mutig genug, Beispiele wie dieses auszusprechen. Das war enorm hilfreich für sie. Solange wir solch eine Work nicht miterlebt haben, ist das kaum vorstellbar. Doch dieser Mutter hat die Work über den Tod ihrer Tochter Frieden schenken können. Sie erzählte, wie sie damit aus dem

Schmerz herauskam und die Liebe zu ihrer Tochter in ihrem ganzen Ausmaß wieder spüren konnte.

Die Universumsfrage

Manchmal tun wir uns verständlicherweise nicht ganz leicht mit den Beispielen für die Umkehrung ins Gegenteil. Wenn aus unseren ursprünglichen Sätzen dann solche werden wie: »Ich will, dass er mich *nicht* liebt« oder »Sie sollte mich *nicht* respektieren«, dann verschließt sich der Verstand manchmal den Beispielen, da es für ihn erst einmal sicherer erscheint, an dem alten Denken festzuhalten. Wenn ich Klienten mit der Work begleite, haben wir bislang für beinahe jede Umkehrung ins Gegenteil befreiende Beispiele finden können. Wenn du die Work für dich machst, dann gönn dir genügend Zeit und Raum dafür.

Bei manchen Umkehrungen ins Gegenteil kann es genial sein, folgende Frage zu stellen, die ich von Byron Katie übernommen und die »Universumsfrage« genannt habe:

> ANGENOMMEN, DAS UNIVERSUM WÄRE EIN FREUNDLICHER ORT. ANGENOMMEN, ALLES, WAS GESCHIEHT, GESCHIEHT FÜR DICH UND STÖSST DIR NICHT EINFACH NUR ZU: WARUM KÖNNTE ES (VIELLEICHT AUF LANGE SICHT GESEHEN) GUT FÜR DICH SEIN, DASS ES GENAU SO GESCHEHEN IST, WIE ES GESCHEHEN IST?

Wenn die Situation länger her ist, könntest du auch fragen: »Was ist möglicherweise bereits Gutes in meinem Leben aufgetaucht, weil die Situation so war, wie sie war?« Fragen wie diese erweitern unseren Horizont und erlauben es uns, in ganz neue Richtungen zu denken und das Gute in der Realität zu finden. Wenn du bereit bist, das Leben – zumindest versuchsweise – einmal von einer ganz anderen Warte aus zu betrachten, wirst du reich belohnt werden. Die Universumsfrage passt auch wunderbar zu der Einstellung des chinesischen Bauern in der Geschichte am Anfang dieses Buches: Wer weiß, wofür das gut ist?

Hier noch zwei Beispiele:

- Umkehrung: »Ich hätte den Unfall haben sollen.« Wofür war er möglicherweise gut? Was hast du vielleicht bis jetzt schon dadurch erlebt, was du nicht missen möchtest? Beachte dabei, dass es bei den Beispielen nie darum geht, das aufzuwiegen, was geschehen ist. Die Frage ist einfach: Kannst du irgendein Beispiel finden – und sei es noch so klein …
- Umkehrung: »Mein Chef sollte mich so respektlos behandeln.« Wozu könnte es – auch auf lange Sicht gesehen – gut sein, dass er dich so respektlos behandelt? Was könntest du möglicherweise daraus lernen? Vielleicht ja, dass du nicht so mit anderen umgehen möchtest, wenn du Führungsverantwortung hast. Oder mit deinen Kindern. Oder dass du anfängst, dich so respektvoll zu behandeln, dass du dir eine Arbeit suchst mit Vorgesetzten, die besser zu deinen Werten passen.

Lass die Ideen auftauchen

Geh bei der Suche nach Beispielen wie beim Worken selbst intuitiv vor. Vielleicht springen dich einige sofort an – dir ist augenblicklich klar, warum eine Umkehrung einfach nur wahr sein kann. Oder du musst ein wenig suchen. Dafür scannst du zunächst die Situation und später auch dein Leben allgemein nach möglichen Anhaltspunkten dafür ab, warum diese Umkehrung stimmig sein könnte. Auch das kannst du meditativ machen – du wirst still und beobachtest, welche Beispiele zur Umkehrung auftauchen. Du erlaubst dir, die Umkehrung ganz in dir, in deiner Situation, in deinem Alltag zu erleben.

RATSCHLÄGE FÜR ANDERE SIND RATSCHLÄGE FÜR DICH

Die Umkehrungen von Ratschlägen sind ein geniales Mittel, um sich selbst praktische Anleitungen für das eigene Leben zu geben, die tatsächlich funktionieren. Denn oftmals haben wir Ratschläge für die anderen – und wenn wir genau hinschauen, dann können wir dreierlei bemerken:

- Wir können nicht wissen, ob diese Ratschläge, die wir anderen (vielleicht nur in unseren Gedanken) geben, wirklich sinnvoll und hilfreich für sie sind.
- Mit The Work merken wir, dass es für uns Stress bedeutet, wenn wir anderen etwas raten, das sie nicht umsetzen.
- Vor allem können wir feststellen, dass diese Ratschläge – manchmal auf etwas überraschende Art – für uns selbst passen. Was wir anderen raten, raten wir in Wirklichkeit uns selbst.

Nehmen wir an, du ärgerst dich über eine Kollegin. Der Rat, den du in einer bestimmten Situation für sie hast, ist: »Sie sollte tief Luft holen, innehalten und spüren, wie sie

GIB DEN UMKEHRUNGEN EINE CHANCE

Aus meinen Seminaren weiß ich, dass die Umkehrungen und Beispiele für viele anfangs die größte Herausforderung darstellen. Manchmal fällt es den Teilnehmenden schwer, wirkliche Umkehrungen zu bilden und beim Finden der Beispiele nicht in Wunschdenken zu verfallen. Wenn zum Beispiel aus dem Satz »Ich will, dass er mich liebt« die Umkehrung »Ich will *nicht,* dass er mich liebt« wird, geht es nicht darum, sich schönzureden, dass »ich das ja nicht wollen muss, weil er mich ja eigentlich doch liebt« oder Ähnliches. Es geht um eine sorgsame Suche nach der eigenen inneren Wahrheit. Nach dem, was wirklich ist, nach den Schätzen, die du darin entdecken kannst, nach den Chancen und dem, was für dich hilfreich ist. Sollten dir die Umkehrungen anfangs noch nicht so leichtfallen, dann kann es sich lohnen, dranzubleiben und damit zu experimentieren. Du kannst dich auch von erfahrenen Workern dabei begleiten lassen oder Work-Videos anschauen.

wirklich handeln will.« Die Umkehrung zu dir würde dann lauten: »*Ich* sollte tief Luft holen, innehalten und spüren, wie ich wirklich handeln will.« Nun gehst du auf die Suche nach Beispielen für diese Umkehrung. Du schaust zuerst in der konkreten Situation, in der du dich über die Kollegin geärgert hast.

RATSCHLÄGE FÜR ANDERE SIND DIE BESTEN RATSCHLÄGE FÜR UNS SELBST.

Und tatsächlich fällt dir dann möglicherweise auf, dass du selbst gut daran getan hättest, tief Luft zu holen, innezuhalten und zu spüren, wie du wirklich handeln willst. Dann hättest du dir den inneren Stress erspart, dich über die Kollegin und ihr Verhalten aufzuregen. Und du hättest möglicherweise so handeln können, wie es für dich und dein Umfeld stimmiger gewesen wäre.

Wichtig ist auch hierbei: Es geht nicht darum, dass du dir nun vorwirfst, nicht so gehandelt zu haben. Sondern du erkennst es, spürst wirklich, wie es sich anfühlt, und erweiterst damit dein Verhaltensrepertoire für künftige Situationen dieser Art.

Du suchst weitere Beispiele für die Umkehrung und weitest diese Suche über die Situation mit der Kollegin hinaus aus. Dann merkst du vielleicht, dass du dich ziemlich oft vom Wesentlichen ablenken lässt und dass es in Bezug auf deine Arbeit total sinnvoll wäre, wenn du zu dir selbst sagen würdest: »Ich sollte tief Luft holen, innehalten und spüren, wie ich wirklich handeln will.« Dann würdest du vielleicht nicht mehr so oft in Gedanken die Außenwelt manipulieren, sondern mit deiner Aufmerksamkeit immer wieder bei dir selbst ankommen und von dort aus auf eine effektive Weise handeln. Ebenso möglicherweise in der Beziehung zu deinem Partner oder deinen Kindern. »*Ich* sollte tief Luft holen, innehalten und spüren, wie ich wirklich handeln will« könnte zu einer Art Mantra für dein ganzes Leben werden. Diese Umkehrungen nennen wir auch Living Turnarounds (mehr dazu ab Seite 211).

DAS FINDEN DER STRESSIGEN ÜBER-ZEUGUNGEN

Du hast nun schon viel darüber erfahren, wie du The Work anwenden kannst. Bevor du eine Überzeugung hinterfragen kannst, musst du sie natürlich entdecken und formulieren. Darum geht es in diesem Kapitel. Wie finden wir die Gedanken, die uns das Leben unnötig schwer machen?

BELASTENDE GEDANKEN FINDEN

Die Ursache allen Leidens sind die Gedanken, die wir glauben. Wenn wir sie mit The Work überprüfen, dann kann es geschehen, dass wir die Gedanken, die wir vorher geglaubt haben, nicht mehr glauben müssen. Was für eine Erleichterung!

Um die Gedanken und Glaubenssätze zu identifizieren, die die Ursache für deinen Stress und dein Leiden sind, kannst du unter anderem diese Möglichkeiten nutzen:

- Das »Urteile über deinen Nächsten«-Arbeitsblatt (abgekürzt: UNA)
- Die Bedeutungsliste
- Die Befürchtungsliste
- Die »Es wäre besser, wenn …«-Übung
- Die »Was muss ich denken, um …«-Übung
- Einen Brief schreiben

Um all das geht es in diesem Kapitel. Am häufigsten nutze ich mit meinen Klientinnen und Klienten das »Urteile über deinen Nächsten«-Arbeitsblatt, das du in der Klappe des Buchs findest. Oft ist das der direkteste Weg für tiefe Selbsterkenntnis und Befreiung. Ganz gleich, um welches Thema es geht, in den meisten Fällen findet sich ein guter Ansatzpunkt, um dieses Arbeitsblatt auszufüllen. Mit den weiteren in diesem Kapitel beschriebenen Möglichkeiten stehen dir andere hervorragende Methoden zur Verfügung, deine Stress verursachenden Gedanken zu identifizieren. Je nach Situation kannst du eine oder mehrere dieser Möglichkeiten auswählen.

Wenn du Stress erzeugenden Gedanken auf die Spur kommen willst, ist es hilfreich, den intuitiven Teil in dir zu stimulieren. Dieser Teil mag es, wenn du ihm Zeit und Raum gönnst, die Gedanken schweifen lässt und all dem Beachtung schenkst, was in dir auftaucht. Vertraue darauf, dass sich das Richtige zeigt. Gönn deinen Gefühlen Raum. Bewerte die Gedanken nicht, ordne sie erst einmal nicht ein, sondern lass sie einfach fließen. Schreib ungefiltert alle Gedanken auf, die sich bemerkbar machen. Sortieren kannst du sie auch später noch. Oft haben diese Gedanken schon lange darauf gewartet, endlich deine Aufmerksamkeit zu bekommen.

Vielleicht braucht es etwas Mut dazu, doch du kannst dich ruhig trauen, denn mit der Work hast du das ideale Werkzeug, dich um deine Gedanken zu kümmern. Ganz gleich, wie erschreckend, dumm oder unsinnig sie dir vorkommen mögen.

> »JEDER KRIEG GEHÖRT AUF PAPIER.«
> BYRON KATIE

Egal, welchen Weg du wählst, um deine Stress verursachenden Gedanken zu finden: Falls es eine konkrete Situation gab, die stressig für dich war, notiere dir kurz Zeit und Ort. Begib dich dann innerlich in diese Situation zurück und erlaube den stressigen Gedanken aufzutauchen. Bleib in deiner Vorstellung in dieser Situation und fühle die Gefühle, die auftauchen. Falls du die Situation verlierst, kehre sanft dorthin zurück. Schreib so, als ob du direkt in dieser Situation wärest: Notiere die Gedanken in der Gegenwartsform. Du kannst sie auch laut aussprechen und aufnehmen, um sie später aufzuschreiben.

Falls du beispielsweise in der Situation fünf Jahre alt warst, dann schreibst du aus der Position der oder des Fünfjährigen. Du kannst die Worte einfach fließen lassen und brauchst nicht zu überlegen, ob ein Fünfjähriger das genau so ausdrücken würde.

Wenn du deine Gedanken dann im nächsten Schritt mit der Work überprüfst, machst du es dir leichter, wenn du sie vorher möglichst kurz und einfach formulierst – ohne dass sie ihre Bedeutung für dich verlieren. Falls du sie aus einer konkreten Situation heraus notiert hast, dann überprüfst du sie auch in dieser konkreten Situation.

AUF FRISCHER TAT

Es lohnt sich, die Stress verursachenden Gedanken direkt in dem Moment aufzuschreiben, in dem wir emotional getriggert sind. Wenn wir beispielsweise die Angst, die Traurigkeit oder die Wut wirklich spüren. Wir können uns zwar auch zu einem späteren Zeitpunkt noch einmal in die jeweilige Situation zurückversetzen, um die Gedanken dann zu notieren, aber der stressige Moment selbst ist eine perfekte Gelegenheit, um die Gedanken zu fixieren. Worken können wir die Sätze auch später noch.

Ich möchte dir daher ans Herz legen, es dir zur Angewohnheit zu machen, dich direkt in einer stressigen Situation auf die Suche nach den dahinterstehenden ursächlichen Gedanken zu machen. Wenn du diese Gedanken dann – vielleicht etwas später – überprüfst, befreist du dich damit – Work für Work – aus der inneren Versklavung durch sie.

DAS »URTEILE ÜBER DEINEN NÄCHSTEN«-ARBEITSBLATT

Dieses Arbeitsblatt ist das am häufigsten verwendete Hilfsmittel, um Stress verursachende Gedanken zu identifizieren. Du kannst es für jeden Stress verwenden, den du mit einer anderen Person hast, aber auch für viele andere Themen.

Das »Urteile über deinen Nächsten«-Arbeitsblatt – das ich hier der Einfachheit halber als UNA abkürze – ist ein ideales Hilfsmittel, um umfassend deine stressigen Gedanken über einen anderen Menschen zu entdecken. Wir verwenden es aber beispielsweise auch für Themen wie Körper, Krankheit, Gefühle, Gott, unser Auto oder andere Gegenstände oder auch für Dinge wie Bürokratie oder Wetter. Mehr dazu findest du weiter hinten im Buch, wenn es um The Work und konkrete Themenbereiche geht.

Zunächst gibt es hier ein paar Tipps, wie du das UNA über eine Person ausfüllen kannst, dann zeige ich dir ein paar Tricks, wie du die Gedanken, die du dabei entdeckst, effektiv überprüfen kannst, und zum Abschluss stelle ich noch ein »Sahnehäubchen« vor.

Das UNA ist ein von Byron Katie entwickelter Fragebogen, mit dem du dir vieler verschiedener Gedanken zu einem Thema bewusst werden kannst. Das ermöglicht es dir, dieses Thema wirklich gründlich mit der Work anzuschauen – und so deine eigene Wahrheit dazu zu entdecken. Das kann dir zu Frieden, Klarheit und Freiheit verhelfen.

Du kannst auch »nur« einzelne Sätze worken – und auch das kann enorm wirkungsvoll sein. Ein ganzes UNA durchzugehen geht meist jedoch viel tiefer – und ist dadurch oft unglaublich transformierend.

Du findest das UNA in der Innenklappe dieses Buchs oder hier: thework.com oder ralf-heske.de/praxisbuch-bonus.

Mit oder ohne konkrete Situation

Dieses Arbeitsblatt erklärt sich von selbst, trotzdem kann es hilfreich sein, sich näher damit zu befassen. Zuerst geht es darum, die Perspektive festzulegen, aus der heraus du es ausfüllen möchtest. Prinzipiell gibt es dafür zwei Varianten: mit oder ohne konkrete Situation.

Beide Varianten funktionieren – und beide Varianten können dir eine komplett neue Sichtweise auf ein Thema eröffnen. Grundsätzlich ist es empfehlenswert, das UNA in einer ganz konkreten Situation auszufüllen und diese zu hinterfragen. Das Überprüfen der Gedanken ist dann einfacher, weil du dich immer auf diesen Moment fokussieren kannst.

> VIELLEICHT WIRKT ES ANFANGS KOMPLIZIERT. ABER ES LOHNT SICH, DAS UNA ZU NUTZEN UND DEINE ERFAHRUNGEN DAMIT ZU MACHEN.

Wenn die konkrete Situation klar ist

Oft gibt es eine ganz konkrete Situation, in der jemand deine Knöpfe gedrückt hat. Vor zehn Minuten, vor einer Woche, vor einem halben Jahr oder auch in deiner Kindheit ist etwas Konkretes passiert und du warst daraufhin wütend, traurig, enttäuscht, hast dich nicht gesehen gefühlt oder was auch immer. In diesem Fall hast du also eine ganz konkrete Situation vor Augen. Du hast einen exakten Moment und eine bestimmte Person, die du in Zusammenhang mit deinem Stress bringst. Wenn du dazu das UNA ausfüllst, beziehst du dich auf diese eine ganz konkrete Situation. Oft nehmen wir dafür die eine Sekunde, in der es sich am schmerzhaftesten für uns angefühlt hat. Du füllst also das ganze Arbeitsblatt aus diesem einen konkreten Moment heraus aus.

Wie du eine konkrete Situation finden kannst

Manchmal bist du aber vielleicht auch allgemein schlecht zu sprechen auf eine Person. Dann kannst du dich fragen: Gab es mit dieser Person möglicherweise eine konkrete Situation, die besonders schmerzhaft war? In welchem exakten Moment hat er oder sie meine Knöpfe gedrückt?

Vielleicht hat dein Partner eine Verabredung mit dir ganz kurzfristig abgesagt, weil er doch lieber etwas anderes machen wollte. Dann könnte der Moment eures Telefonats, in dem er seine Absage ausgesprochen hat, die eine Sekunde sein, aus der heraus du das ganze »Urteile über deinen Nächsten«-Arbeitsblatt über ihn ausfüllst.

Oder deine Mutter hat eine Bemerkung über deine Erziehungsmethoden fallen lassen. Dann ist das deine eine Sekunde. Auch wenn deine Mutter das womöglich schon oft getan hat, ist es für dein Hinschauen mit der Work hilfreich, dich auf diesen einen Moment zu fokussieren. Lass dir Zeit damit zu spüren, ob es solch eine konkrete Situation möglicherweise gibt. Falls du eine findest, füllst du das UNA aus dieser Situation heraus aus.

Konkrete Situationen in der Gegenwart oder in der Zukunft

Die konkrete Situation kann übrigens auch der jetzige Moment sein, wenn dich ganz aktuell etwas belastet. Dann kannst du das UNA einfach aus dem jetzigen Moment heraus ausfüllen, ohne dich auf einen anderen Moment zu beziehen. Beim Überprüfen der Gedanken bleibst du dann auch in der Gegenwart.

Die konkrete Situation kann aber sogar auch in der Zukunft liegen. Vielleicht sollst du nächste Woche eine Rede halten und das löst Befürchtungen aus. Dann kannst du dir diese Situation vorstellen und das UNA in Bezug auf das Publikum ausfüllen. Dafür ist es hilfreich, dir die Situation so schlimm wie möglich auszumalen. Stell dir den schlimmsten Moment vor – und fülle das UNA aus diesem Moment heraus aus.

Ohne konkrete Situation

Manchmal merkst du, dass du dich in der Gegenwart eines anderen Menschen nicht gut fühlst. Du bemerkst vielleicht einen Groll in dir oder eine Tendenz, dich zurückzuziehen. Wenn du keine konkrete Situation entdeckst, stehen dir zwei weitere Möglichkeiten offen.

Einfach alles rauslassen

Wenn sich in einer Beziehung schon einiges angestaut hat, dann empfehle ich oft, erst einmal alles herauszulassen, ohne dich auf eine einzelne konkrete Situation zu fokussieren. Lass all deinen Schmerz, lass den ganzen Frust und deine angesammelten stressigen Gedanken auf Papier fließen. In so einem Fall füllst du das Arbeitsblatt also ohne konkrete Situation aus. Schreib alles auf, was dir zu den einzelnen Fragen einfällt.

Dieses Vorgehen bewährt sich beispielsweise, wenn jemand zum ersten Mal ein UNA über Mutter, Vater, Partner oder eine andere Person ausfüllt, die er näher kennt.

Seit einigen Jahren steht im UNA vor jedem einzelnen Punkt: »In dieser Situation:« Das ignorierst du einfach, wenn du keine konkrete Situation hast, aus der heraus du es ausfüllst.

Ein Thema ohne konkrete Situation

Hier wirst du konkreter, indem du dich auf einen bestimmten Vorwurf konzentrierst, den du einer Person machst. Werde dir darüber bewusst, was du ihr konkret vorwirfst. Vielleicht so etwas wie: »Er denkt immer nur an sich.« Frage dich dann: »Wie fühle ich mich ihm gegenüber, wenn dieses Thema auftaucht?« Vielleicht bist du einfach sauer. Damit hast du alles zusammen, um Punkt 1 des UNA auszufüllen. Dein Satz ist dann beispielsweise: »Ich bin sauer auf Bernd, weil er immer nur an sich denkt.« Alle weiteren Punkte des Arbeitsblatts beziehst du dann auf dieses Gefühl und auf dieses Thema. Das, was du bei Punkt 1 geschrieben hast, ist dann die Überschrift für den Rest des Arbeitsblatts.

MACH ES DIR EINFACH

Probiere The Work mit dem »Urteile über deinen Nächsten«-Arbeitsblatt (UNA) einfach mal aus. Lade es dir herunter oder übernimm die Sätze aus der vorderen Klappe des Buchs – und mach deine Erfahrungen damit. Letztlich geht es einfach darum, die Sätze auf dem Arbeitsblatt zu ergänzen und sie dann zu überprüfen.

Wenn du dir ein Thema mit einer anderen Person anschauen möchtest, dann kannst du einfach die Umschlagseite aufklappen und die jeweiligen Satzanfänge des UNA auf einem Blatt Papier vervollständigen.

Gelebte Work

Im Laufe der vielen Jahre, in denen ich nun schon mit The Work arbeite, habe ich unzählige regelrecht lebensverändernde Umkehrungen erlebt – bei meinen eigenen Works und denen von Klienten und Seminarteilnehmerinnen. Ich möchte dir auch dafür ein paar Beispiele geben.

So workte ein Mann eine als problematisch erinnerte Situation mit seiner Mutter, als er noch Kind war. Sein Satz war: »Sie sollte sehen, wer ich wirklich bin.« Er kehrte ihn an der entsprechenden Stelle des Prozesses zu sich selbst um: »Ich sollte sehen, wer ich wirklich bin.« Von einem Moment auf den anderen rutschte er ganz in diesen Satz, in dieses Lebensgefühl, sich selbst wirklich zu kennen und um seine Größe zu wissen – und plötzlich war es weder wichtig noch problematisch, wie die Mutter oder irgendjemand anderes ihn sah. Außerdem war er nun voller Mitgefühl für die Mutter. Da er ganz in seiner Kraft war, konnte er ihre Not in dieser Situation wahrnehmen. Er war frei von ihrem Urteil.

Ähnlich eine Frau, die seit einigen Jahren Single war. Sie untersuchte den Satz: »Mein Vater sollte akzeptieren, dass ich allein glücklich bin.« Die Umkehrung »Ich sollte akzeptieren, dass ich allein glücklich bin« wirkte auf sie wie ein Befreiungsschlag. Sie begriff in dem Moment, in dem sie diesen Satz aussprach, dass sie völlig frei von den Beurteilungen ihres Vaters und anderer Menschen war, wenn sie zu sich selbst und ihrer Freude am Für-sich-Sein stand. Es ging nur um ihre eigene Wahrheit und ihre Klarheit damit.

Für einen Mann, der sich enorm gestresst in seinem Beruf und seinem Privatleben fühlte, wurde der Satz »Das Leben ist anstrengend« zu »Mein Denken ist anstrengend«. Es fiel ihm wie Schuppen von den Augen: Er selbst machte sich das Leben anstrengend, indem er die anderen, sich selbst und die Umstände in seinen Gedanken unentwegt anders haben wollte, als sie nun einmal waren. Er konnte spüren, wie leicht und ruhig alles war, wenn er die unnötigen und Stress verursachenden Gedanken einfach sein ließ.

Eine Frau arbeitete mit ihren Befürchtungen, die sie daran hinderten, ruhig und entspannt zu leben. Da war der Satz »Wenn ich ruhig und entspannt lebe, vergisst mich die Welt« – und er wurde in der Umkehrung zu: »Wenn ich ruhig und entspannt lebe, vergesse ich die Welt«. Sie musste laut lachen: »Herrlich, ist das entspannend, die Welt mal zu vergessen! Die Welt, die ich mir im Kopf zurechtgebastelt habe. Und dann ist es auch nicht schlimm, wenn die Welt mich vergisst.«

TIPPS ZUM AUSFÜLLEN

Hier findest du Hinweise, die dir helfen können, das »Urteile über deinen Nächsten«-Arbeitsblatt auszufüllen. Wenn es klar ausgefüllt ist, dann kann dir das die Überprüfung deiner Gedanken sehr erleichtern. Das ist ein Grund, warum ich als Coach das UNA für meine Klienten mitschreibe. Ich verändere ihre Aussagen dabei nicht, kann aber auf ein paar Feinheiten achtgeben. Mit der folgenden Anleitung kannst du das auch selbst tun.

Ganz wichtig: Du kannst das UNA immer auch spontan ausfüllen, ohne viel dabei zu beachten. Diese Anleitung bietet dir einfach nur eine gründlichere Alternative an.

SPONTAN UND ZÜGIG ODER MEDITATIV UND IN RUHE – BEIDES IST MÖGLICH, BEIDES KANN HILFREICH SEIN.

Thema und Situation festlegen

In der Work überprüfen wir unsere Gedanken über ein Thema zurzeit (nicht über mehrere gleichzeitig). Entweder ist dir sowieso schon klar, was du dir anschauen möchtest, oder du kannst mit den folgenden Fragen auf ein Thema kommen:

Wenn du zurückblickst auf die letzten Tage, die letzten Wochen: Wo gab es eine Situation, in der du auf jemanden ärgerlich warst, traurig oder vielleicht enttäuscht? Wo hast du dich nicht gesehen gefühlt? In welcher Situation hast du dich schlecht behandelt gefühlt? Vielleicht liegt das länger zurück, möglicherweise sogar Jahrzehnte – und es belastet dich bis heute. Was ist passiert? Was genau ist geschehen, womit du dich schlecht gefühlt hast – oder dich immer noch schlecht fühlst? Notiere dir kurz das Geschehen. Damit hast du dein Thema.

Jetzt wählst du die konkrete Situation aus, in der sich das, was geschehen ist, besonders schmerzhaft für dich angefühlt hat. Dafür kannst du dir die folgenden Fragen stellen: Wo genau warst du in dieser Situation? (Zum Beispiel: »In der Küche.«) Wann war das? (»Letzten Montagabend.«) Sitzt du, stehst du oder liegst du? Wo befindest du dich genau? (»Ich sitze auf dem Stuhl.«) Wer ist sonst noch da? Wo sind die anderen?

Lass die Vorstellung von der Situation in dir lebendig werden. Was genau ist geschehen, kurz bevor es für dich so schmerzhaft war? (»Mein Partner kommt zur Tür hinein und sagt …«) Beantworte die Fragen so klar wie möglich. Vielleicht weißt du manche Details nicht mehr so genau. Das wäre in Ordnung. Mach es einfach so konkret wie möglich. Falls du dich nicht an eine konkrete Situation erinnern kannst, zum Beispiel weil du ein ganz kleines Kind warst, dann kannst du dir die Situation auch vorstellen oder dich mit Hilfe anderer daran erinnern. Notiere dir deine konkrete Situation in Stichworten.

Begib dich dann innerlich so gut, wie es dir jetzt möglich ist, in diese konkrete Situation hinein, sei in dieser konkreten Situation, in dieser einen Sekunde, während du die Fragen des UNA beantwortest.

Wenn du bemerkst, dass du nicht mehr in der konkreten Situation bist, dann schließ deine Augen und kehre innerlich bewusst dorthin zurück. Ergänze auf diese Weise die sechs Satzanfänge des UNA. Wenn du beispielsweise fünf Jahre alt gewesen bist, dann schreibst du aus der Position des oder der Fünfjährigen in der Situation.

Punkt 1: »Ich bin … (Gefühl) auf/wegen … (Name), weil …«

In deiner konkreten Situation: Wer ärgert dich, verwirrt dich, verletzt dich, macht dich traurig oder enttäuscht dich – und warum? Schreib den Namen der Person auf, um die es geht, oder schreib, wie du sie in der Situation genannt hast, zum Beispiel Mama oder Vati. Schließ deine Augen und begib dich innerlich in deine Situation. Was siehst du, spürst du, hörst du? Wie fühlst du dich in der Situation? Bemerke es und schreib es auf: »Ich bin …« Es können auch mehrere Gefühle auftauchen.

Frage dich dann: Warum fühlst du dich in dieser Situation so? Was genau ist es an der Person, was dich aufregt oder verletzt? Wähle nur einen Satz aus, der ihr Vergehen am besten beschreibt. Was hat sie getan? Welches Unrecht hat sie begangen? Was ist dein Urteil über die Person?

> BLEIB BEIM AUSFÜLLEN DES UNA BEI DEN VORGEGEBENEN FORMULIERUNGEN. SIE HABEN SICH MILLIONENFACH BEWÄHRT.

Bei dieser Art des Ausfüllens des UNA ist dieser eine Satz das Thema, um das es in diesem Arbeitsblatt geht. Du beziehst dich beim weiteren Ausfüllen immer wieder auf diesen Satz. Falls du mehrere »Vergehen« findest, dann wähle den einen Satz aus, der es für dich am besten auf den Punkt bringt. Die weiteren Sätze, die dir in den Sinn kommen, kannst du auch bei Punkt 2 notieren in der Form: »Ich will, dass er/sie …« Grundsätzlich gilt, dass alles, was auftaucht, wertvoll für die Überprüfung sein kann. Radiere nichts aus, nur weil es nicht der Anleitung entspricht.

Hier noch ein paar Beispiele. Mögliche Sätze bei Punkt 1 sind:

- »Ich bin wütend auf ihn, weil er mich betrogen hat.«
- »Ich bin irritiert wegen ihr, weil sie so unklar ist.«
- »Ich bin enttäuscht von ihm, weil er seine Zusage nicht einhält.«
- »Ich bin frustriert wegen ihr, weil sie nicht zu mir steht.«
- »Ich fühle mich verletzt von ihm, weil er mich so kleinmacht.«
- »Ich bin neidisch auf sie, weil sie so viel erfolgreicher ist als ich.«
- »Ich schäme mich wegen ihm, weil er nur Unsinn redet.«
- »Ich bin traurig wegen ihr, weil …«
- »Ich bin eifersüchtig wegen ihm, weil …«
- »Ich habe Angst wegen (oder: vor) ihm, weil …«

Sei ehrlich

Notiere deine Gedanken, ohne sie zu zensieren. Schreib sie ganz ungefiltert so auf, wie sie in der Situation auftauchen. Mach sie nicht freundlicher oder »spiritueller«, als sie waren. Wenn du beispielsweise deine Tochter liebst und ein Arbeitsblatt über sie ausfüllst, dann empfehle ich dir von Herzen, deine schlimmsten Gedanken über sie aufzuschreiben. Warum? Weil dich deine Gedanken von ihr trennen, solange du sie glaubst.

Wenn du sie aufschreibst und überprüfst, dann hast du die Chance, frei von diesen trennenden, Schmerz verursachenden Gedanken zu werden – und kannst dadurch dir selbst und deiner Tochter so viel liebevoller begegnen.

DIE SÄTZE PRÄGNANT FORMULIEREN

Schreib bei The Work immer möglichst kurze, einfache, komplette und geschlossene Sätze. Das erleichtert dir später die Überprüfung. Je kürzer und einfacher dein Satz ist, desto einfacher ist es, ihn zu überprüfen. Manchmal braucht es allerdings auch etwas längere Formulierungen, um die Bedeutung, die der Gedanke für dich hat, nicht zu verändern.

»Komplette Sätze« heißt, nicht nur Stichpunkte zu notieren, sondern eben ganze Sätze zu schreiben. »Geschlossene Sätze« bedeutet, das aufzuschreiben, worum es genau geht. Schreib anstatt »Ich bin wütend auf ihn, weil er nicht zuhört« lieber »Ich bin wütend auf ihn, weil er mir nicht zuhört«. Diese Formulierung ist klarer, vor allem, wenn du den Satz später umkehrst. Sei möglichst genau und zugleich kurz und prägnant.

Das »Halten der Situation«

Wenn du die Punkte 2 bis 6 des Arbeitsblattes ausfüllst, dann bleib in deiner Vorstellung in der konkreten Situation (in der einen Sekunde). Man könnte sagen: Sei (innerlich) in dieser Situation. Verbinde dich mit dem, was du bei Punkt 1 geschrieben hast, lies es gegebenenfalls noch einmal. Aus dieser Situation, aus diesem Gefühl heraus beantwortest du jeden einzelnen der weiteren Punkte.

Punkt 2: »Ich will, dass er/sie ...«

Nun kommst du zum zweiten Punkt des Arbeitsblattes. In dieser Situation: Wie willst du, dass er oder sie sich ändert? Was willst du, dass er oder sie tut? Hier ist Raum für all das, was du in deiner konkreten Situation willst – egal, ob es dir realistisch erscheint oder nicht. Schließ deine Augen. Begib dich innerlich in deine Situation, erinnere dich an das, was du bei Punkt 1 notiert hast. Was willst du von dem oder der anderen? Schreib eine Liste. Schreib aus deinem Gefühl heraus, beispielsweise aus deinem Ärger oder deinem Trotz. Bring all deine »Ich will, dass er/sie ...«-Sätze auf Papier. Bleib bei dieser Formulierung und schreib deine Gedanken auf, egal, wie lächerlich oder kindisch sie möglicherweise wirken. Sei gründlich damit. Leere deinen Verstand aus, indem du alles aufschreibst, was dir einfällt. Nutze gegebenenfalls extra Papier. Je gründlicher du hier bist, umso einfacher wirst du bei Punkt 3 einen guten Rat für die andere Person finden.

Viele Menschen sind sich oft überhaupt nicht bewusst darüber, was sie wollen. Hier hast du die Möglichkeit, in dir danach zu forschen und es aufzuschreiben. Das kann sehr viel mehr Klarheit in dein Leben bringen.

Schreib auch hier wieder möglichst kurze und »geschlossene« Sätze. Also statt: »Ich will, dass er zuhört« lieber: »Ich will, dass er *mir* zuhört.« Bei dem Satz: »Ich will, dass er auch an andere denkt« könntest du fragen: »An wen genau sollte er denken?« Vielleicht ist es so allgemein gemeint und du bleibst bei der Formulierung. Oder du beziehst eine andere konkrete Person mit ein. Dann wird aus dem Satz beispielsweise: »Ich will, dass er auch an unseren Sohn denkt.« Diese Umformulierungen können den weiteren Prozess klarer und einfacher machen.

Nach dem Ausfüllen kannst du überprüfen: Habe ich schon aufgeschrieben, was ich in der Situation *wirklich* will? Habe ich aufgeschrieben, was ich in der Situation *emotional* will? Ergänze gegebenenfalls weitere Sätze.

Punkt 3: »Er/sie sollte …«

In deiner Situation: Welchen Rat würdest du der anderen Person anbieten? Bei diesem Punkt wechseln wir die Perspektive. Bei Punkt 2 waren wir ganz bei uns selbst. Jetzt, bei Punkt 3, betrachtest du die andere Person in deiner konkreten Situation. Bemerke, in welchem Zustand sie sich befindet. Schließ dafür gern deine Augen. Wie ist sie drauf? Vielleicht stellst du dir vor, sie würde dich aus ihrer Verzweiflung heraus um einen Rat bitten. Welcher Rat wäre in ihrem emotionalen Zustand wirklich hilfreich für sie? Sei hier, anders als bei Punkt 2, realistisch. Ein guter Rat in diesem Sinne sollte:

- konkret, umsetzbar und detailliert sein,
- aus dem Herzen kommen,
- gut für den anderen und gut für dich sein.

Du kannst dich auch fragen: Welcher Rat würde die Person in die Lage versetzen, sich in dieser konkreten Situation anders zu verhalten?

Nämlich so, dass es dein Problem lösen würde, wie du es in Punkt 1 beschrieben hast. Manchmal braucht das eine Schritt-für-Schritt-Anleitung, zum Beispiel: »Sie sollte innehalten, einen tiefen Atemzug nehmen, sich darauf besinnen, wie sie mir gegenüber wirklich sein will, und erst dann handeln.«

Grundsätzlich schreibst du aber auch hier möglichst kurze, einfache, komplette und geschlossene Sätze. Überfordere dich nicht damit, einen perfekten Rat zu finden. Was auch immer du findest, ist gut genug!

EINE SCHÖNE NEBENWIRKUNG IST: JE MEHR WIR ÜBEN, FUNKTIONIERENDE RATSCHLÄGE FÜR ANDERE ZU FINDEN, UMSO LEICHTER FINDEN WIR SIE BALD AUCH FÜR UNS SELBST.

Wenn du magst, dann kannst du dich nach dem Ausfüllen fragen: Kommt der Rat aus deinem Herzen? Ist er gut für den anderen? Ist er konkret, umsetzbar und detailliert?

Das hier beschriebene Vorgehen ist, wie erwähnt, nur eine Möglichkeit, das UNA auszufüllen. Auch spontane Ratschläge, die eher nicht aus dem Herzen kommen, wie »Er sollte einfach mal den Mund halten«, können genial sein, wenn wir sie überprüfen.

Punkt 4: »Ich brauche von ihm/ihr, dass …«

Damit du in dieser Situation glücklich sein kannst: Was brauchst du, das die andere Person denkt, sagt, fühlt oder tut? Nimm diese Frage, wie alle anderen auch, wörtlich.

Es ist schon geschehen, was geschehen ist. Was brauchst du jetzt, in deiner Situation, in der ausgewählten Sekunde, damit du glücklich sein kannst? Es braucht nicht realistisch zu sein, dass er oder sie das wirklich tun würde. Manchmal wiederholen sich hier Gedanken, die du bereits aufgeschrieben hast. Das wäre völlig in Ordnung.

Schließ deine Augen. Sei innerlich wieder in deiner konkreten Situation. Lies vielleicht noch einmal, was du bei Punkt 1 geschrieben hast. Verbinde dich damit und frage dich dann: Was brauchst du vom anderen, damit du in dieser Situation glücklich sein kannst?

Bleib – wie bei allen Punkten – exakt bei der vorgedruckten Formulierung: »Ich brauche von (Name), dass …« Das erleichtert die Überprüfung des Satzes oft enorm.
Schreib auch hier wieder kurze, einfache und komplette Sätze. Und »geschlossene« Sätze. Also statt »Ich brauche von ihm, dass er sich entschuldigt« lieber »Ich brauche von ihm, dass er sich bei mir entschuldigt«.
Überprüfe nach dem Ausfüllen: In der Situation – würde dich das wirklich glücklich machen, was du geschrieben hast? Oder würde es nur deinen Schmerz ein wenig lindern? Falls es dich nicht glücklich macht, frage erneut: Was würde dich glücklich machen? Wenn du diese Gedanken findest und sie später umkehrst, dann hast du damit dein Rezept zum Glücklichsein in solchen Situationen – und kannst beginnen, danach zu leben.
Natürlich gibt es Situationen, in denen es total nachvollziehbar ist, wenn jemand nichts findet, was ihn in dem Moment glücklich machen könnte. Dann kannst du fragen: Was kommt dem Glücklichsein in dieser Situation am nächsten? Was würde mich in der Situation vielleicht sicherer fühlen lassen?

Punkt 5: »Er/sie ist …«

Was denkst du über die andere Person in dieser Situation? Erstell eine Liste. Es ist in Ordnung, hierbei kleinlich und beurteilend zu sein. Begib dich in deine konkrete Situation und lies noch einmal, was du bei Punkt 1 geschrieben hast. Schreib aus diesem Gefühl heraus deine Gedanken über die andere Person ganz ungefiltert auf. Sei dir selbst gegenüber ehrlich mit dem, was du denkst.
Am einfachsten zu hinterfragen ist eine Adjektivliste – »Er ist arrogant, laut, unehrlich, unbewusst«, »Sie ist nervig, anstrengend, peinlich«. Wenn bei Punkt 5 noch weitere Sätze auf Papier wollen, dann haben sie hier auch ihren Platz: »Er ist ein Lügner«, »Sie denkt, die ganze Welt dreht sich nur um sie«.

Punkt 6: »Ich will nie wieder …«

Beim letzten Punkt geht es darum herauszufinden: Was ist es in deiner Situation, das du nie wieder erleben willst? Schließ noch einmal deine Augen und denk an die Person, über die du schreibst. Vergegenwärtige sie dir. Mach dir bewusst, was du bei Punkt 1 geschrieben hast. Aus all dem heraus: Was willst du nie wieder erleben?
Bleib bei der vorgedruckten Formulierung: »Ich will nie wieder …« Du kannst hier vielleicht auch über dich selbst schreiben – zum Beispiel: »Ich will nie wieder erleben, dass ich mich so klein fühle.« Schreib aber möglichst auch zumindest einen Satz über die andere Person – zum Beispiel: »Ich will nie wieder erleben, dass er mich so schlecht behandelt« oder ein wenig allgemeiner: »Ich will nie wieder erleben, dass mich jemand so schlecht behandelt.«

Alles komplett?

Nun hast du das »Urteile über deinen Nächsten«-Arbeitsblatt ausgefüllt. Manchmal frage ich dann: Ist es komplett? Fehlt vielleicht noch etwas? Und gegebenenfalls wird noch ein Satz ergänzt. Auf ralf-heske.de/praxisbuch-bonus findest du Beispiele, wie ausgefüllte UNAs aussehen können.
Wenn alles komplett ist, dann besteht der nächste Schritt darin, die notierten Sätze wo nötig umzuformulieren, um sie dann mit den Fragen und Umkehrungen der Work zu überprüfen. Dazu kommen wir gleich noch ausführlicher und ebenfalls Schritt für Schritt.

DAS UMFORMULIEREN DER SÄTZE

Um die Sätze des UNA überprüfen zu können, formulierst du das, was du bei Punkt 1 geschrieben hast, um. Die anderen Sätze von Punkt 2 bis Punkt 6 belässt du grundsätzlich so, wie du sie aufgeschrieben hast. Auf Ausnahmen gehe ich unten in diesem Kasten ein.

Bei Punkt 1 lässt du den ersten Teil des Satzes (»Ich bin … auf …, weil«) wegfallen, wenn du den Gedanken überprüfst. »Ich bin wütend auf Martin, weil er nur an sich denkt« wird zu: »Martin denkt nur an sich.« Wenn du diesen Satz dann überprüfst, dann überprüfst du damit also den Grund, warum du dich in der Situation so gefühlt hast.

Übrigens: Wenn du die Work schon gut kennst, dann kannst du ausprobieren, Punkt 1 einmal nicht umzuformulieren. In deiner Work ginge es dann um einen anderen Aspekt – und auch das könnte interessante Erkenntnisse ermöglichen.

Alle anderen Sätze, die du aufgeschrieben hast, lässt du grundsätzlich genau so, wie sie auf deinem Blatt stehen. Eventuell bildest du aus längeren Sätzen mehrere kurze, einfache, prägnante Sätze. »Ich will, dass Martin mir zuhört, mich respektiert und wertschätzt« wird zu: »1. Ich will, dass Martin mir zuhört. 2. Ich will, dass Martin mich respektiert. 3. Ich will, dass Martin mich wertschätzt.« Wichtig dabei ist, dass die Sätze die Bedeutung behalten, die sie für dich hatten. Eine Ausnahme gibt es dazu: Falls du bei Punkt 3 eine Schritt-für-Schritt-Anleitung als Rat hast, dann bildest du daraus eher keine einzelnen Sätze. Eine solche Anleitung lässt sich meist gut insgesamt umkehren.

Falls deine Sätze Erklärungen enthalten, dann lass diese weg, wenn du den Gedanken überprüfst. Aus »Ich will, dass er mich so liebt, wie ich bin, weil er mein Vater ist« wird dann einfach: »Ich will, dass er mich so liebt, wie ich bin.«

DAS ÜBERPRÜFEN DES UNA – IM ÜBERBLICK

Nachdem du dein Arbeitsblatt vollständig ausgefüllt hast, kannst du mit der Überprüfung deiner Gedanken beginnen. Denk dabei an die Umformulierung von Punkt 1. Eine gute Möglichkeit ist, die ersten zwei bis drei Sätze des UNA gründlich zu überprüfen und dann für alle anderen Sätze einfach nur die Umkehrungen zu machen. Auf diese Art begleitet Katie oft durch ein ganzes UNA.

Meine Variante davon beschreibe ich dir hier:

- Nimm deinen Satz von Punkt 1, formuliere ihn wie beschrieben um, hinterfrage ihn mithilfe der vier Fragen (und gegebenenfalls einigen Unterfragen) und mach die Umkehrungen.
- Nimm dann den Satz von Punkt 2 und hinterfrage auch ihn gründlich mit den Fragen und Umkehrungen.

- Für den Satz von Punkt 3 bildest du oft direkt eine Umkehrung, ohne die Fragen vorher zu stellen. Erlebe die Umkehrung und finde deine Beispiele dafür. Geh dann zu den anderen möglichen Umkehrungen.
- Bei Punkt 4 gehst du genauso vor wie bei Punkt 3.
- Bei Punkt 5 kehrst du üblicherweise jeden Aspekt der Liste zu dir selbst um, erlebst das und findest jeweils ein Beispiel für die Umkehrung.
- Für Punkt 6 gibt es spezielle Umkehrungen und ein spezielles Vorgehen (siehe Seite 96).
- Am Schluss kannst du noch das »Sahnehäubchen« machen (siehe Seite 98).

DAS WORKEN

Wir befinden uns in diesem Praxisbuch momentan in dem Kapitel, in dem es darum geht, die passenden Sätze und Überzeugungen zu finden. Das UNA ist ideal dafür und du hast bereits erfahren, wie du es ausfüllen kannst. Überprüfen kannst du die Gedanken dann wie bereits in Kapitel eins und zwei beschrieben. Allerdings hast du auf deinem Arbeitsblatt möglicherweise ziemlich viele Gedanken notiert. Natürlich könntest du die jetzt alle einzeln mit der Work überprüfen. Das könnte eine wertvolle Erfahrung sein und wird auf jeden Fall viel Bewegung in dein Thema bringen. Aber das dauert natürlich – und so viel Zeit werden sich die meisten Menschen vermutlich kaum nehmen. Da es jedoch so wertvoll sein kann, sich ein UNA komplett anzuschauen, weil genau das oft einen grundlegenden Wandel deines ganzen Erlebens mit sich bringen kann, gibt es die bereits erwähnten Vereinfachungen. Im Folgenden begleite ich dich Schritt für Schritt beim Überprüfen eines kompletten »Urteile über deinen Nächsten«-Arbeitsblatts in dieser vereinfachten Form.

Bei jedem einzelnen Punkt von 1 bis 4 wählst du dabei jeweils einen Gedanken aus. Das ist entweder der Satz mit der größten emotionalen Ladung oder ein Satz, der eine besondere Resonanz für dich hat. Dann folgt die eigentliche Work.

Überprüfen von Punkt 1: »Ich bin ... (Gefühl) auf/wegen ... (Name), weil ...«

Bei Punkt 1 des UNA ist manches ein wenig anders als bei den weiteren Punkten. Zunächst formulierst du deinen Satz von Punkt 1 für die Überprüfung um. Aus »Ich bin wütend auf Paul, weil er mich belogen hat« würde: »Paul hat mich belogen.«

Dann gibt es hier manchmal Sätze, die zunächst weniger gut geeignet für eine Work erscheinen. Relativ häufig werden hier nämlich Tatsachen beschrieben und manche Menschen denken dann, dass man diese nicht überprüfen könne. Geübte Worker sprechen gern von »vermeintlichen Tatsachen« – da wir nie wissen können, was sich bei der Überprüfung eines Gedankens zeigt.

Manchmal kann es sein, dass ein Satz bei Punkt 1 zu heftig wirkt, um ihn zu überprüfen. In diesem Fall kannst du dir vielleicht einen erfahrenen Begleiter suchen – oder du überspringst diesen Satz einfach und beginnst dann mit Punkt 2.

Häufiger als bei den anderen Punkten kann es passieren, dass die Überprüfung von Punkt 1 nicht ganz so gut »flutscht«. Das wäre okay, du kannst den Satz dann relativ zügig zu Ende worken und einfach bei Punkt 2 weitermachen. Bei diesem gründlichen Vorgehen gibt es oft einen Moment, an dem etwas tiefer erkannt wird, an dem wir uns für unsere tiefere Wahrheit öffnen, die Liebe, Frieden und Freiheit ermöglichen kann. An welcher Stelle das passiert, ist nicht vorhersehbar. Meist ist es aber hilfreich, Punkt 1 angeschaut zu haben, auch wenn das vielleicht noch nicht so große Erkenntnisse ermöglicht hat.

Überprüfen von Punkt 2: »Ich will, dass er/sie …«

Wähle nun deinen Satz von Punkt 2 des UNA aus. Hinterfrage diesen Satz gründlich. Wenn du magst, dann hinterfragst du vielleicht noch einen weiteren Satz bei Punkt 2. Oder du gehst gleich weiter zu Punkt 3.

Überprüfen von Punkt 3: »Er/sie sollte …«

Dann wähle deinen Gedanken von Punkt 3 aus und entscheide, ob du ihn noch vollständig mit den vier Fragen und Umkehrungen überprüfen oder ihn einfach nur umkehren willst, ohne zuvor die vier Fragen zu stellen. Oftmals sind wir an dieser Stelle des Prozesses bereits so weit, dass wir direkt die Umkehrungen machen können.

Bei Punkt 3 kann es auch sein, dass ein Satz gar nicht stressig wirkt, nämlich dann, wenn du für die andere Person einen richtig guten Rat aus deinem Herzen gefunden hast. Es kann dann manchmal verwirrend sein, die dritte Frage, »Wie reagierst du, wenn du den Gedanken glaubst?«, zu beantworten. In diesem Fall könntest du den Gedanken direkt umkehren. Eventuell hinterfragst du danach einen weiteren Satz bei Punkt 3 oder du gehst gleich weiter zu Punkt 4.

Überprüfen von Punkt 4: »Ich brauche von ihm/ihr, dass …«

Bei Punkt 4 kannst du genauso vorgehen, wie ich es für Punkt 3 beschrieben habe. Oft wird hier ein Gedanke ausgewählt und direkt umgekehrt. Du kannst aber natürlich auch hier vorher die vier Fragen stellen. Das empfiehlt sich jedenfalls dann, wenn du Widerstand bei den Umkehrungen spürst.

Überprüfen von Punkt 5: »Er/sie ist …«

Bei Punkt 5 kehrst du üblicherweise die ganze Liste an Zuschreibungen zu dir selbst um. »Er ist arrogant« würde dann zu: »*Ich* bin arrogant.« Erlebe das – und frage dich anschließend: »Kann ich das finden?« Finde zumindest ein Beispiel für diese Umkehrung. Dann gehst du weiter zum nächsten Gedanken und kehrst so die gesamte Liste um.

Eigentlich immer sind wir in der Situation, in der wir dem anderen etwas vorwerfen, genau das, was wir ihm vorwerfen. Wenn ich denke, jemand sei arrogant, dann stelle ich mich in dem Moment ja über die andere Person. Das ist dann ziemlich arrogant, oder? Wenn ich denke, jemand sei dumm, dann ist es womöglich ganz schön dumm, jemanden so abzustempeln. Das Umkehren dieser Liste kann entlarvend, aber auch ziemlich lustig sein, wenn wir so direkt in den Spiegel blicken

Katie lässt ihre Klienten übrigens meist die ganze Liste auf einmal zu sich umkehren. Ich finde es jedoch sehr wertvoll, jeden einzelnen Begriff in der Umkehrung zu erforschen und mache das meist auch mit meinen Klienten. Probiere gern beides aus.

In seltenen Fällen ist es passender, die Liste nur ins Gegenteil umzukehren. »Er ist brutal« würde dann zu: »Er ist *nicht* brutal.« Wieder fragst du: »Kann ich das finden?« Besonders bei Works über heftige Situationen ist es vielleicht nicht angemessen, Punkt 5 zu sich selbst umzukehren. Erlaube dir, mit dir genauso sanft zu sein, wie du es mit einer guten Freundin wärst.

Überprüfen von Punkt 6: »Ich will nie wieder …«

Für Punkt 6 des UNA gibt es ein spezielles Vorgehen. Die Umkehrungen sind hier anders – und Katie lässt die ursprünglichen Sätze fast immer direkt umkehren. Aus »Ich will nie wieder …« wird in der ersten Umkehrung »Ich *bin bereit*, wieder …« und in der zweiten Umkehrung »Ich *freue mich darauf*, wieder …«

Wenn dein Satz beispielsweise lautet: »Ich will nie wieder erleben, dass Maria mich ignoriert«, dann wird daraus:

1. »Ich *bin bereit* wieder zu erleben, dass Maria mich ignoriert.«
2. »Ich *freue mich darauf*, wieder zu erleben, dass Maria mich ignoriert.«

Sprich die erste Umkehrung gern laut aus – und erlebe sie. Spüre, ob sie für dich stimmig sein könnte. Falls ja, machst du die zweite Umkehrung auf die gleiche Art. Lass dir jeweils Zeit, die Umkehrungen wirklich zu erleben, sie zu fühlen.

Bitte hab dabei im Hinterkopf, dass es hier nicht darum geht, dich so darauf zu freuen, dass du es unbedingt erleben willst. Obwohl auch das durchaus manchmal geschieht, nämlich wenn wir unbedingt erleben wollen, wie wir nach unserer Work beim nächsten Mal auf eine ähnliche Situation reagieren. Ansonsten gilt: Wenn es noch einmal geschehen sollte, könntest du dich dann nicht genauso gut auch darauf freuen?

Falls jemand diese Umkehrungen in einer Work mal nicht annehmen kann, was selbstverständlich immer mal wieder vorkommt, dann ist das natürlich völlig okay. Es zeigt einfach nur, dass noch an bestimmten Gedanken zu diesem Thema festgehalten wird. Das wäre ein Hinweis darauf, dass es wertvoll sein könnte, es weiter mit der Work anzuschauen.

Das Erleben der Umkehrungen bei Punkt 6 kann uns eine enorme Freiheit schenken – und das Vertrauen, dass wir künftig auch mit herausfordernden Ereignissen gut umgehen können.

»WER BRAUCHT SCHON GOTT, WENN WIR DEINE MEINUNG HABEN?«

Byron Katie stellt ihren Klienten manchmal diese Frage. Oft lachen sie dann, weil sie erkennen, wie absurd es ist, wenn sie mit ihren Gedanken bestimmen wollen, wie die anderen sein oder was sie tun sollen. Kannst du spüren, wie schmerzhaft es ist, den anderen – wenn auch nur innerlich – vorzuschreiben, wie sie leben sollen? Wenn ich über andere bestimmen will, dann trennt mich das von ihnen und ich tue mir damit selbst weh.

Die ausführliche Variante für Punkt 6

Ich liebe es, die Sätze bei Punkt 6 genauer anzuschauen. Dafür fragst du dich zunächst: »Könnte das, was ich nie wieder erleben will, noch einmal geschehen?« Bisher habe ich nichts gefunden, was nicht noch einmal passieren könnte. Manchmal vielleicht nicht mit der gleichen Person. Aber geschehen könnte es noch einmal, oder?

Dann fragst du dich: »Wie lebe ich mein Leben, wenn ich glaube, dass ich das nie wieder erleben will – und es könnte noch einmal geschehen?« Das ist eine Variante der dritten Frage. Bemerke deine Antwort, lass dir Zeit dafür – und frage dich dann: »Und wie fühlt es sich an, mein Leben so zu leben?«

Danach fragst du eine Variante der vierten Frage: »Wie würde ich mein Leben ohne diesen Gedanken leben?« Gönn dir die Zeit, das zu erleben – und frage dich dann: »Und wie wäre es, mein Leben so zu leben?«

Dann probierst du die erste Umkehrung aus: »Ich *bin bereit,* wieder …« Erlebe diese Umkehrung zunächst – und finde dann Beispiele, warum du dafür bereit sein könntest.

Falls du kein Beispiel findest, probiere gern das mal aus: Angenommen, du wärest verzaubert und dadurch bereit, das wieder zu erleben. Wie wäre das? Erlaube dir, das zu spüren. Frage dann: »Wäre es dann noch bedrohlich?«

Dann gehst du zur zweiten Umkehrung: »Ich *freue mich darauf,* wieder …« Erlebe diese Umkehrung. Lass dir Zeit dafür. Und finde dann Beispiele, warum du dich sogar darauf freuen könntest, das wieder zu erleben.

Falls du kein Beispiel findest, könntest du auch hier Folgendes ausprobieren: Einfach mal angenommen, du würdest dich darauf freuen, das wieder zu erleben. Wie wäre es dann? Wäre es dann noch so bedrohlich?

DAS SCHLIMMSTE, WAS JEMALS GESCHEHEN IST, IST, DASS WIR EINEN GEDANKEN GLAUBTEN. DAS SCHLIMMSTE, WAS JEMALS GESCHEHEN KANN, IST, DASS WIR EINEN GEDANKEN GLAUBEN.

Wenn die Umkehrungen nicht passen

Beachte, dass es nicht immer angemessen ist, diese Umkehrungen zu machen. Eine Umkehrung wie »Ich *freue mich darauf,* wieder geschlagen zu werden« kann natürlich total unpassend sein. Bitte dränge dich nicht dahin, weiter sein zu wollen, als du bist. Folge deinem gesunden Menschenverstand – und wenn du magst, dann experimentiere sanft.

Wenn es um eine Situation geht, die länger her ist und sich immer wieder in deinen Gedanken wiederholt, dann kann vielleicht folgende Umkehrung passen: »Ich *bin bereit, in meinen Gedanken* wieder zu erleben, geschlagen zu werden.« Wenn es sowieso immer mal wieder in unseren Gedanken auftaucht und wir uns innerlich dagegen wehren, dann ist das noch ein Extraschmerz obendrauf. Und noch einmal: Sei bitte sanft mit dir selbst. Dann könntest du vielleicht sogar die zweite Umkehrung ausprobieren: »Ich *freue mich darauf, in meinen Gedanken* wieder zu erleben, geschlagen zu werden.« Es geht nicht darum, sich das herbeizusehnen. Aber wenn es sowieso geschieht, könntest du dich dann vielleicht genauso gut darauf freuen? Diese Umkehrungen mit dem Zusatz »in meinen Gedanken« können ein großer Schritt in die Freiheit sein.

DAS SAHNEHÄUBCHEN

Das Sahnehäubchen ist ein schöner Abschluss einer Work durch ein ganzes UNA. Es wiederholt deine Erkenntnisse, fasst sie zusammen, vertieft sie und zeigt oft auch noch ganz neue Aspekte. Zusätzlich kann es dir die Möglichkeit eröffnen, deine Erkenntnisse auf relativ einfache Art zu leben.

Manchmal ist es zu viel, das Sahnehäubchen direkt nach einer langen Work zu machen. Oft mache ich es ein, zwei Tage später.

Das Sahnehäubchen ist übrigens ein Vorgehen, das in meiner Work-Praxis entstanden ist. Mir selbst ist es so ans Herz gewachsen, dass ich es oft anwende – sowohl wenn ich selbst worke als auch wenn ich andere begleite. Byron Katie vermittelt es allerdings nicht als Standard.

Beim Sahnehäubchen geht es darum, für alle Sätze des UNA von Punkt 1 bis Punkt 6 die Umkehrungen zu sich selbst laut auszusprechen. Die Idee ist, die Umkehrungen – eine nach der anderen – relativ zügig zu machen. Wenn eine Umkehrung mal nicht so gut passt, dann lass sie einfach aus.

Umkehrung zu dir selbst

Bei Punkt 1 kehren wir im Sahnehäubchen den gesamten Satz um, so wie er ursprünglich im Arbeitsblatt geschrieben wurde. »Ich bin wütend auf ihn, weil er mir nicht zuhört« wird zu: »Ich bin wütend auf mich, weil ich mir nicht zuhöre.« Frage dich: Könnte das auch sein? Oder: Kannst du das finden?

Dann gehst du zu Punkt 2 bis 4 und liest dir die üblichen Umkehrungen zu dir selbst vor:

- »Ich will, dass er mich liebt« wird zu »Ich will, dass *ich* mich liebe«.
- »Sie sollte mal tief durchatmen« wird zu »*Ich* sollte mal tief durchatmen«.
- »Ich brauche von ihm, dass er mich respektiert« wird zu »Ich brauche von *mir*, dass ich mich respektiere«.

Bei Punkt 5 kehrst du die Liste der Adjektive zu dir um – wie beim Worken des Arbeitsblattes auch schon. »Er ist dumm« wird zu »*Ich* bin dumm«. Falls du ein Sahnehäubchen gleich im Anschluss an deine Work machst, kannst du Punkt 5 auch auslassen.

Dann liest du Punkt 6 in der Umkehrung zu dir selbst vor. Das geht aber natürlich nur, wenn du über jemand anderen geschrieben hast. »Ich will nie wieder erleben, dass er mich so schlecht behandelt« wird im Sahnehäubchen zu: »Ich will nie wieder erleben, dass *ich* mich so schlecht behandle.« Falls du einen Satz bei Punkt 6 über dich selbst geschrieben hast, dann kannst du dafür die üblichen Umkehrungen zu Punkt 6 machen (»Ich *bin bereit,* wieder …«, »Ich *freue mich darauf,* wieder …«).

Umkehrung zum anderen

Ein weiterer Schritt kann sein, das ganze Arbeitsblatt in der Umkehrung zum anderen zu lesen. Das kann noch einmal neue Erkenntnisse mit sich bringen. Auch dafür möchte ich dir ein paar Beispiele geben:

- »Ich bin wütend auf ihn, weil er mir nicht zuhört« wird zu: »Ich bin wütend auf *mich*, weil *ich ihm* nicht zuhöre.«
- »Ich will, dass sie mich liebt« wird zu: »Ich will, dass *ich sie* liebe.«
- »Ich brauche von ihm, dass er sich bei mir entschuldigt« wird zu: »Ich brauche von *mir*, dass *ich mich* bei *ihm* entschuldige.« Oder auch: »*Er* braucht von *mir*, dass *ich mich* bei *ihm* entschuldige.«
- »Ich will nie wieder erleben, dass er mich so schlecht behandelt« wird zu: »Ich will

nie wieder erleben, dass *ich ihn* so schlecht behandle.«

Sei sanft mit dir selbst, gönn dir Zeit.

Falls das UNA über deinen Körper, ein Symptom, eine Krankheit oder über ein Objekt geschrieben wurde, verwendest du beim Sahnehäubchen ausschließlich die Umkehrung zu »mein Denken«.

Der Abschluss und das Sahnehäubchen im Alltag

Nach dem Aussprechen des Sahnehäubchens kannst du dich fragen: »Worum ging es in dem Arbeitsblatt? Ging es überhaupt jemals um den anderen? Oder ging es die ganze Zeit nur um mich selbst?« Womöglich wirst du über deine Antwort verblüfft sein.

Das Sahnehäubchen hilft dir auch, deine Erkenntnisse aus der Work ins Leben zu bringen. Wenn du dein UNA beispielsweise über deine Mutter geschrieben hast, dann kannst du dir das Sahnehäubchen noch einmal ganz in Ruhe durchlesen, es laut aussprechen und es spüren, kurz bevor du das nächste Mal bei deiner Mutter an der Tür klingelst oder sie anrufst.

BEDEUTUNGS-LISTE

Die Bedeutungsliste bietet dir eine einfache Möglichkeit, die Glaubenssätze oder Grundannahmen zu entdecken, die unbewusst dein Leben prägen.

Es ist nie die Situation selbst, die uns stresst – es sind immer unsere Gedanken über die Situation, die unseren Stress erzeugen. Nichts hat eine Bedeutung außer der, die wir ihm geben.

Wenn uns eine Situation stresst, dann ist es genial zu wissen, wie wir uns diese oft unbewussten Bedeutungen bewusst machen können. Mit der Bedeutungsliste kannst du das auf ziemlich einfache Weise tun. Du kannst mit ihr die häufig unbewussten Grundannahmen und Glaubenssätze entdecken, die dein ganzes Leben und dein Lebensgefühl maßgeblich prägen.

EINE BEDEUTUNGSLISTE SCHREIBEN

Probiere es für dich selbst aus und wähle einen Gedanken, der dir Stress bereitet. Ergänze: »… und das bedeutet, dass …« Was glaubst du – zumindest in den Momenten, wo dich das belastet –, was es bedeutet oder was es *möglicherweise* bedeuten könnte? Schreib dann deine Liste.

Wichtig: Meist können wir solche belastenden Situationen am besten klären, wenn wir fragen: »Was bedeutet das (möglicherweise) für mein Leben, *jetzt noch – oder künftig?*«

Hier ein Beispiel für eine Bedeutungsliste zum Thema »zu wenig Geld«: »Ich habe zu wenig Geld und das bedeutet, dass …«

- »… ich im Alter leiden werde.«
- »… ich mich minderwertig fühle.«
- »… ich nicht gut für meine Kinder da sein kann.«
- »… ich eine schlechte Mutter bin.«
- »… ich keinen Partner finde.«
- »… ich eine Last für meinen Partner bin.«
- »… ich es nicht verdiene, glücklich zu sein.«
- »… mit mir etwas nicht stimmt.«
- »… die anderen sich von mir abwenden.«
- »… ich mich stets abmühen muss.«

Wenn du deine Liste schreibst: Versetz dich innerlich in die Situation, in der du davon überzeugt bist, dass das Thema ein Problem ist. Fühle, wie es sich anfühlt. Lass dir Zeit. Schließ deine Augen. Spüre: »... und das bedeutet, dass ...« Notiere alles, was auftaucht. Zusätzlich kannst du dir folgende Fragen stellen, um weitere Annahmen zu entdecken:

- Was sagt das über mich aus?
- Was bedeutet das möglicherweise
  - für mich und mein Leben?
  - für andere Beteiligte?
  - für meine Beziehung zu meinem Partner oder zu meinen Kindern?
  - für meinen Beruf, meine Karriere, meinen Herzenswunsch?
  - für meinen Körper?
  - für das, was mir möglich ist?

Wenn andere Personen mit der Situation zu tun haben oder es auf andere Art passt, kannst du zusätzlich auch ein »UNA« über diese Situation ausfüllen. Wenn du die Bedeutungsliste und das Arbeitsblatt überprüfst, kannst du noch gründlicher hinschauen und so noch gründlicher aufräumen mit deinen stressigen Gedanken.

Wenn du ein »Urteile über deinen Nächsten«-Arbeitsblatt ausfüllen willst, empfiehlt es sich, das zu tun, bevor du angefangen hast, die Gedanken der Bedeutungsliste zu überprüfen. Zu dem Zeitpunkt kommst du noch besser an deine stressigen Grundannahmen heran.

BEISPIELE

Die folgenden beispielhaften Aussagen könnten der Startpunkt für lohnende Bedeutungslisten sein. Ergänze bei denen, die auf dich zutreffen, »... und das bedeutet (möglicherweise), dass ...« und mach deine Liste:

- Ich habe zu wenig Geld.
- Ich habe meine Tochter angeschrien.
- Ich habe meinen Job verloren.
- Ich bin durch die Prüfung gefallen.
- Ich habe ... nicht hinbekommen.
- Ich bin allein.
- Ich kann es nicht genießen, allein zu sein.
- Mein Partner hat mich verlassen.
- Meine Partnerin hat mich betrogen.
- Ich habe den Auftrag nicht erhalten.
- Ich habe Krebs/Rheuma/MS/...
- Ich habe keine ausreichende Altersvorsorge.
- ... ist gestorben.
- Mein Kind hat ADHS.
- Ich kann kein Englisch.
- Wir haben keinen Sex mehr.
- Ich habe ... getan. (Irgendetwas, das ich nicht gut finde.)
- Ich habe es schwerer als andere.
- Ich habe zu wenig Humor.
- Es regnet seit Tagen.
- Die Menschheit steckt in einer heftigen Krise.

THE WORK MIT DER BEDEUTUNGSLISTE

Notieren

Zuerst schreibst du – wie bereits angeleitet – deine Bedeutungsliste. Beachte die Formulierung: »Dass das geschehen ist oder so ist: Was bedeutet das (möglicherweise) für mein Leben, jetzt noch – oder künftig?«

Priorisieren

Kennzeichne nun den Gedanken deiner Liste, der dich am meisten belastet, mit einer 1, den, der dich am zweitstärksten belastet, mit einer 2 und so weiter.

Umformulieren

Nun geht es darum, zuerst den am meisten belastenden Satz deiner Liste mit der Work zu überprüfen. Dafür muss er zunächst umformuliert werden – du bildest also einen kompletten Satz aus dem, was du in der Liste geschrieben hast. Aus »Ich habe zu wenig Geld – und das bedeutet, dass ich im Alter hilflos sein werde« wird die Aussage: »Ich werde im Alter hilflos sein.«

Denk außerdem daran, aus Vermutungen, Gefühlen oder Befürchtungen Tatsachen zu machen, um die Sätze besser überprüfen zu können. So wird aus »Sie könnten sich von mir abwenden« der Satz: »Sie werden sich von mir abwenden.« Und aus »Ich fühle mich minderwertig« wird: »Ich bin minderwertig.« Aus »Ich habe Angst, dass er mich verlässt« wird: »Er wird mich verlassen.« Oder aus »Ich war dumm« wird: »Ich bin dumm.« Gedanken, die so klar formuliert sind, lassen sich ideal überprüfen.

Worken

Nun überprüfst du in der von dir priorisierten Reihenfolge die Sätze deiner Liste. In diesem Fall überprüfen wir diese Gedanken meist nicht in einer konkreten Situation in der Vergangenheit oder in der Zukunft, sondern eher allgemein. Also etwa so: »Ich bin eine schlechte Mutter – insgesamt gesehen: Ist das wahr?«

Wenn es dir passend erscheint, kannst du auch den Ursprungssatz überprüfen, der der Startpunkt für deine Liste war. Im Beispiel oben wäre das der Satz: »Ich habe zu wenig Geld.«

Zum Abschluss kannst du noch das Sahnehäubchen wie auf der nächsten Seite beschrieben machen.

Wieder ein Sahnehäubchen

Überprüfe zunächst so viele Sätze von deiner Bedeutungsliste, wie du möchtest. Vielleicht überprüfst du sie in einem Rutsch. Oder du nimmst dir jeden Tag einen vor. Mach das so, wie es für dich gut passt.

Wenn du so viele Sätze geworkt hast, wie du momentan möchtest, kannst du noch einen Schritt weitergehen. Du kannst dir deine ganze Liste in der Umkehrung selbst vorlesen. Das ist sozusagen das Sahnehäubchen für die Bedeutungsliste.

Aus der Liste von oben wird dann:

»Ich habe zu wenig Geld …«

- »… und das bedeutet *nicht*, dass ich im Alter leiden werde.«
- »… und das bedeutet *nicht*, dass ich minderwertig bin.«
- »… und das bedeutet *nicht*, dass ich nicht gut für meine Kinder da sein kann.«
- »… und das bedeutet *nicht*, dass ich eine schlechte Mutter bin.«
- »… und das bedeutet *nicht*, dass ich keinen Partner finde.«
- »… und das bedeutet *nicht*, dass ich eine Last für meinen Partner bin.«
- »… und das bedeutet *nicht*, dass ich es nicht verdient habe, glücklich zu sein.«
- »… und das bedeutet *nicht*, dass mit mir etwas nicht stimmt.«
- »… und das bedeutet *nicht*, dass die anderen sich von mir abwenden werden und ich keine Freunde mehr habe.«
- »… und das bedeutet *nicht*, dass ich mich stets abmühen muss.«

Wichtig ist: Doppelte Verneinungen bleiben bei diesen Umkehrungen im Normalfall erhalten. Die doppelten Verneinungen als positiv formulierten Satz auszudrücken, passt hier nämlich oftmals nicht.

Wenn du dir die Liste in der Umkehrung vorliest, dann erlebe jede einzelne Umkehrung – und frage dich: »Könnte das auch sein?« Oder: »Könnte es sein, dass es das gar nicht bedeutet?« Mein Tipp: Finde für jede Umkehrung drei für dich stimmige Beispiele.

Zum Abschluss (oder auch schon vorher) kannst du noch den ursprünglichen stressigen Gedanken überprüfen. Also in diesem Beispiel: »Ich habe zu wenig Geld.«

TIEFER GEHEN BEI SCHAM, SCHULD UND MINDERWERT

Wenn du mit diesen Themen tiefer gehen willst, dann vervollständige zunächst einen der folgenden beispielhaften Sätze:

- »Ich schäme mich dafür, dass …«
- »Ich fühle mich schuldig, weil …«
- »Ich fühle mich wertlos, weil …«

Zu diesem Satz kannst du dann eine Bedeutungsliste machen. Du schreibst zum Beispiel: »Ich schäme mich dafür, dass ich nicht bei meiner Oma war, als sie gestorben ist.« Jetzt kannst du eine Bedeutungsliste wie oben beschrieben zu dem Satz machen. »Ich war nicht bei meiner Oma, als sie gestorben ist, und das bedeutet, dass …«

Dieses Vorgehen ist ein lohnender Weg, der sehr viel, was aus dem Unterbewusstsein heraus unser Leben blockiert, auflösen kann.

BEFÜRCHTUNGS-LISTE

Die Befürchtungsliste bietet dir eine wunderbar einfache Möglichkeit, deinen Ängsten ins Auge zu schauen. Du kannst sie für alles nutzen, was du befürchtest oder was dir Angst macht, ganz gleich, ob die Situation bereits eingetreten ist oder du »nur« befürchtest, dass sie eintreten könnte.

Die Kernfrage für die Befürchtungsliste lautet: »Was, befürchtest du, könnte Schlimmes geschehen?« Situationen, in denen du diese Liste nutzen kannst, sind beispielsweise:

- Ich habe meinen Job verloren.
- Ich könnte meinen Job verlieren.
- Mein Partner hat mich verlassen.
- Das Finanzamt will eine Nachzahlung.
- Meine Mutter wird ein Pflegefall.
- Mein Kind hat Krebs.
- Mein Freund könnte sterben.
- Ich habe nächsten Dienstag ein wichtiges Gespräch.
- Ich soll eine Präsentation halten.
- Ich bin schwanger.
- Der Klimawandel ist da.

Bei all diesen Situationen, egal, ob sie schon eingetroffen sind oder du Sorge hast, dass sie eintreffen könnten, kannst du dich fragen: »Was, befürchte ich, könnte (möglicherweise) Schlimmes geschehen?« Gegebenenfalls ergänzt du »… wenn das eintreffen würde«. Dann schreibst du deine Liste. Schreib alles auf, was auftaucht, wenn du über solche Situationen, die dir Angst machen, nachdenkst.

Wie immer, wenn wir die Gedanken identifizieren wollen, die die Ursache für unseren Stress oder unsere Ängste sind, öffnen wir uns für den stressvollen Aspekt einer Situation. Vielleicht freust du dich auf dein Kind, wenn du schwanger bist, oder darauf, dass dein alter Job endlich ein Ende gefunden hat. Trotzdem können dazu auch Befürchtungen auftauchen. Dafür gehst du in die Situation hinein und erlaubst dem ängstlichen Anteil in dir, sich zu zeigen. Wenn du dich zu 99 Prozent über eine Sache freust und nur zu einem Prozent Stress bei dem Gedanken daran verspürst, dann kannst du dir dieses eine Prozent anschauen und dich dann vielleicht zu 100 Prozent freuen.

THE WORK MIT DER BEFÜRCHTUNGSLISTE

Notieren

Zuerst schreibst du – wie angeleitet – deine Befürchtungsliste auf. Du fragst dich dazu zum Beispiel: »Ich habe meinen Job verloren – was, befürchte ich, könnte Schlimmes geschehen?« Oft ist es einfacher, Befürchtungen zu finden, wenn du ein »möglicherweise« ergänzt. Also: »Was, befürchte ich, könnte möglicherweise Schlimmes geschehen?« Und dann machst du deine Liste. Beispielsweise:

- »Ich werde nie wieder so einen guten Job finden.«
- »Ich werde nicht genügend Geld haben.«
- »Die anderen könnten schlecht über mich denken.«

Priorisieren

Kennzeichne nun den Gedanken deiner Liste, der dich am stärksten belastet, mit einer 1, den, der dich am zweitstärksten belastet, mit einer 2 und so weiter.

Umformulieren

Nun geht es darum, zuerst den dich am stärksten belastenden Satz deiner Liste zu worken. Eventuell solltest du ihn dafür vorher so umformulieren, dass du aus Vermutungen und Gefühlen Tatsachen machst. So wird aus »Die anderen könnten schlecht über mich denken« der Satz: »Die anderen denken schlecht über mich.« Oder aus »Ich habe Angst, dass ich nie wieder so einen tollen Job finde« wird für die Überprüfung: »Ich werde nie wieder so einen tollen Job finden.« Das ist weniger vage.

Worken

Dann überprüfst du in der von dir priorisierten Reihenfolge die Sätze deiner Liste – einen nach dem anderen und so viele, wie du möchtest. Beachte, dass wir auch hier oft keine konkrete Situation haben und die Gedanken also eher allgemein überprüfen. Oft kann es tolle Erkenntnisse ermöglichen, wenn du auch den Ursprungssatz überprüfst. In unserem Beispiel wäre das der Satz: »Ich habe meinen Job verloren.« Das ist zunächst eine Tatsache und die Überprüfung kann sich dennoch lohnen. Manchmal kann es wirklich überraschend sein, solche Gedanken zu überprüfen.

Zum Abschluss kannst du auch hier, wenn du magst, das Sahnehäubchen wie unten beschrieben machen.

IN KOMBINATION MIT DEM ARBEITSBLATT

Ein Satz wie »Ich habe meinen Job verloren« kann natürlich eine wunderbare Gelegenheit sein, ein »Urteile über deinen Nächsten«-Arbeitsblatt auszufüllen, zum Beispiel über denjenigen, der (scheinbar) dafür verantwortlich ist, dass du deinen Job verloren hast. Du kannst das zusätzlich zu deiner Befürchtungsliste machen.

Ein weiteres Sahnehäubchen

Wenn du so viele Sätze von deiner Befürchtungsliste geworkt hast, wie du momentan möchtest, kannst du noch einen Schritt weitergehen und dir deine ganze Liste in der Umkehrung vorlesen. Das ist gewissermaßen das Sahnehäubchen für die Befürchtungsliste. Aus der Liste in unserem Beispiel wird dann:

- »Ich *werde* wieder so einen guten Job finden.«
- »Ich *werde* genügend Geld haben.«
- »Die anderen denken *nicht* schlecht über mich.«

Frage dich bei jeder einzelnen Umkehrung: Könnte das auch sein? Oder: Könnte es sein, dass es gar nicht schlimm wäre? Finde für jede Umkehrung drei Beispiele.

ES WÄRE SCHLIMM, WENN …

Hier schließt sich gleich noch eine weitere Möglichkeit an, deinen Ängsten Raum zu geben und die ihnen zugrunde liegenden Gedanken zu überprüfen. Um sie zu nutzen, nimm dir etwas Zeit und mach eine Liste mit all dem, was du in deinem Leben befürchtest. Hier gehst du allgemeiner vor als bei der Befürchtungsliste, die sich auf einen bestimmten Lebensbereich oder eine aktuelle oder befürchtete Situation bezieht. Du untersuchst ganz allgemein deine Lebensängste.

Der Satzanfang für diese Liste lautet: »Es wäre schlimm, wenn …« Schreib alles auf. Was könnte alles Schlimmes in deinem Leben geschehen? Hier einige Beispiele:

- »Es wäre schlimm, wenn ich meinen Partner verlieren würde.«
- »Es wäre schlimm, wenn ich diesen Termin verpassen würde.«
- »Es wäre schlimm, wenn ich all mein Geld verlieren würde.«
- »Es wäre schlimm, wenn … sterben würde.« (Hier kannst du Vater, Mutter, Sohn, Tochter, Partner/in, Haustier oder wen auch immer einsetzen.)
- »Es wäre schlimm, wenn ich eine tödliche Krankheit bekäme.«
- »Es wäre schlimm, wenn ich meinen Job verlieren würde.«
- »Es wäre schlimm, wenn das nicht so klappte, wie ich es mir vorstelle.«
- »Es wäre schlimm, wenn mein Partner fremdginge.«
- »Es wäre schlimm, wenn mein Kind ernsthaft krank würde.«
- »Es wäre schlimm, wenn ich den Zug verpassen würde.«
- »Es wäre schlimm, wenn … passieren würde.«
- »Es wäre schlimm, wenn … die Wahl gewinnen würde.«

Um mit dieser Liste zu arbeiten, setzt du wieder deine Prioritäten: Welches ist deine stressigste Befürchtung? Welche kommt an zweiter Stelle? Beginne dann, den Gedanken, der dich am meisten belastet, mit der Work zu überprüfen. Vielleicht willst du ihn dafür noch umformulieren, falls er zu lang oder zu vage formuliert ist.

Lass dir gerade hier Zeit bei der Überprüfung. Erlaube dir, jeder einzelnen Frage und auch den Umkehrungen viel Raum zu geben. Es kann (wie immer bei The Work) vorkommen, dass du dir selbst etwas vormachst und so tust, als hättest du es verstanden oder als würde es dir nichts mehr ausmachen. Und vielleicht hat es ein Teil von dir auch verstanden und weiß, dass es gar nicht schlimm wäre. Aber kommen die anderen Anteile deiner selbst auch mit? Sei ehrlich mit dir selbst, aber gehe auch sanft und liebevoll mit dir um.

WENN DU SO TUST, ALS WÄREST DU WEITER, ALS DU BIST, IST DAS VIELLEICHT DAS SCHMERZVOLLSTE, WAS DU DIR ANTUN KANNST.

Wenn du auch die vierte Frage beantwortet hast, kehre den Gedanken zuerst ins Gegenteil um. Aus deinem Satz wird dann zum Beispiel:

- »Es wäre *nicht* schlimm, wenn ich meinen Partner verlieren würde.«
- »Es wäre *nicht* schlimm, wenn ich diesen Termin verpasste.«
- »Es wäre *nicht* schlimm, wenn ich all mein Geld verlieren würde.«
- »Es wäre *nicht* schlimm, wenn … sterben würde.«

Erlebe diese Umkehrung. Lass dir Zeit dabei. Finde dann gern mindestens drei echte Beispiele dafür, warum es möglicherweise nicht schlimm wäre. Erlaube deinem Verstand, sich dafür zu öffnen – vielleicht findest du dann Beispiele, die du vorher gar nicht zu denken wagtest.

Mit der zweiten Umkehrung gehst du dann noch einen Schritt weiter: zum absoluten Gegenteil. Das könnte so aussehen:

- »Es wäre *gut*, wenn ich meinen Partner verlieren würde.«
- »Es wäre *gut*, wenn ich diesen Termin verpasste.«
- »Es wäre *gut*, wenn ich all mein Geld verlieren würde.«
- »Es wäre *gut*, wenn … sterben würde.«

Erlaube dir, auch diese Umkehrung zu spüren – und finde dann möglichst drei echte Beispiele dafür, warum es vielleicht sogar gut sein könnte, wenn es denn so käme. Bedenk durchaus auch kleine Beispiele, warum es nicht schlimm wäre oder warum es sogar gut sein könnte – für dich, für die anderen, für diese Welt.

Wie gesagt, bei den Umkehrungen geht es nie darum, etwas aufzuwiegen. Vielleicht ziehst du es immer noch vor, mit deinem Partner zusammenzubleiben, dein Geld zu behalten oder dass dein Kind weiterlebt. Das ist natürlich völlig normal und geht vermutlich fast jedem Menschen so. Trotzdem liefert uns das Leben eben manchmal auch etwas, was wir nicht bestellt haben. Das Schöne ist: Diese Befürchtungen können wir uns jetzt schon anschauen, sogar bevor sie möglicherweise eintreten. Auf diese Weise lebst du viel freier, da du nicht von vagen Ängsten geplagt und eingeschränkt wirst.

Vielleicht möchtest du auch noch eine dritte Umkehrung ausprobieren – eine andere Form der Umkehrung ins Gegenteil, bei der aus unseren Beispielsätzen die folgenden Aussagen werden. Auch die Art der Umkehrung kann häufig sehr befreiend wirken:

- »Es wäre schlimm, wenn ich meinen Partner *nicht* verlieren würde.«
- »Es wäre schlimm, wenn ich diesen Termin *nicht* verpassen würde.«
- »Es wäre schlimm, wenn ich all mein Geld *nicht* verlieren würde.«
- »Es wäre schlimm, wenn … *nicht* sterben würde.«

Das wirkt vielleicht absurd, es könnte aber den Verstand noch weiter öffnen. Dadurch können wir tiefen Frieden entdecken. Erlebe die Umkehrung und suche auch hier nach Beispielen, die für dich stimmig sind.

Zukunftsangst geht immer einher mit der Grundannahme, dass wir mit einer Situation nicht gut werden umgehen können. Diese Umkehrungen können uns darauf vorbereiten, handlungsfähiger in herausfordernden Situationen zu sein. Sie können den Raum in dir erweitern und die Möglichkeit dessen ausdehnen, dem du dich im Leben gewachsen fühlst.

Gelebte Work

Mir hat eine Befürchtungsliste vor einigen Jahren einmal sehr deutlich gemacht, dass mein wirkliches Problem ganz woanders liegt, als ich immer dachte. Ganz oben auf dieser Liste stand damals: »Es wäre schlimm, wenn ich diesen Auftraggeber verlieren würde.« Davor hatte ich wirklich Angst, denn ich bezog zu dieser Zeit den größten Teil meines Einkommens aus dieser Quelle. Und nun gab es Streit. Bei der Umkehrung »Es wäre schlimm, wenn ich diesen Auftraggeber *nicht* verlieren würde« sickerte die Wahrheit so langsam zu mir durch. Es fiel mir nicht leicht, aber ich sah ein, dass es wirklich das größere Übel wäre, ihn nicht zu verlieren. Denn schon lange war ich mit den Aufträgen von dieser Firma nicht mehr glücklich. Ich versuchte, immer bessere Leistungen zu liefern, und hatte doch nie das Gefühl, die Kollegen dort wirklich zufriedenstellen zu können. Entsprechend schlecht bezahlt fühlte ich mich auch. Vielleicht war es wirklich an der Zeit, besser für mich einzustehen – bei dieser Firma und ganz allgemein in meinem Job. Ich fühlte nach der Work die Bereitschaft dazu – und die Zusammenarbeit mit diesem Auftraggeber verbesserte sich daraufhin. Ich selbst gab mir die Wertschätzung, die ich brauchte.

Thorsten

»ES WÄRE BESSER, WENN ...«

Unsere Wunschvorstellungen sind gut gemeint, sie gehen aber oft einher mit Widerstand gegen die Realität. Und das erzeugt Trennung und Schmerz. Kannst du letztlich wirklich wissen, dass es anders besser für dich wäre?

Eine Tendenz unseres Verstandes ist es, sich in Wunschvorstellungen darüber zu ergehen, was für uns besser wäre. Wenn wir jedoch wirklich glauben, dass die Realität besser wäre, wenn sie anders wäre, als sie ist, dann haben wir immer schon verloren. Warum? Weil die Realität ist, wie sie ist. Unser Widerstand gegen die Realität bringt immer Schmerz und Trennung mit sich. Und außerdem bringt er uns raus aus dem gegenwärtigen Moment.

Wenn wir im Jetzt sind, dann gibt es nichts, was fehlen könnte. Wenn wir klar sind, dann ist das, was ist, das, was wir wollen.

Ohne Widerstand haben wir einen besseren Zugang zu unserer inneren Weisheit und zu unserer Intuition – und beides ist hilfreich, um unser Leben mit Leichtigkeit und Freude zu genießen.

Außerdem ist eine innere Wandlung grundsätzlich dann am leichtesten möglich, wenn wir im Frieden mit der Realität sind. Auch wenn wir manchmal vielleicht den Schwung nutzen können, wenn wir etwas überhaupt nicht mehr wollen – und dadurch ins Handeln kommen. Die meisten von uns haben verschiedene Themenbereiche, bei denen sie auf ein besseres Leben hoffen – aber genau diese Hoffnung blockiert, frustriert und deprimiert uns und raubt Energie.

Der Verstand glaubt so oft zu wissen, was besser für uns wäre. Doch stimmt das wirklich?

Für diese Übung brauchst du einfach nur einen Moment Ruhe, Papier und Stift. Schreib die Überschrift auf: »Es wäre besser, wenn ...« Wie wärest du jetzt besser dran? Notiere alles, was dir dazu in den Sinn kommt – ganz gleich, um welches Thema es geht.

Ich möchte dir sehr ans Herz legen, diese Übung erst einmal für den jetzigen Moment zu machen. Um dir zu ermöglichen, öfter den gegenwärtigen Moment zu genießen, lohnt es sich, immer wieder mal eine solche Wunschvorstellung mit der Work zu hinterfragen. Stärker als Hoffnung ist Vertrauen. Und vertrauen können wir, wenn wir die Gedanken, die uns davon abhalten, überprüfen. Das tun wir unter anderem mit dieser Übung.

THE WORK ZU »ES WÄRE BESSER, WENN ...«

Schreib deine Liste »Es wäre besser, wenn ...«. Achte darauf, dass du dabei nur auf den jetzigen Moment schaust. Also: Wie wärest du jetzt besser dran? Oder auch jemand anderes? Wähle dann einen Gedanken von deiner Liste für deine erste Work aus.

Das Hinterfragen

Du überprüfst den Satz dann ganz normal mit der Work. Vielleicht magst du diese Unterfrage bei der ersten oder zweiten Frage miteinbeziehen: »Kannst du mit hundertprozentiger Sicherheit wissen, dass es – auf lange Sicht gesehen – besser für dich wäre, wenn die Realität so wäre, wie du sie gern hättest?« Und wie so oft könnte auch hier zum Abschluss der dritten Frage die Unterfrage gut passen: «Wozu bist du nicht in der Lage, wenn du den Gedanken glaubst?«

Die Umkehrungen

Hier gibt es meist nur die Umkehrung ins Gegenteil. Weil diese Sätze jedoch aus zwei Satzteilen bestehen, könntest du sowohl den ersten als auch den zweiten Satzteil in sein Gegenteil umkehren. Bei der zweiten Variante finde ich es hilfreich, die Umkehrung statt im Konjunktiv im Indikativ zu formulieren. Hier sind Beispiele für den Satz »Es wäre besser, wenn ich mehr Geld hätte«:
1. Variante: »Es wäre *nicht* besser, wenn ich mehr Geld hätte.«
2. Variante: »Es ist besser, dass ich *nicht* mehr Geld *habe.*« Diese Umkehrung bedeutet sinngemäß also: Es ist besser, dass es genau so ist, wie es ist.
Wie immer kannst du dir zunächst einmal Zeit lassen, die Umkehrung zu erleben – und dann echte Beispiele für sie finden. Mögliche Fragen dafür sind: »Warum könnte das sein?« Oder: »Warum könnte es – vielleicht auf lange Sicht gesehen – besser sein, dass es jetzt genau so ist, wie es ist?«
Bei Sätzen über den Körper oder Krankheiten gehst du genauso vor, nur dass du dann noch die Umkehrung zu »mein Denken« ergänzt. Ein Beispiel: »Es wäre besser, wenn mein Körper gesund wäre.«: 1. Variante: »Es wäre *nicht* besser, wenn mein Körper gesund wäre.« 2. Variante: »Es ist besser, dass mein Körper *krank ist.*« Wenn du offen bist für Neues: Warum könnte es auch hier – vielleicht auf lange Sicht gesehen – besser sein, dass es jetzt genau so ist, wie es ist? Nun noch die Umkehrung zu »mein Denken«: »Es wäre besser, wenn *mein Denken* gesund wäre *(und zwar speziell das Denken über meinen Körper).*«

»WAS MUSS ICH DENKEN, UM …?«

Unser Denken bestimmt unsere Gefühle – und Gedanken und Gefühle bestimmen unser Handeln. Wenn wir bemerken, dass wir uns nicht gut fühlen oder dass unsere Handlungen anders aussehen, als wir es uns wünschen, dann können wir mit dieser Übung die zugrunde liegenden Gedanken entdecken.

Manchmal sind wir einfach schlecht drauf. Wir fühlen uns niedergeschlagen oder ärgerlich, uns ist die sprichwörtliche Laus über die Leber gelaufen, wir sind antriebslos – in einem irgendwie nebulösen Zustand. Wie kann uns die Work jetzt helfen? Mit der folgenden simplen Frage:

»WAS MUSS ICH DENKEN, UM MICH SO ZU FÜHLEN?«

Stellst du dir diese Frage in so einem diffusen Gefühlszustand, legst du damit den Fokus auf die Gedankenebene. Und die – oft unbewussten – Gedanken bestimmen, wie du dich fühlst.

Ein Beispiel: Vielleicht fühlst du dich nach einem langen Tag unzufrieden und missmutig. Wenn du dich in einer solchen Situation fragst: »Was muss ich denken, um mich so zu fühlen?«, könnten Antworten wie die folgenden auftauchen:

- »Mein Job passt nicht zu mir.«
- »Meine Kollegin ist unmöglich.«
- »Ich sollte mich besser fühlen.«
- »Ich sollte mehr Geld haben.«
- »Ich hätte noch … machen sollen.«
- »Ich will nicht mehr.«
- »Ich bin allein.«
- »Jemand sollte meine Arbeit mehr wertschätzen.«

Das wären allesamt geniale Ausgangssätze für deine nächste Work, die dann auch Bewegung in deine Gefühlswelt bringen kann. So lernst du dich immer besser kennen und musst vielleicht nicht mehr so lange in quälenden Stimmungen hängen bleiben.

»WAS MUSS ICH DENKEN, UM SO ZU HANDELN?«

Unser Leben wird wesentlich geprägt durch unsere Verhaltensmuster. Manche dieser

Muster können hilfreich sein, andere sind jedoch eher unnütz und hinderlich für ein zufriedenes Leben.
Diesen kontraproduktiven Mustern können wir mit einer einfachen Frage auf die Spur kommen: »Was muss ich denken, um so zu handeln?«
Kennst du Verhaltensmuster, die du an dir selbst nicht magst? Bemerkst du, dass du dir mit deinen Handlungen selbst im Weg stehst? Dann ist diese Herangehensweise mit der Work ideal. Mögliche Ausgangspunkte könnten sein:

- »Ich arbeite zu unkonzentriert.«
- »Ich tue nicht, was ich eigentlich tun will.« (Und was konkret?)
- »Ich schiebe Dinge vor mir her.«
- »Ich komme ständig zu spät.«
- »Ich bin immer wieder ungeduldig mit meinen Kindern.«
- »Ich arbeite zu viel.«
- »Ich sehe zu viel fern.«
- »Ich mache kaum Sport.«
- »Ich esse Dinge, die mir nicht guttun.«

Entscheide dich für ein Verhaltensmuster, das du näher anschauen möchtest, und frage dich dann: »Welche Gedanken muss ich glauben, um so zu handeln, wie ich handle?« Mach eine Liste mit ganzen Sätzen. Du brauchst dir dabei gar nicht sicher zu sein, ob die Gedanken, die in dieser Übung auftauchen, die Ursache für dein Verhalten sind. Schreib einfach alles auf, was dir in den Sinn kommt. Lass dir Zeit dafür. Werde still und warte, was sich zeigt.
Du hast zum Beispiel notiert: »Ich arbeite zu unkonzentriert.« Jetzt fragst du dich: Welche Gedanken muss ich glauben, um so zu handeln, wie ich es tue? Du gehst innerlich zurück in eine möglichst konkrete Situation, in der das Muster auftaucht. Und dann fallen dir vielleicht folgende Gedanken auf:

- »Ich habe zu viel zu tun.«
- »Ich kann das nicht.«
- »Ich schaffe das nicht.«
- »Ich kann keine Listen abarbeiten.«
- »Der Bürokram liegt mir nicht.«
- »Andere machen das besser als ich.«
- »Ich schaue mal kurz Nachrichten.«

Priorisiere die Liste, fang mit dem stressigsten Satz an und überprüfe ihn mit der Work – und dann weitere Sätze deiner Liste. Am Schluss kannst du, wenn du magst, die ursprüngliche Behauptung überprüfen, in diesem Fall: »Ich arbeite zu unkonzentriert.« Beobachte, wie sich dein Alltag durch deine Works verändert.

»WAS MUSS ICH DENKEN, UM GEGEN MEINE WERTE ZU HANDELN?«

Ich fand es extrem hilfreich, mir einmal ganz bewusst zu machen, was meine Werte sind, und diese auch aufzuschreiben. Dann habe ich mich gefragt, wie ich jeden einzelnen dieser Werte leben kann. Dabei habe ich bemerkt, dass ich manche Werte gut lebe – und mir bei anderen alte Muster in die Quere kamen. Ich fragte mich: Was muss ich denken, um in bestimmten Momenten gegen meine Werte zu handeln? Diese Gedanken habe ich mit der Work überprüft.
Das hat mir die Möglichkeit gegeben, mein Leben mehr und mehr an dem auszurichten, was wirklich wesentlich und bedeutsam für mich ist. Die Übung fanden dann auch andere Menschen wertvoll. Du findest sie daher auf der nächsten Seite:

»WAS MUSS ICH DENKEN, UM GEGEN MEINE WERTE ZU HANDELN?«

Diese kraftvolle Praxis kann dein Leben auf genau die Weise aufblühen lassen, die wirklich zu dir passt und für dich stimmt. Orientiert an deinen Werten.

Was ist dir wichtig?

Im ersten Schritt nimmst du dir etwas Zeit und notierst, welche Werte dir wichtig sind. Dafür kannst du dich fragen: Wie will ich leben? Wie will ich sein?
Ein Tipp für die Formulierungen: Schreib die Werte nicht nur als Substantiv auf – wie zum Beispiel Frieden, Liebe, Großzügigkeit, Achtsamkeit. Sie werden viel stärker und spürbarer, wenn du zumindest ein Verb hinzufügst. Deine Werte könnten dann so klingen: »Ich will friedlich handeln, Liebe leben, großzügig sein, achtsam mit mir und anderen sein.«

Wie kannst du diesen Wert leben?

Wähle im zweiten Schritt einen deiner Werte aus und erstelle eine Liste, wie du diesen Wert leben kannst. Wenn dein Wert beispielsweise ist, Liebe zu leben, dann könntest du ihn vielleicht leben, indem du anderen bewusst zuhörst, geduldig bist oder täglich meditierst oder workst, um dich in einen guten Zustand zu bringen.

Wo lebst du das nicht?

Im dritten Schritt identifizierst du Momente in deinem Leben, wo es dir nicht gelang, deinen Wert zu leben und die dafür hilfreichen Handlungen umzusetzen.

»Was muss ich glauben, um gegen meine Werte zu handeln?«

Im vierten Schritt stellst du dir für deine Situation diese Frage und schreibst alle Gedanken auf, die als Antwort auftauchen. Auf diese Weise entsteht eine mehr oder weniger lange Liste von Sätzen, die du nun einen nach dem anderen mit der Work überprüfen kannst.
Priorisiere diese Liste und fang mit dem Satz an, der dich am meisten triggert. Du kannst einzelne Sätze auch mehrfach worken, wenn sie dir in Alltagssituationen immer wieder begegnen – beispielsweise »Ich habe nicht genug Zeit« oder »Es ist zu schwer für mich«.

»ICH MUSS …«

Viele von uns leben in einem Grundgefühl von »Ich muss …«. Wenn du frei sein willst, dann lohnt es sich, dieses Konzept zu hinterfragen. Das kann dein ganzes Lebensgefühl verwandeln.

»Ich muss jetzt aufstehen.« »Ich muss arbeiten.« »Ich muss Geld verdienen.« »Ich muss freundlich zu meiner Chefin sein.« »Ich muss meinen Keller aufräumen.« »Ich muss etwas zur Welt beitragen.« »Ich muss es schaffen, dass mein Kind endlich schläft.« »Ich muss abnehmen.« Kennst du das?

Diese »Ich muss …«-Sätze tauchen bei den meisten Menschen oftmals am Tag auf. Sie gehören einfach zum Leben dazu. Das übt einen enormen inneren Druck auf uns aus. Solange ich glaube »Ich muss …« und das nicht umgehend in eine Handlung umsetze, fühle ich mich als Opfer, als Spielball vermeintlich äußerer Umstände. Hilflos.

Doch ist das wirklich wahr? Müssen wir das alles wirklich? Was ist die Realität?

Ich lade dich ein, dich dafür zu sensibilisieren, wie oft du dich mit »Ich muss …« selbst unter Druck setzt. Immer dann, wenn du dich dabei ertappst, kannst du die Situation und den Satz notieren, um ihn später mit der Work zu überprüfen. Das kann dein ganzes Lebensgefühl komplett verwandeln.

Du kannst dich aber auch hinsetzen und deine Liste von »Ich muss …«-Sätzen schreiben. Danach kannst du diese Gedanken priorisieren und sie nach und nach hinterfragen.

28ER

Eine Supermöglichkeit, dich von jahrzehntealten Gedankenmustern zu befreien, ist es, einen Gedanken 28 Mal hintereinander, Tag für Tag ein- oder zweimal, zu worken, immer bezogen auf eine andere Situation in deinem Leben. Auch die »Ich muss …«-Sätze eignen sich dafür sehr gut. Hier kannst du vielleicht auch jeden Tag mal ein anderes »Ich muss …« überprüfen. Bei einer 28er-Challenge kannst du in alle Schattierungen eines Themas eintauchen. Das kann der Wirkung der Work eine besondere Tiefe geben.

Gelebte Work

Ich war ein echter »Müsser«. Ich ging mit der Haltung durchs Leben, alles Mögliche zu müssen – vor allem »musste« ich arbeiten, viel erreichen, eine perfekte Karriere hinlegen, die perfekte Familie gründen. Es war ungeheuer anstrengend, doch ich lebte in einem Umfeld, in dem es die meisten genauso machten. Das Leben war eben kein Ponyhof.
Ich stellte fest, dass ich alle Menschen in Bruchteilen von Sekunden danach einordnete, ob sie über oder unter mir standen. Über mir hieß: Sie sind reicher, fleißiger, besser und ich muss mich anstrengen, um auch dorthin zu kommen. Ich war neidisch und ich trieb mich noch mehr an. Wenn ich jemanden als unter mir stehend einordnete, dann hieß das: Er ist eine arme Socke, hat wenig Geld, ist nicht gut aussehend, nicht so beliebt und nicht so erfolgreich oder auf irgendeine andere Weise »daneben«. Ich fühlte mich aufgewertet.

Von oben nach ganz unten

Dieses ganze anstrengende und fragile Gebäude brach zusammen, als ein Mann in meinem beruflichen Umfeld, den ich als über mir stehend eingestuft hatte, plötzlich ganz weit unten landete. Durch eine Scheidung kam er aus dem Tritt und verlor innerhalb von wenigen Jahren alles, was er sich so mühsam aufgebaut hatte. Und das Verrückteste war: Er schien mir glücklicher als je zuvor. Er war plötzlich mit einem ganz einfachen Aushilfsjob zufrieden, mit einer kleinen Wohnung, ohne Ansehen – und dafür viel Zeit und Muße, um das zu tun, was ihm wirklich am Herzen lag. In mir brachen Fragen hervor: Worum geht es wirklich im Leben? Was macht uns glücklich? Ich kam natürlich auf Dinge, die mich glücklich machen könnten – doch dann war sofort wieder in meinem Kopf: »Aber ich muss doch …!«

28 Mal: »Ich muss nicht …«

Meine Suche brachte mich schließlich zu The Work. Bei meinem ersten Seminar erzählte mir jemand von der Methode, den gleichen Satz 28 Mal zu worken, über 28 Tage verteilt. Ich war Feuer und Flamme und arbeitete tatsächlich einen ganzen Monat lang mit dem Satz: »Ich muss was darstellen.« Und einen weiteren Monat lang mit: »Ich muss arbeiten.« Manchmal hatte ich das Gefühl, mich im Kreis zu drehen, und dann wieder kam ich so tief, dass sich alles zu verändern schien. Und was passierte? The Work gehört mittlerweile zu meinem Alltag. Ich arbeite nach wie vor im gleichen Unternehmen, bin sogar noch eine Stufe aufgestiegen – und ich erlebe dabei so gut wie keinen Stress mehr. Ich arbeite aus Freude und ich bin offen dafür, was das Leben noch mit mir vorhat. Ich mache keine ehrgeizigen Pläne mehr und das ist sehr entspannend.

Manfred

EINEN BRIEF SCHREIBEN

Manchmal sind wir so aufgebracht oder verletzt, dass wir keinen klaren Gedanken fassen können. In solchen Situationen kann es eine ideale Möglichkeit sein, einen Brief zu schreiben (den du nie abschickst), um deine stressigen Gedanken zu entdecken.

In einem Coaching mit The Work hört der Coach dem Klienten meist erst einmal in Ruhe zu, während dieser erzählt, was ihn belastet. Während er zuhört, versucht der Coach den Kern des Anliegens des Klienten zu entdecken – und notiert dabei die Gedanken, die zu überprüfen sich lohnen dürfte. Diese Gedanken schlägt er dann vor zu worken oder er regt zu einer der hier genannten Möglichkeiten an, um die Gedanken erst einmal zu Papier zu bringen. Sehr oft ist es das »Urteile über deinen Nächsten«-Arbeitsblatt.

Wenn du keinen Begleiter hast, dann kannst du ganz ähnlich vorgehen, indem du deine belastende Geschichte laut aussprichst und dabei aufnimmst, später die Aufnahme anhörst und die stressigen Gedanken herausschreibst.

Besonders wenn du dich sehr verletzt fühlst oder richtig wütend auf jemanden bist, kann ein Brief eine ideale Möglichkeit sein, deine Stress verursachenden Gedanken zu identifizieren. Schreib diesen Brief an die Person, die die Ursache für deine Gefühle zu sein scheint. Schreib frei von der Leber weg und wirf ihr alles an den Kopf, was auftaucht. Schreib dich dafür gern richtig in Rage! Dieser Brief ist nicht dazu da, jemals abgeschickt zu werden. Trau dich also, alles zu Papier zu bringen, was dir durch den Kopf geht.

Wenn du damit fertig bist, kannst du den Brief Satz für Satz durchgehen und die stressigen Gedanken oder die Glaubenssätze mit einem Textmarker markieren. Oft reiht sich bei einem solchen Text ein Glaubenssatz an den nächsten: »Immer machst du …!«, »Nie tust du …!«, »Du hast …!«, »Du bist …!«, »Nie lässt du mich …!« All diese Sätze kannst du dann mit der Work für dich überprüfen. Bitte schicke den Brief nicht ab. Das könnte – nicht zuletzt für dich selbst – ziemlich verletzend sein.

»DA IST NUR EIN GEFÜHL ...«

Manchmal sind wir uns nur eines Gefühls bewusst – und können die zugrunde liegenden Gedanken nicht so einfach finden. Was können wir tun, um auch dann The Work zu nutzen, um Selbsterkenntnis und Frieden zu finden?

Wenn wir die Work machen wollen, dann brauchen wir dafür einen Gedanken, den wir überprüfen können. Es kann aber vorkommen, dass wir uns einfach nicht gut fühlen, wir aber die Gedanken nicht entdecken, die dieses Gefühl auslösen.

Wie wir in so einem Fall vorgehen können, möchte ich dir anhand eines leicht veränderten Beispiels von einer Seminarteilnehmerin darstellen, die ich hier Anna nenne.

Anna: »Den ganzen Tag war immer wieder ein unangenehmes Gefühl da, aber ich weiß gar nicht, welche Gedanken dem zugrunde liegen.«

Ralf: »Welches Gefühl ist denn das?«

A: »Traurigkeit – da ist so eine große Traurigkeit.«

R: »Womit könnte dieses Gefühl verbunden sein? Was könnte die Ursache dafür sein?«

A: »Ich weiß es nicht.«

R: »Okay, ich lade dich ein, diese Traurigkeit zu spüren. (Pause ...) Welche Situation kommt dir als Erstes in den Sinn, wenn du sie spürst?«

A: »Ich weiß es nicht.«

R: »Einfach mal angenommen, du wüsstest es. (Pause ...) Was könnte es möglicherweise sein?«

A: »Finn taucht auf, mein Sohn ... Eine Situation bei einem Schulfest ... Ich habe das Gefühl, die anderen Kinder mögen ihn nicht.«

»Die anderen Kinder mögen Finn nicht« wäre also ein Gedanke, mit dem wir hier arbeiten könnten. In diesem Beispiel würde ich Anna einladen, zwei »Urteile über deinen Nächsten«-Arbeitsblätter aus der ganz konkreten Situation heraus auszufüllen, die ihr hier in den Sinn kam: eines über Finn und eines über die anderen Kinder, die Finn – zumindest in ihren Augen – nicht mögen.

Auf die gleiche Weise, wie ich Anna befragt habe, kannst du auch dich selbst befragen und so an die Gedanken, die hinter dem Gefühl stehen, herankommen. Letztlich spielt es gar keine Rolle, ob wir uns hundertprozentig sicher sind, dass genau diese Situation genau dieses Gefühl ausgelöst hat. In unserem Beispiel sind wir auf jeden Fall auf ein wesentliches Thema gekommen. Damit können wir anfangen zu arbeiten.

THE WORK ÜBER EIN GEFÜHL

Stellen wir uns einmal vor, Anna wüsste immer noch nicht, welche Situation oder welcher Gedanke ihr Gefühl ausgelöst hätte.
R: »Was könnte es möglicherweise sein, das deine Traurigkeit ausgelöst hat?«
A: »Ich habe keine Ahnung, da ist einfach nur diese Traurigkeit. Ich weiß es wirklich überhaupt nicht.«

ES GEHT NICHT DARUM, EIN GEFÜHL »WEGZUMACHEN«. WIR ERFORSCHEN EINFACH IN GROSSER OFFENHEIT, WAS IN UNS AUFTAUCHT.

Jetzt könnte ich Anna einladen, die Sechs-Blatt-Methode (siehe Kasten auf der nächsten Seite) zu machen, damit sich zeigen kann, was sich zeigen will. Oder wir arbeiten einfach direkt mit dem Gefühl, indem ich Anna anrege, ein »Urteile über deinen Nächsten«-Arbeitsblatt über die Traurigkeit auszufüllen. Eine Work über ein Gefühl kann uns ein ganz neues Verständnis für unsere Gefühle bringen.
Statt einer Person würde Anna auf diesem UNA bei jedem Punkt die Traurigkeit einsetzen. Dann schreibt sie: »Ich bin frustriert (oder was auch immer es ist) wegen der Traurigkeit, weil ...« »Ich will, dass die Traurigkeit ...« »Die Traurigkeit sollte ...«, »Ich brauche von der Traurigkeit, dass sie ...«, »Die Traurigkeit ist ...«, »Ich will nie wieder erleben, ...«
Ich empfehle dir, das einmal über verschiedene Gefühle und innere Zustände wie Angst, Scham, Wut, Eifersucht oder Deprimiertsein zu machen.

WENN DAS GEFÜHL SPRECHEN KÖNNTE ...

Du kannst auch ausprobieren, ob du das Gefühl, was in dir ist, direkt ansprechen kannst. Das ist eine weitere Möglichkeit, dir der Gedanken dahinter bewusst zu werden. Das könnte beispielsweise so klingen: »Hallo, Traurigkeit, ich bin's, Anna. Wie geht es dir?« Und dann kannst du einfach warten, was sich zeigt. »Magst du mir sagen, was dich bewegt?« So kannst du einen Dialog mit dem Gefühl führen.
Oft hilft es, diesen Dialog laut auszusprechen, du leihst dann also auch dem Gefühl deine Stimme. Eine gute Frage kann sein: »Gibt es sonst noch etwas, was du mir mitteilen möchtest?«
Vielleicht ist es schon gut genug, das einfach zu erleben. Und vielleicht entdeckst du dabei auch Gedanken, die du mit der Work überprüfen möchtest.

DIE SECHS-BLATT-METHODE

Diese Methode beschreibt Byron Katie in ihrem sehr empfehlenswerten Buch *Lieben, was ist* für Work-Situationen, in denen wir uns nicht gut fühlen und nicht genau wissen, wo wir ansetzen können. Du brauchst dafür sechs Blatt Papier – am Ende wird sich etwas entwickelt haben, was ein bisschen wie ein »Urteile über deinen Nächsten«-Arbeitsblatt aussieht.

Erster Schritt: Blätter grob beschriften

Nimm das erste Blatt, schreib die Ziffer 1 darauf und dann in die oberste Zeile ein oder mehrere Worte für die Gefühle, die gerade in dir sind. Schreib also »traurig«, »enttäuscht«, »beschämt«, »verlegen«, »furchtsam«, »gereizt« … Darunter schreibst du: »weil …«

Auf das zweite Blatt kommt die Ziffer 2 und in die oberste Zeile das Wort »will«.

Auf das dritte Blatt schreibst du die Ziffer 3 und in die oberste Zeile das Wort »sollte«.

Auf das vierte Blatt kommt die Ziffer 4 und in die oberste Zeile das Wort »brauche«.

Auf das fünfte Blatt kommt die Ziffer 5 und in die oberste Zeile das Wort »beurteile«.

Auf das sechste Blatt kommt die Ziffer 6 und in die oberste Zeile die Worte »nie wieder«.

Zweiter Schritt: Sätze finden

Du breitest nun die sechs Blätter vor dir aus und lässt deine Gedanken darüber kreisen. Lass dich dabei innerlich richtig unruhig werden, schüre das Feuer in dir und notiere alle Gedanken, die dir kommen. Sei dabei auch überzogen und völlig unrealistisch. Sei schonungslos und halte dich nicht an irgendeine Reihenfolge.

Auf Blatt 1 kommen Gedanken, die dir als Tatsache erscheinen. (»Sie hat mich versetzt.«)

Auf Blatt 2 kommen Sätze darüber, was du willst und wie sich die Dinge aus deiner Sicht verändern sollen. (»Ich will, dass sie sich ordentlich entschuldigt.«)

Auf Blatt 3 kommen all die Dinge, die jemand tun sollte. (»Sie sollte es bei mir wiedergutmachen, indem sie mich zum Essen einlädt.«)

Auf Blatt 4 schreibst du alles, was du in dieser Sache brauchst, um dich wieder gut zu fühlen. (»Ich brauche von ihr, dass sie mir versichert, dass es nichts mit mir zu tun hat.«)

Blatt 5 ist für deine gnadenlose Beurteilung der Person oder Situation da. (»Sie ist fies.«)

Auf Blatt 6 notierst du, was du an dieser Situation nie wieder erleben willst.

Nun hast du eine ganze Menge Sätze, die du mit der Work untersuchen kannst. Priorisiere sie nach ihrer emotionalen Ladung und überprüfe sie einen nach dem anderen.

THE WORK ZU EINZELNEN THEMEN

The Work ist ein Weg, durch den wir immer mehr Frieden und Freiheit finden können. Ganz gezielt können wir auch unsere Gedanken zu verschiedenen Themen, bei denen wir Stress und Unfrieden erleben, entdecken – und diese dann überprüfen. Im Folgenden findest du viele Möglichkeiten dazu.

THE WORK FÜR DEINE BEZIEHUNGEN

Beziehungen bestimmen für die meisten Menschen mehr als alles andere, wie es ihnen im Leben geht. Sind unsere Beziehungen gut, fühlen wir uns gut. Sind unsere Beziehungen von Stress und Konflikten geprägt, ist es kaum möglich, sich gut zu fühlen – selbst wenn anderes gerade rundläuft.

Für die meisten Menschen hängt die Qualität ihres Lebens vor allem von der Qualität ihrer Beziehungen ab. Wenn es in einer für uns wesentlichen Beziehung richtig Stress gibt, dann können wir alles andere kaum mehr genießen. Was nützt uns das schönste Haus, wenn wir darin mit unserem Partner oder mit unseren Kindern ständig streiten? Was nützt uns der beste Job, wenn es dauernd Konflikte mit Kollegen, Vorgesetzten oder Mitarbeitern gibt?

So wichtig Beziehungen für unser Wohlbefinden sind, so groß ist auch das Wachstumspotenzial, das sie uns bieten. Gerade wenn es in einer Beziehung nicht rundläuft, können wir – wenn wir die Work nutzen – enorm daran wachsen. Dafür müssen wir aber zumindest eine gewisse Offenheit mitbringen, dass die Schwierigkeiten auch an uns selbst liegen, also an unseren unbewussten Mustern, an den Gedanken, die wir glauben, wenn es im Miteinander Konflikte gibt. Wir werden in Beziehungen immer wieder an die Punkte herangeführt, an denen wir unbewusst an Überzeugungen festhalten, die für uns nicht mehr funktionieren.

Den meisten Menschen ist das bisher kaum bewusst. Sie glauben, dass die anderen schuld daran seien, wenn sie sich nicht gut fühlen. Sie suchen einen Sündenbock im Außen. Du aber kannst das Wachstumspotenzial deiner Beziehungen für dich nutzen.

Byron Katie fokussiert sich mit The Work ganz stark auf Beziehungen: Sie regt fast immer dazu an, über andere zu worken, auch wenn man vielleicht meint, sich über sich selbst zu ärgern, oder irgendein anderes Thema mit sich selbst zu haben glaubt. Wenn wir ein »Urteile über deinen Nächsten«-Arbeitsblatt über jemanden in unserem Umfeld ausfüllen und worken, dann lernen wir uns selbst damit besser kennen. Das ist der Weg, um

Frieden, Freiheit und Liebe in uns selbst zu entdecken. Wirkliche Erfüllung können wir nur in uns selbst finden. Und der Königsweg dahin ist, uns anzuschauen, was wir über andere denken, was wir von ihnen erwarten und was uns an ihnen stört.

GANZ GLEICH, ÜBER WEN DU WORKST, DU ARBEITEST NICHT AN DER ANDEREN PERSON, SONDERN AN DEINEM DENKEN ÜBER DIE ANDERE PERSON – ALSO AN DIR SELBST.

Ich möchte dir wirklich ans Herz legen, dir deine Gedanken über die Menschen, die jetzt in deinem Leben eine Rolle spielen oder das früher einmal getan haben, mit der Work anzuschauen. Dafür habe ich auf den nächsten Seiten einige Anregungen für dich. Wenn du dich darauf einlässt, dann kann dir das nicht nur helfen, in deinen zwischenmenschlichen Beziehungen mehr Nähe, Verbindung und Freude zu erleben – es kann tatsächlich dein ganzes Leben verwandeln.

Ein Beispiel dafür: Wenn Katie gefragt wird, wie man The Work zum Thema Süchte und Abhängigkeiten anwenden kann, dann sagt sie oft so etwas wie: Mach deine Work über Mutter, Vater, Partner und Ex-Partner, Geschwister und Kinder, Freunde, Kollegen und Nachbarn. Also über die Menschen in deinem Leben.

Der Grund für Sucht und Abhängigkeit ist, dass wir unsere schmerzvollen Gefühle nicht fühlen wollen – und uns durch die Sucht von unseren Gefühlen ablenken. Wenn wir unsere Themen mit den Menschen in unserem Umfeld geklärt haben, dann tauchen kaum noch schmerzvolle Gefühle auf. Wir müssen uns also nicht mehr ablenken.

FRÜHE PRÄGUNGEN

Die Art, wie wir in unserer frühen Kindheit Beziehung erlebt haben, prägt umfassend unsere Konzepte über die Welt, über uns selbst, andere Menschen und natürlich auch über Beziehungen. In diesen Konzepten bleiben wir oft lebenslang stecken, wenn wir sie uns nicht bewusst machen und sie überprüfen. Einerseits bestimmen diese alten Sichtweisen und Glaubenssätze maßgeblich, ob sich Beziehungen für uns ganz allgemein eher schwer und anstrengend, gefährlich und konfliktbeladen oder leicht und freundlich, unterstützend und freudig anfühlen. Andererseits bestimmen sie auch die Gedanken, Gefühle und Handlungen, die in Zusammenhang mit unseren Beziehungen auftauchen.

Es prägt unser Leben, wie wir unsere Eltern in Beziehung zu uns als kleine Kinder erlebt haben – und wie wir erlebt haben, dass Erwachsene Beziehungen leben. So, als würden wir denken: »Aha, so funktioniert das hier auf der Erde also. Dann gilt das wohl auch für mich.«

Als Erwachsene suchen wir uns in nahen Beziehungen oft genau das, was wir in unserer Kindheit erfahren haben. Und das unabhängig davon, ob wir das Beziehungsvorbild bei klarem Verstand als nachahmenswert empfinden oder nicht.

Manche Menschen leben aber auch das genaue Gegenteil und rebellieren gegen die alten Vorbilder. Frei sind wir in beiden Fällen nicht. Unbewusst suchen wir auf diese Weise immer das, was uns vertraut ist, auch wenn es schmerzt.

Das Universum gibt uns immer wieder die Gelegenheit, die Konzepte, die wir in unserer Kindheit unbewusst übernommen haben, zu überprüfen und uns von ihnen zu befreien. Wie magnetisch ziehen wir die passenden Menschen an, die uns ermöglichen, uns unserer Konzepte bewusst zu werden. Wie bemerken wir diese Einladung? Indem das, was für uns nicht funktioniert, schmerzhaft für uns ist. Jeder Schmerz ist die Einladung, bewusster zu werden.

Manchmal denken Menschen zu Beginn einer neuen Partnerschaft: »Dieses Mal wird alles ganz anders.« Solange sie jedoch ihre alten Muster im Gepäck haben, wird sich das alte schmerzhafte Beziehungsthema häufig wiederholen. Man könnte sagen: Das Leben ist so freundlich, uns immer wieder eine neue Chance zu geben, frei zu werden von unseren alten Mustern. Und mit der Work haben wir das ideale Werkzeug dafür.

Vielleicht hast du das auch schon beobachtet: Nicht selten reagieren wir in Beziehungen genau so, wie es unsere Eltern getan haben. Oft verwenden wir die gleichen Worte oder nehmen sogar den gleichen Gesichtsausdruck oder die gleiche Stimmlage an.

Oder wir rutschen bei bestimmten Begegnungen in die Rolle des kleinen Kindes und sehen in unserem Gegenüber unbewusst Vater oder Mutter. Diese Abhängigkeit fühlt sich scheußlich an. Doch es ist nicht das Gegenüber, wegen dem wir uns klein fühlen, es sind unsere Glaubenssätze. Trotzdem suchen wir im Außen nach einem Schuldigen für diese unangenehmen Gefühle. Wir machen den anderen zu unserer Projektionsfläche.

In all dem liegt die Chance, unsere Muster zu erkennen und uns von ihnen zu befreien – von dem, was uns einschränkt. Wir legen damit die Rollen ab, in die wir bisher immer wieder unbewusst hineingeschlüpft sind, und beginnen, als freie Wesen zu leben und unsere Beziehungen liebevoll zu gestalten.

LIEBE UND SCHMERZ

Als Kinder wollten wir in der Beziehung zu unseren Eltern Liebe – und wir haben sie in den meisten Fällen in gewisser Weise auch bekommen. Trotzdem haben wir darunter gelitten, dass unsere Eltern in vielem nicht so für uns da waren, wie wir es uns gewünscht hätten. Daher bedeuten Beziehungen auch für Erwachsene oft eine Mischung aus Liebe und Schmerz.

THE WORK FÜR FREIHEIT UND VERBUNDENHEIT

Die Work ist das ideale Werkzeug für gelingende Beziehungen. Du kannst sie wunderbar bei aktuellen Konflikten nutzen. Sie kann dir helfen, dich darin weiterzuentwickeln, deine Handlungsmöglichkeiten auszuweiten und in eine liebevolle und wertschätzende Haltung zu kommen.

Herausfordernde Situationen werden zunehmend weniger stressig für dich, weil du immer besser damit umgehen kannst. Gleichzeitig kannst du die Work auch dafür nutzen, deinen Verstand zu trainieren, sodass er zu

einem wirklich hilfreichen Werkzeug wird – auch und gerade in Beziehungen.
Die folgenden praktischen Anregungen empfehle ich ganz allgemein für Beziehungen. Du kannst sie in Bezug auf alle möglichen Menschen in deinem Leben anwenden. Ich komme in den weiteren Kapiteln noch speziell auf die Beziehung zu Lebensgefährten, zu den eigenen Kindern und den Eltern zu sprechen – und auch auf das Singlesein. Hier möchte ich zunächst einige sehr kraftvolle allgemeinere Beziehungsübungen beschreiben, die alles verändern können, wenn du dich darauf einlässt.

Da sich unsere Vorstellungen von Beziehung am Vorbild unserer Eltern geprägt haben, ist es grundsätzlich empfehlenswert, auch über unsere Eltern zu worken, selbst wenn diese aktuell vielleicht gar keine große Rolle in unserem Leben spielen. Das wäre ein Weg, endlich damit aufzuhören, das auf andere Menschen zu projizieren, was wir über unsere Eltern glauben. So können wir auch – Schritt für Schritt – damit aufhören, unsere Kinder genauso zu behandeln, wie wir als Kinder behandelt worden sind, oder aus einer ebenso großen Unfreiheit und Rebellion heraus das genaue Gegenteil zu tun.

»URTEILE ÜBER DEINEN NÄCHSTEN«-ARBEITSBLATT

Ich habe dieses Tool bereits ausführlich im entsprechenden Kapitel beschrieben. Nutze dieses Arbeitsblatt und hinterfrage damit deine Gedanken über alle nur möglichen Menschen in deinem Leben. Das Worken mit diesem Arbeitsblatt kann die größten Transformationen ermöglichen, besonders auch in deinen Beziehungen. Das UNA ist für mich meist die erste Wahl. Doch auch die weiteren Übungen im Kapitel »Das Finden deiner stressigen Überzeugungen« können dir helfen, unbewusste Überzeugungen aufzudecken, und dich an tiefer sitzende Schichten emotionalen Materials bringen, von wo aus du dann wirklich gute und »saftige« Arbeitsblätter über die betreffenden Menschen in deinem Leben ausfüllen kannst.
Mit Eltern, Geschwistern oder (Ex-)Partnern verbindet uns häufig eine sehr intensive Beziehung mit vielen Facetten. Daher empfiehlt es sich oft, zuerst ein allgemeines »Urteile über deinen Nächsten«-Arbeitsblatt über sie auszufüllen, auf dem du alles aufschreibst, was dir über die Person in den Sinn kommt. Du wählst also zunächst keine konkrete Situation dafür aus. Es kann hilfreich sein, wenn alles erst einmal raus und auf Papier darf.

DIE BEDEUTUNGSLISTE

Eine Bedeutungsliste, wie du sie im gleichnamigen Kapitel kennengelernt hast, kann in Beziehungskonflikten ebenfalls sehr hilfreich sein. Finde dafür die Eigenschaft oder Handlung der anderen Person in einem für dich problematischen Moment. Finde also, was du diesem Menschen vorwirfst. Frage dich dann, was das aus deiner Sicht bedeutet. Vielleicht ist dein Vorwurf: »Er hört mir nicht zu«, »Sie kritisiert mich ständig« oder »Sie macht ihre Hausaufgaben nicht«. Und nun ergänzt du: »... und das bedeutet, dass ...« Schreib deine Liste und worke insbesondere die Sätze, die dich emotional am stärksten ansprechen. Manchmal entdeckt man dabei auch einen Kernsatz, der die Grundlage für ein ganzes »Urteile über deinen Nächsten«-Arbeitsblatt über die betreffende Person sein kann.

NUTZE DEINE RATSCHLÄGE FÜR DICH SELBST

Diese Übung lädt dich dazu ein, dir einmal die Zeit zu nehmen und all die Ratschläge aufzuschreiben, die du für andere Menschen hast. Das können Ratschläge für deinen Partner oder deine Partnerin sein, für deine Kinder, deine Geschwister, deine Eltern, andere Verwandte, für Freunde, Kollegen oder Nachbarn. Nimm auch alle Menschen mit dazu, die in der Vergangenheit in deinem Leben waren: frühere Lehrer, Mitschüler, Mitstudenten, Ex-Partner, Sandkastenfreunde und so weiter. Wirklich jede und jeder, der oder die dir einfällt. Mach vielleicht zunächst eine Liste mit all diesen Personen und füge dann deine Ratschläge hinzu. Formuliere sie ganz einfach in dieser Form: »Er sollte ...«, »Sie sollte ...«. Schreib zum Beispiel: »Er sollte mich so sehen, wie ich wirklich bin.« »Sie sollte mich respektieren.« »Er sollte aufhören zu rauchen.« »Sie sollte nicht so viel reden.« »Sie sollte gesünder leben.« »Er sollte endlich abnehmen.« »Sie sollte mehr aus sich machen.« »Er sollte mehr worken.« »Sie sollten für Gerechtigkeit sorgen.« Und so weiter.

Priorisiere dann deine Liste und hinterfrage die Sätze, die in dir die stärkste Reaktion auslösen. Kehre die Sätze anschließend um, erlebe die Umkehrung – und finde dann ganz konkrete Beispiele, wie du diesen Ratschlag für dich selbst umsetzen willst – positiv formuliert und alltagstauglich praktisch. Zu den Umkehrungen findest du auf der nächsten Seite noch wichtige Hinweise.

Es kann genial sein, mit dieser Übung eine mentale Entgiftungskur zu machen und eine Zeit lang jeden Morgen oder jeden Abend einen (oder auch zwei oder drei) dieser Ratschläge zu worken. Gönn dir vielleicht mal einen ganzen Monat dafür.

MENTALES DETOX

Wenn du viele deiner Ratschläge an andere überprüfst, wird das deine Beziehung zu dir selbst und zu deinen Mitmenschen enorm verändern. Denn immer wenn wir glauben, besser zu wissen, was für jemand anderen gut ist, trennt uns das von der Person und auch von uns selbst, von unserer eigenen wahren Natur. Während wir glauben, besser zu wissen, was jemand anderes tun sollte, können wir nicht gleichzeitig glücklich sein. Frag dich gern einmal: Was ist dir wichtiger? Willst du frei sein – oder willst du recht behalten mit dem, was andere tun sollten?

Wenn wir die andere Person anders haben wollen, als sie ist, dann erzeugt das ein Gefühl von Trennung und Schmerz in uns. Aus so einer Haltung heraus ist keine wirkliche Begegnung, keine echte Beziehung möglich.

Mit dieser Übung kannst du dich von deiner Anspannung befreien und den anderen auf Augenhöhe begegnen. Und obendrein bekommst du noch eine wertvolle Liste mit guten Ratschlägen für dich selbst.

DIE UMKEHRUNGEN

Für die Umkehrungen dieser »Sollte«-Sätze möchte ich dir noch ein paar wichtige Hinweise mitgeben: Für einen Satz wie »Er sollte für mich da sein« lauten die drei Standardumkehrungen:

- »*Ich* sollte für mich da sein«,
- »*Ich* sollte für *ihn* da sein« und
- »Er sollte *nicht* für mich da sein«.

Erlebe jede einzelne Umkehrung – und finde dann mindestens drei Beispiele, warum sie wahr sein könnte. Zwei der Umkehrungen beginnen hier mit »Ich sollte ...«. Bitte achte darauf, daraus keine Anordnung für dich zu machen. Es geht nicht darum, dich unter Druck zu setzen oder dich innerlich zu bestrafen, wenn du das, was du in deiner Umkehrung entdeckst, selbst nicht umsetzen kannst. Worum es geht, ist, eine Alternative zu dem zu entdecken, was du bis dahin gedacht und geglaubt hast. Könnte dein Rat für die andere Person in irgendeiner Form möglicherweise auch für dich passen? Vielleicht kannst du erkennen, dass all die gut gemeinten Ratschläge, die du anderen – vielleicht auch nur innerlich – gibst, sehr wertvoll für dich selbst sein können. Sei dabei sanft mit dir. Frage dich in unserem Beispiel, auf welche Weise du für dich selbst da sein könntest und wie gut es sich anfühlen würde, wenn du es wärest. Und in der Umkehrung zum anderen kannst du vielleicht entdecken, wie gut es sich anfühlen könnte, für die andere Person da zu sein, statt von ihr zu fordern, dass sie für dich da sein sollte.

Bei der Umkehrung ins Gegenteil (»Er sollte nicht für mich da sein«) geht es nicht darum, dem anderen gewissermaßen zu verbieten, für dich da zu sein. Es geht einfach darum, deine eigene Wahrheit zu entdecken. Zu erkennen: Könnte dieses Gegenteil auch wahr sein? Und dann kannst du vielleicht den Frieden entdecken, der sich einstellt, wenn du die Realität nicht mehr anders haben willst, als sie ist.

Vielleicht lautete dein Satz: »Er sollte aufhören zu rauchen.« Die Umkehrung zu dir lautet dann: »Ich sollte aufhören zu rauchen.« Nun hast du aber womöglich noch nie in deinem Leben geraucht. Die Umkehrung kann trotzdem für dich passen. Du könntest dich fragen: Was nutzt du dafür, wofür er seine Zigaretten nutzt? Womit lenkst du dich ab? Wonach bist du süchtig? Womit überspielst du unangenehme Gefühle oder Unsicherheiten? Oder frage dich: Womit hättest du deiner Meinung nach möglicherweise schon lange

aufhören sollen? Bilde die Umkehrungen wörtlich – sei aber in deinen Beispielen spielerisch und frei, um deine eigene Wahrheit zu entdecken.
Vielleicht stellst du auch fest, dass du viele seiner Zigaretten in deiner Vorstellung mitgeraucht hast, weil das so ein Thema für dich war. Wäre es vielleicht sinnvoll, in deinen eigenen Angelegenheiten zu bleiben, anstatt seine Zigaretten »zu rauchen«? Oder auch: Wie sehr raucht dein Kopf, wenn du daran denkst, dass er aufhören sollte zu rauchen?
Und noch etwas: Kannst du wirklich wissen, wann für jemand anderen der richtige Zeitpunkt ist, etwas in seinem Leben zu verändern? Kennst du es vielleicht von dir selbst, dass es den richtigen Zeitpunkt für eine Veränderung braucht? Eine schöne Nebenwirkung dieser Works kann sein, dass du bemerkst, dass es dir selbst oft gar nicht so leichtfällt, deinen Rat zu befolgen. Das könnte dich zurück auf Augenhöhe mit der anderen Person bringen. Vielleicht bemerkst du dann, wie ähnlich ihr euch seid.
Worke von deiner Liste so viele Sätze, wie du möchtest. Die Umkehrungen zeigen dir, wie du leben willst – und wie du glücklich und frei sein kannst.

DEIN ZUSTAND KURZ VOR DEM KONFLIKT

Diese Übung kann dir helfen, mehr Bewusstsein in Streit und Konflikte zu bringen. Erinnere dich an einen Konflikt mit einer Person, in dem du beispielsweise ärgerlich warst. Notiere kurz, was geschehen ist. Frage dich dann: Welchen Ratschlag hast du in der Situation für die andere Person? Schreib einen »Er/sie sollte …«-Satz auf.
Geh dann etwas in der Zeit zurück, zu dem Moment direkt vor dem Konflikt. Bemerke: Wie hast du dich da gefühlt? Was hast du erwartet? Warst du möglicherweise angespannt oder gestresst? Mach dir Notizen dazu.
Frage dich dann: Könnte es sein, dass dein innerer Zustand, deine Erwartungen, deine Anspannung zu dem äußeren Konflikt beigetragen haben? Könnte es sein, dass die andere Person möglicherweise nichts damit zu tun hatte, dass es zu diesem Konflikt kam? Mach dann deine Work mit dem Rat, den du für die andere Person notiert hast. Vielleicht erkennst du dabei, wie es diese Situation hätte verändern können, wenn du deine Umkehrungen in der Situation hättest leben können. Diese Erfahrung steht dir künftig in ähnlichen Situationen zur Verfügung. Das heißt nicht, dass wir alles sofort umsetzen können. Es ist ein Schritt-für-Schritt-Prozess. Noticre dir am Ende deiner Work, was du gelernt hast und was du mitnehmen möchtest. Lies dir deine Umkehrungen und deine Learnings in den kommenden Tagen immer mal wieder durch.

»ICH NEHME ES IHM/IHR ÜBEL, DASS …«

Dies ist eine kraftvolle Übung, um mit übrig gebliebenem Unmut aus alten oder auch aktuellen Beziehungen aufzuräumen. Wenn du Lust auf eine gründliche Reinigungsaktion und eine transformierende Übung hast, dann lade ich dich ein, eine Liste von allen Menschen zu machen, die du kennst – aus der Gegenwart und der Vergangenheit. Von Menschen, die dir irgendwann einmal nahestanden oder noch nahestehen bis hin zu solchen, mit denen du nur in einem flüchtigen Kontakt warst oder bist. Nimm einfach alle, die dir gerade einfallen, und hör auf zu schreiben, wenn du den Eindruck hast, dass es reicht.

Schreib nun zu jedem dieser Menschen: »Ich nehme es ihm übel, dass …« beziehungsweise »Ich nehme es ihr übel, dass …« und schreib auf, was dir dazu in den Sinn kommt. Wenn dir bei jemandem nichts in dieser Hinsicht einfällt, ist das natürlich in Ordnung. Nimm große »Vergehen«, die dich heute noch ärgern oder traurig machen, genauso wie vermeintliche Kleinigkeiten. Und denk vielleicht nicht nur an Dinge, die dir andere aus deiner Sicht angetan haben, sondern auch an so etwas wie: »Ich nehme ihr übel, dass sie immer hübscher war als ich«, »Ich nehme es ihm übel, dass er es beruflich leichter hatte als ich« oder was auch immer es für dich ist. Lass dir Zeit für diese Liste, sie darf recht ausführlich werden.

Wähle dann aus dieser vielleicht sehr langen Liste die Sätze aus, die dich emotional am meisten ansprechen, und hinterfrage sie mit der Work. Dafür musst du sie entsprechend umformulieren: »Ich nehme es Tim übel, dass er sich keine Zeit für mich nimmt« wird zu: »Tim nimmt sich keine Zeit für mich.« Nutze für deine Sätze dann die vier Fragen und die Umkehrungen.

Auch mit dieser Liste kannst du eine Kur machen und dir beispielsweise einen Monat lang jeden Tag ein, zwei oder drei Sätze vornehmen. Auch das kann deinen Verstand für die Welt öffnen, so wie sie wirklich ist. Du kannst aufhören, sie durch die Filter deiner Konzepte und deines Grolls anderen gegenüber zu betrachten. Möglicherweise wirst du klarer und freier durch diese Übung – und übernimmst mehr Verantwortung für dein Leben. Das kann sehr kraftvoll sein.

Byron Katie hat in Bezug auf diese Übung vom »Tor zur Sucht« gesprochen. Wenn wir nämlich anderen etwas übel nehmen und unsere Gedanken glauben, ist das schmerzhaft. Und um uns von diesem Schmerz abzulenken, entwickeln wir die unterschiedlichsten Süchte. Diese können von uns abfallen, wenn die darunterliegenden Gedanken nicht mehr geglaubt werden müssen (mehr dazu im Kapitel »The Work bei Süchten und Ablenkungen«).

Vielleicht stößt du durch die Liste auch auf größere Themen. Dann empfiehlt es sich, ein ganzes »Urteile über deinen Nächsten«-Arbeitsblatt über die andere Person auszufüllen.

DEIN WORK-WERK-ZEUGKASTEN

Alle Anregungen aus den bisherigen Kapiteln dieses Buches kannst du natürlich auf deine Beziehungen anwenden.

DEIN MITMENSCH IST DEIN GURU

Ganz gleich, ob es dein Partner, deine Partnerin, eine Freundin, ein Kollege, eines deiner Kinder oder auch ein Fremder ist – wenn es jemand schafft, deine Knöpfe zu drücken, dann gibt er dir damit eine großartige Gelegenheit, deine Gedanken zu überprüfen, und du kannst ihn als deinen Guru ansehen. Wenn andere dich triggern, dann weist dich das darauf hin, dass du eine bestimmte Sache in dir noch nicht geklärt hast. Du glaubst vielleicht, dass es an den anderen liegt – doch in Wirklichkeit spricht dir das Leben hier die Einladung aus, nach innen zu schauen und freier zu werden. Freu dich also, wenn dich jemand aus dem Konzept bringt, dich empört, wütend oder traurig macht oder deine Ablehnung hervorruft: Es ist eine Gelegenheit zu wachsen. Die anderen helfen dir freundlicherweise, deine ungeklärten Themen zu entdecken.

Wahrscheinlich wirst du immer wieder Menschen begegnen, die nicht deinen Werten entsprechend handeln. Doch wenn du innerlich aufgeräumt bist, dann wird dich das nicht aufbringen oder verzweifeln lassen. Du kannst dich dann ganz klar verhalten. Du kannst im Mitgefühl mit dieser anderen Person sein, die gerade so ist, wie sie ist und nichts anderes tut, als ihren Gedanken zu glauben. Oft hilft es auch, sich zu fragen: Würde ich mit diesem Menschen tauschen wollen? Mit einem Menschen, der sich gerade aggressiv, feindselig oder hinterhältig benimmt? Ganz sicher nicht. Denn sein Schmerz muss groß sein.

SEI SANFT MIT DIR SELBST

Es gibt die beeindruckende Geschichte von einem buddhistischen Mönch, der über lange Jahre in chinesischer Gefangenschaft war und dort auch gefoltert wurde. Später erzählte er, dass es das Schlimmste für ihn gewesen sei, wenn er für Momente sein Mitgefühl mit den chinesischen Gefängniswärtern zu verlieren drohte. Solche Menschen zeigen uns, was möglich ist.

Die meisten von uns stehen nicht an so einem Punkt, aber wir alle sind dabei zu wachsen. Manchmal kann uns Reue erfassen, wenn wir mithilfe der Work größere Themen anschauen. Wir bemerken dann, dass wir andere zu Unrecht verurteilt haben – und das kann sehr schmerzhaft sein. Wie du in dem Kapitel zu Schuldgefühlen lesen kannst, war das alles jedoch total unschuldig, weil wir einfach nur unsere Gedanken geglaubt haben. Dennoch kann es gut sein, mit dem anderen Menschen Kontakt aufzunehmen, zu schildern, was du erkannt hast, und eventuell auch eine Wiedergutmachung anzubieten. Das sollte natürlich nur getan werden, wenn es sich absolut stimmig anfühlt. Dann kann es sehr kraftvoll und befreiend sein und Nähe ermöglichen.

THE WORK FÜR DEINE PAAR-BEZIEHUNG

Eine Partnerschaft kannst du als Tor zu deiner inneren Befreiung nutzen – und als Chance, die Liebe in dir zu finden, die du beim anderen gesucht hast. Das, was scheinbar die andere Person in dir auslöst, kann dir deine Muster und Glaubenssätze offenbaren. Mit der Work bist du in der Lage, dich davon, Schritt für Schritt, zu befreien.

Eines unserer zentralen Grundbedürfnisse ist es, so geliebt und geschätzt zu werden, wie wir sind. Am Anfang einer Paarbeziehung wird das meist rundum erfüllt. Wir fühlen uns gesehen und angenommen, wir genießen das Interesse der anderen Person. Doch mit der Zeit werden beide wieder »normaler«. Wir zeigen wieder Facetten von uns, die wir selbst nicht mögen, und wir erleben Dinge beim anderen, die uns glauben machen, nicht wirklich geliebt zu werden. Eine Zeit lang konnten wir die Täuschung aufrechterhalten, dass wir ein Stück weit frei wären von destruktiven Beziehungsmustern. Aber nach einer gewissen Zeit zeigen sich diese Muster wieder. Wir werden ent-täuscht, von uns selbst und vom anderen.

Katie sagt manchmal: »Keine zwei Personen sind sich jemals begegnet.« Sie meint damit, dass wir – solange wir identifiziert sind als eine bestimmte Person – die anderen nicht sehen können, wie sie sind (siehe dazu: »The Work über deine Rollen im Leben«). Wir können den anderen nur durch die Filter unserer Erfahrungen und unserer Konzepte wahrnehmen. Wir hängen in unserer Geschichte, die durch unsere Prägungen bestimmt wird. Alles, was wir selbst tun oder was der andere tut, wird durch diese Filter eingefärbt.

Nun können wir es einfach doof finden, mit unseren alten Mustern konfrontiert zu werden, sobald wir endlich die große Liebe gefunden zu haben glauben. Und wir können es als riesige Chance ansehen und dankbar dafür sein, dass wir in Beziehungen tendenziell so sehr wachsen können wie in kaum einem anderen Lebensfeld.

Es tauchen nur die Muster auf, die sowieso schon in uns waren. Was hochkommt, hat mit dem Partner nichts zu tun. Wenn wir eine Orange auspressen, dann kommt Orangensaft heraus. Und nichts anderes. Wenn wir durch bestimmte Lebensumstände unter Druck geraten, dann kann nur das herauskommen, was vorher schon da war. Auch wenn es manchmal neu für uns wirkt, weil es vielleicht tief in uns schlummerte und vorher nicht bemerkt wurde.

ALLES BEGINNT IN DIR

Alles, was in Beziehungen schmerzhaft ist, ist ein Hinweis darauf, dass wir an alten Konzepten und Gedanken festhalten, die Schmerz verursachen, solange sie geglaubt werden. Die Work kann dir helfen, dich von diesen alten Mustern zu befreien und mehr zu dem zu werden, was du ohne deine Geschichte bist. Die Folge davon sind Freiheit, Verbundenheit, (Selbst-)Liebe und innerer Frieden.
Wenn dein Partner oder deine Partnerin die Gelegenheiten zum Wachsen ähnlich freudig begrüßt wie du, dann ist ungeheuer viel im Miteinander möglich. Dann könnt ihr beide die Work nutzen (besonders intensiv mit der Partner-Work, die ich dir ein paar Seiten später vorstelle). Wenn dein Partner oder deine Partnerin daran kein Interesse hat, dann reicht es, wenn du dich um deine Gedanken und deine Muster kümmerst. Oft denken Menschen, dass ihre Partner die Work machen sollten. Wer hat dann aber ein Problem mit der Realität? Derjenige, der meint, der andere sollte anders sein, oder? Wer könnte also mit der Work beginnen?
Du kannst die Beziehung als Chance für dein inneres Wachstum begreifen, ganz gleich, was dein Partner tut. Dein Partner, deine Partnerin werden dir auf kurz oder lang genau das liefern, was du brauchst, um dich zu befreien. Durch euer Zusammensein wird genau das in dir auftauchen, was schmerzhaft ist und was erlöst werden möchte. Alles, was an Stress oder Leid in deiner Beziehung auf den Tisch kommt, ist eine Einladung an dich, deine Work zu machen.

WENN DU DICH SELBST GANZ UND GAR SO LIEBST, WIE DU BIST, DANN KANNST DU ALLEM, WAS DEIN PARTNER ODER DEINE PARTNERIN TUT, MIT LIEBE BEGEGNEN.

Einige Menschen versuchen, ihren Partner ganz fest an sich zu binden, weil sie nur von ihm die Liebe zu bekommen glauben, nach der sie sich sehnen. Andere streben innerhalb von Beziehungen stark nach Autonomie – was nicht selten aus einer Furcht vor echter Nähe herrührt. Sich wirklich einzulassen würde für sie die Gefahr beinhalten, verletzt zu werden. Ganz besonders in Paarbeziehungen begegnen wir unseren alten Mustern. Das ist das beste Material, um dich mithilfe der Work zu befreien.

ANREGUNGEN ZUM WORKEN

Du kannst zum Thema Partnerschaft all die bisherigen Anregungen in diesem Buch nutzen, besonders auch die Übungen im vorherigen Kapitel über Beziehungen allgemein. Im Folgenden findest du stressige Gedanken, die in Partnerschaften häufig auftauchen. Wenn sie dir bekannt vorkommen, könnte es wertvoll sein, sie zu überprüfen. Notiere auch deine eigenen Gedanken über Beziehungen – und hinterfrage sie mit der Work.

- »Ich will, dass sie mich so liebt, wie ich bin.«
- »Ich will, dass er sieht, wie großartig ich bin.«
- »Ich will, dass er mehr Zeit für mich hat.«
- »Ich bin ihm nicht wichtig.«
- »Sie sollte mich nicht einengen.«
- »Ich will, dass sie es mir leichter macht.«
- »Er sollte für mich da sein.«
- »Er sollte mich mehr unterstützen.«
- »Sie meckert ständig an mir herum.«
- »Ich bin beziehungsunfähig.«
- »Er will ständig Sex.« »Sie will zu wenig Sex.« (Oder umgekehrt.)
- »Ich setze mich viel mehr für unsere Beziehung ein als sie.«
- »Ich bin (ihm) nicht gut genug.«
- »Beziehungen sind kompliziert.«
- »Ich tauge nicht für Beziehungen.«
- »Ich verdiene es nicht, eine erfüllte Beziehung zu haben.«
- »Frauen sind …« »Männer sind …« (siehe auch »The Work über Gott und die Welt«)

Gute Gelegenheiten für eine Bedeutungsliste

Nutze auch die Bedeutungsliste (siehe gleichnamiges Kapitel), beispielsweise für solche Situationen.

- Dein Partner trifft sich häufig mit seinen Kumpels oder arbeitet abends lang.
- Deine Partnerin will ständig etwas unternehmen und zu Seminaren gehen.
- Du hast den Eindruck, im Haushalt mehr zu tun als dein Partner oder deine Partnerin.
- Einer von euch will mehr Sex als der andere.
- Sie schwärmt von ihrem neuen Kollegen.
- Er trifft sich mit seiner Ex-Freundin.
- Er spricht etwas an, was ihn an dir stört.
- Sie vergleicht dich mit ihrem Ex-Freund.

Wähle eine belastende Situation. Notiere als Liste: Was bedeutet das für dich? Überprüfe diese Gedanken mit der Work. Auch diese Bedeutungsliste kann erkenntnisreich sein: »Ich bin in einer Beziehung und das bedeutet …«

Jedes schlechte Gefühl ist ein Signal dafür, dass du Konzepte glaubst, die für dich nicht wahr sind. Also kannst du diese unangenehmen Gefühle nutzen, um diesen Konzepten auf die Spur zu kommen und sie zu hinterfragen. Du kommst dann möglicherweise dazu zu bemerken, dass es sich für dich sehr viel schöner anfühlt, wenn du für den anderen da bist, als wenn du von ihm verlangst, für dich da zu sein. »Ich will, dass er für mich da ist«, muss sich stressig anfühlen, jedenfalls dann, wenn er es nicht ist. »Ich will, dass ich für mich da bin« und »Ich will, dass ich für ihn da bin« kann sich frei anfühlen, weil wir unserer inneren Wahrheit damit näher sind.

Wenn du deinen Partner gerade nicht leiden kannst – was denkst du dann über ihn? Mit der Work arbeiten wir am Projizierenden, also an dir. Wahre Erfüllung finden wir immer nur in uns selbst. Deswegen ist es so sinnvoll, unser Denken zu überprüfen, anstatt zu versuchen, die anderen zu verändern.

PARTNER-WORK – ÜBER UND MIT DEM ANDEREN WORKEN

Wenn beide Partner offen dafür sind, bei sich selbst zu schauen, kann es überaus befreiend und zugleich verbindend sein, gemeinsam die Gedanken übereinander zu worken. Es braucht ein wenig Mut dafür, denn es kann manchmal auch etwas heikel sein, wenn wir erfahren, was unser Partner für stressige Gedanken über uns hat. Es ist daher wichtig, sich bei dieser Übung an bestimmte Regeln zu halten. Die wichtigste Regel ist: Beide müssen es wirklich wollen. Wenn du bemerkst, dass du deinen Partner zur Partner-Work drängen willst, dann empfehle ich dir, lieber deine eigene Work zu machen. Wenn ihr aber beide offen dafür seid, dann kann es ein wunderbares Erlebnis sein. Gönnt euch die Offenheit für eure eigenen Gedanken und die des anderen. Das kann viele Themen klären und mehr Leichtigkeit und Nähe in eure Beziehung bringen.

UM JEDEN PREIS ZUSAMMENBLEIBEN?

Manchmal denken Menschen, dass es bei The Work darum geht, alles hinzunehmen und so lange zu worken, bis man sich auch noch mit den ungünstigsten Umständen arrangiert hat. Darum geht es aber nicht. Wenn jemand in einer gewalttätigen Beziehung ist, ist es natürlich nicht das Ziel, einen Weg zu finden, gut damit umzugehen, immer wieder geschlagen zu werden. Hier würde man eher schauen, welche Gedanken einen davon abhalten, die Beziehung zu verlassen. Die Work kann helfen, die Liebe zu einem Partner wiederzuentdecken. Und genauso gut kann mit der Work klar werden, dass es Zeit ist zu gehen – in Liebe zu sich selbst und, wenn das bereits möglich ist, auch zum anderen.

DIE PARTNER-WORK

Die Partner-Work ist ein kraftvolles Format zur Konfliktlösung und für Selbsterkenntnis. Hierbei schreibt jeder von euch ein »Urteile über deinen Nächsten«-Arbeitsblatt über den jeweils anderen und dann begleitet ihr euch gegenseitig beim Überprüfen dieser Gedanken. Es kann passieren, dass sich die begleitete Person manipuliert fühlt, wenn der Begleiter nicht klar bei der Work bleibt. Deswegen: Bleibt bei dieser Anleitung. Und beachtet: Bei der Partner-Work wird nicht diskutiert!

1. Die Vorbereitung. Jeder Partner schreibt ein UNA über den anderen.

2. Das Vorlesen. Partner A: Frage Partner B, ob er hören möchte, was du über ihn geschrieben hast. Falls ja, lies dem anderen dein Arbeitsblatt laut vor. Sprich deinen Partner dabei direkt an. Zum Beispiel wird die Aussage »Peter sollte mich nicht ignorieren, wenn ich mich verletzt fühle« zu: »Peter, du solltest mich nicht ignorieren, wenn ich mich verletzt fühle.« Lies nur, was du geschrieben hast. Halte Blickkontakt und mach nach jeder Aussage eine Pause. Warte auf die Antwort »Danke«, bevor du deine nächste Aussage vorliest.

3. Das Zuhören. Partner B: Deine Aufgabe ist es zuzuhören, im Blickkontakt zu bleiben und dich zu fragen (während du hörst, was über dich vorgelesen wird): »Kann ich das finden?« Wenn du finden kannst, dass A tatsächlich recht hat, antworte nur mit »Danke« – und erlaube ohne Rechtfertigung oder Abwehr, dass dieses eine Wort genug ist. Wenn du nicht finden kannst, dass der andere recht hat, antworte auch nur mit »Danke«. Immerhin hat dein Partner dir gerade seine Gedanken zum Geschenk gemacht. Bemerke, falls du dich rechtfertigen oder verteidigen willst – und folge dieser Tendenz nicht. Nachdem dein Partner sein ganzes Arbeitsblatt über dich vorgelesen hat, tauscht ihr die Rollen.

4. Die Begleitung. Nun begleitet ihr euch gegenseitig durch die Überprüfung. Achte darauf, dass dein Partner dich als »Klient« direkt in der Du-Form anspricht. Er würde beispielsweise sagen: »Wenn ich diesen Gedanken glaube, behandle ich dich …« Bemerke als Begleiter jede negative Reaktion in dir und bade sanft darin, während du in Stille zuhörst, was dein Partner sagt. Bleib fokussiert dabei, ihn klar zu begleiten.

5. Umkehrungen als Sahnehäubchen. Manchmal werdet ihr aus Zeitgründen nicht jeden Satz überprüfen. Dann wählt der »Klient« die ein, zwei oder drei »gehaltvollsten« Sätze aus – und ihr untersucht diese. Wenn ihr damit fertig seid, liest der Klient das ganze Arbeitsblatt von oben bis unten in der Umkehrung zu sich selbst vor und lässt es auf sich wirken. Da wo es passt, liest er auch die Umkehrung zum anderen, also zum Beispiel: »Du solltest mich nicht ignorieren, wenn ich mich verletzt fühle« – »Ich sollte dich nicht ignorieren, wenn ich mich verletzt fühle.« Er hält nach jeder Umkehrung kurz inne und überprüft: Kann ich das finden? Ergibt das Sinn für mich?

Eine Partner-Work-Anleitung zum Ausdrucken findest du hier:
ralf-heske.de/praxisbuch-bonus

THE WORK FÜR SINGLES

Es gibt zwei Arten, Single zu sein. Entweder liebst du, was ist – oder du bist im Widerstand gegen das, was ist. Wenn du im Widerstand bist, leidest du. Du hast die Möglichkeit, dich von diesem Leiden zu befreien. Ganz unabhängig davon, ob du Single bleibst oder wieder eine Beziehung beginnst.

Die meisten von uns erleben Phasen, in denen sie allein sind. Wenn du Single bist, dann spüre vielleicht einfach mal für dich da hinein: Wie geht es dir mit deinem Singledasein? Viele sagen, dass sie es super finden, dass sie viel mehr Zeit für sich haben und viel freier sind. Wenn das so stimmt, dann ist es wunderbar. Mein Eindruck ist allerdings, dass es bei einigen nur an der Oberfläche stimmt und diese zufriedene Haltung über andere innere Anteile gestülpt wird, die sich nach Nähe und einer nahen Beziehung sehnen.

Aus meiner Erfahrung ist es immer wertvoll – nicht nur in Bezug auf das Singlesein –, die verschiedenen Anteile in uns achtsam wahrzunehmen. Wir haben fast alle eine Seite in uns, die gern allein ist und Autonomie schätzt. Und wir haben eine andere Seite, die sich Begegnung, Austausch und Intimität wünscht. Mal ist der eine Anteil stärker, mal der andere, doch beide sind da und wollen gelebt werden. Und natürlich kann die Sehnsucht nach Verbundenheit auch anders als durch einen Partner gestillt werden, wir können diese Seite auch mit Freunden, in der Natur oder in einer spirituellen Verbundenheit leben. Gleichzeitig scheint es für viele ein Grundbedürfnis nach einer schönen Partnerschaft mit einem anderen Menschen zu geben.

DER WEG ZUR SELBSTLIEBE

Wenn du zurzeit Single bist, möchte ich dich dazu einladen, wirklich zu fühlen, wie sich das für dich anfühlt. Inwieweit ist es für dich in Ordnung und wo ist da möglicherweise ein Schmerz? Wenn du ihn wahrnimmst und annimmst, dann ist das der erste Schritt zur Heilung. Dieser Schmerz kann eine wunderbare Gelegenheit sein, deine Beziehung zu dir selbst zu stärken und deiner Selbstliebe zu erlauben, sich weiter zu entfalten. Genau dafür kann dein Singlesein die beste Voraussetzung sein. Letztlich kann auch die Beziehung mit einem Partner nur dann erfüllend sein, wenn wir uns selbst so lieben können, wie wir sind.

> WENN DU DIE LIEBE DEINES LEBENS SEHEN WILLST, SCHAU IN DEN SPIEGEL, SAGT KATIE. WIE OFT HOFFEN WIR AUF DIE LIEBE VON ANDEREN. DOCH FINDEN KÖNNEN WIR SIE LETZTLICH NUR IN UNS SELBST.

Nimm deine Zeit als Single daher als Geschenk, um dir all das anzuschauen, was dich davon abhält, dich selbst zu lieben. Was dich daran hindert, das Leben zu lieben, so wie es gerade ist, mit deiner aktuellen Situation, mit deinem Alleinsein, mit all den Menschen in deinem Umfeld und den Paaren und Familien, die dir begegnen. Welche Konzepte halten dich davon ab, dein Leben zu feiern? Du kannst sie überprüfen.
Wichtig ist, dass du in deinen Works offen fur deine ehrlichen Antworten bist. Wenn du einen Gedanken überprüfst, um ihn loszuwerden oder um dich möglichst schnell zu verändern, verfälscht das deine Antworten. So kann die Work nicht funktionieren. Warte in den Works immer auf die Antworten, die sich mit etwas Ruhe in dir bemerkbar machen. Sie sind meist besonders erhellend.
Ich lade dich ein, deine Zeit als Single zu nutzen, um deine wahre Natur, die immer schon Liebe ist, zu entdecken. Es ist nicht mehr wichtig, ob du allein bist oder einen Partner, eine Partnerin hast, wenn du mit der Liebe in dir verbunden bist, mit der Freude in dir, der Lebendigkeit und Kreativität.

KANNST DU LIEBE ANNEHMEN?

Ich selbst konnte mich früher überhaupt nicht so lieben, wie ich bin. Wenn damals eine Frau zu mir sagte, sie würde mich lieben, dann hat sich das zwar irgendwie gut angefühlt, aber es hat mich auch skeptisch gemacht. Ich konnte es nicht wirklich annehmen. Ich dachte dann entweder, dass mit dieser Frau etwas nicht stimmen kann, sonst würde sie ja nicht so einen schrägen Typen wie mich lieben. Oder ich unterstellte ihr, sie wolle mich mit dieser Aussage manipulieren, sie wolle also irgendetwas von mir – weil ich ihr es nicht glauben konnte, dass sie mich einfach liebte. Oder ich dachte, sie kenne mich einfach noch nicht gut genug – und sobald sie mich näher kennenlernen würde, würde sie es sich schnell anders überlegen.
Solange wir glauben, dass mit uns etwas nicht stimmt, solange wir uns nicht selbst wirklich lieben, können wir auch nicht zulassen, dass uns jemand anderes liebt. Wir können keine Liebe annehmen. Das ist sicher auch ein Grund dafür, warum so viele Menschen Angst haben, sich auf Nähe einzulassen – sie glauben, dass mit ihnen etwas nicht stimmt und dass dies durch eine nähere Beziehung entlarvt werden könnte.
Es geht natürlich nicht darum, nun perfekt in Selbstliebe zu werden und erst dann wieder in eine Beziehung gehen zu dürfen oder zu können. Doch du kannst dir in der Zeit als Single die Ausrichtung geben, in Selbstliebe hineinzuwachsen und eine wundervolle Beziehung zu dem Menschen aufzubauen, der immer mit dir war, immer mit dir ist und immer mit dir sein wird: du selbst.

Überprüfe einfach alles mit der Work, was dich von Selbstliebe abhalten könnte.

Wenn du deine Works machst und mit dem Alleinsein so weit versöhnt bist, dass du es nicht mehr fürchten musst und dich nicht mehr von den Gefühlen ablenken musst, die auftauchen, dann wirst du auch in einer neuen Partnerschaft viel entspannter sein können. Du brauchst den anderen Menschen dann nicht mehr: Du bist glücklich mit dir und die Liebe des anderen ist die Zugabe obendrauf.

Meine Einladung an dich ist: Nutze die Chance, die Work über deine Eltern und die anderen Menschen in deinem Leben zu machen – und besonders auch über deine Ex-Partner. Das kann sehr viel in dir verändern und entspannen.

DU BIST ALLEIN – WIRKLICH?

Es lohnt sich sehr, das Alleinsein tiefer zu erforschen. Denn geht das überhaupt, allein zu sein? Wenn Gedanken in dir auftauchen wie: »Ich bin allein, ich bin isoliert, ich gehöre nicht dazu« – wo ist dein Beweis? Du bist Single, okay. Doch bist du sicher, dass du wirklich allein bist? Vielleicht bist du allein zu Haus, aber bist du nicht emotional mit anderen verbunden? Bist du nicht in deinen Erinnerungen verbunden? Bist du nicht verbunden, sobald du rausgehst? Wir können überall anderen Menschen begegnen. Wenn wir uns allein fühlen, dann nicht, weil es in der Realität so ist, sondern weil wir Gedanken glauben, die uns so fühlen lassen. Und das ist eine gute Nachricht, denn die Gedanken können wir mit der Work überprüfen.

DIE EINSAMKEIT UMARMEN

Einsam fühlen können sich alle Menschen, unabhängig davon, ob sie in einer Partnerschaft oder Familie leben oder allein sind. Wenn du dich einsam fühlst: Vielleicht ist es dir möglich, die Einsamkeit zu umarmen. Gib dem Gefühl der Einsamkeit Raum, lade es sogar ein. Sei sanft mit dir. Bleib mit deiner Aufmerksamkeit beim Fühlen. Lass dir Zeit damit. Bemerke, was geschieht.

PRAKTISCHE ANREGUNGEN

Wieder kannst du alle bisherigen Anregungen und Übungen aus diesem Buch verwenden, um deine Zeit als Single bestmöglich für dein inneres Wachstum zu nutzen. Auch einzelne Glaubenssätze und Gedanken zu hinterfragen kann sehr wertvoll sein. Die folgenden Sätze sind recht typisch für viele Singles und könnten eine Überprüfung lohnen:

- »Ich brauche eine Beziehung, um glücklich zu sein.«
- »Es wäre besser, wenn ich einen Partner / eine Partnerin hätte.«
- »Die Leute schauen mich schräg an.« Oder: »Die Leute bemitleiden mich.«
- »Ich muss an mir arbeiten, um endlich liebenswert zu sein.«
- »Ich muss mich verändern, um beziehungsfähig zu werden.«
- »Niemand will mich.«
- »Ich will keinen Partner / keine Partnerin.«
- »Ich bin zu verkorkst für eine Beziehung.«
- »Ich habe keine Zeit für eine Beziehung.«

Berücksichtige bei den »Ich muss …«-Sätzen die speziellen Umkehrungen, so wie sie vorn beschrieben sind im Kapitel »Umkehrungen« / »Umkehrungen von Ich-Sätzen«.

Glaubenssätze über dich selbst, über Männer und über Frauen

Oft ist es sehr hilfreich, alle Ideen und Glaubenssätze, die du über dich selbst hast, einmal aufzulisten und zu hinterfragen – vielleicht kennst du so etwas wie »Ich bin nicht gut/hübsch/sexy/interessant/intelligent/jung/schlank/weit genug für eine Partnerschaft«.

Sehr oft hindern uns auch allgemeine Vorurteile und Glaubenssätze über Männer beziehungsweise Frauen daran, uns auf eine Beziehung einzulassen. Wenn du diesen Verdacht bei dir hast, dann liste einmal all deine Gedanken über Männer und über Frauen auf und hinterfrage sie.

Befürchtungs- und Bedeutungslisten

Auch diese Listen können wunderbar klärend sein, wenn du mit deinem Singlesein haderst. Hier kannst du zum Beispiel die folgenden Ansätze so weiterverfolgen, wie es vorn im Buch bei den Befürchtungs- und Bedeutungslisten beschrieben ist:

- »Was befürchte ich, könnte Schlimmes geschehen, wenn ich Single bleibe? … ich nicht den idealen Partner oder die ideale Partnerin finde? … mir wieder jemand nahekommt? … ich mich verliebe? … ich wieder in einer Beziehung bin?«
- »Ich bin Single und das bedeutet, dass …«
- »Ich bin einsam und das bedeutet, dass …«
- »Ich habe keinen Partner und das bedeutet, dass …«

Begründungsliste

Dies ist ein weiteres Tool, um wirkungsvoll auf die Gedanken zu kommen, die dich stressen. Du kannst es natürlich auch auf andere Themen anwenden. Mach deine Listen zum Beispiel mit diesen Satzanfängen und hinterfrage dann die notierten Gedanken:

- »Ich bin einsam, weil ...«
- »Ich bin Single, weil ...«
- »Ich wurde verlassen, weil ...«
- »Ich bin für (die richtigen) Männer/Frauen nicht interessant, weil ...«

Was, meinst du, denken andere über dich als Single?

Du kannst die Suche nach stressigen Gedanken mit diesen Satzanfängen beginnen:

- »Die anderen sehen mich als Single und denken über mich, dass ...«
- »Die anderen wissen, dass ich seit Jahren allein bin, und denken über mich, dass ...«

Liste auf, was du meinst, was die anderen über dich denken. Dies wären ja deine Gedanken und nicht die der anderen. Und selbst wenn jemand anderes zu dir so etwas sagt, dann kannst du damit in Resonanz gehen – oder auch nicht. Jedenfalls kannst du die Gelegenheit nutzen, diese Vorstellungen zu hinterfragen und deinen Verstand davon zu befreien.

Frühere Beziehungen klären - Investition in die Zukunft

Wenn du Single bist, kann es sehr wertvoll sein, dir deine früheren Paarbeziehungen anzuschauen. Dafür kannst du all die praktischen Übungen nutzen, die ich im Kapitel zu den Beziehungen allgemein beschrieben habe.

Unser Bild von Beziehungen wird von dem geprägt, was wir in der Kindheit darüber gelernt haben – von der Beziehung unserer Eltern zu uns und von ihrer Paarbeziehung. Deswegen empfiehlt es sich, all die Übungen aus dem allgemeinen Beziehungskapitel in Bezug auf deine Eltern zu nutzen. Zusätzlich kannst du dir einmal vergegenwärtigen, welches Beziehungsbild dir vorgelebt wurde. Wie hat deine Mutter Beziehung erlebt und gelebt? Wie hat dein Vater Beziehung erlebt und gelebt? Wie fühlt sich das für dich an? Welche Auswirkungen könnte das auf dein Beziehungsbild haben? Vielleicht willst du deine Eltern, wenn sie noch leben, einmal dazu befragen, wie sie ihre Beziehung fanden, als du ein kleines Kind warst. Die Übungen, die du daraus machen kannst, beginnen mit den Worten:

- »Dass meine Eltern ihre Paarbeziehung so gelebt haben, bedeutet für mich, dass ...«
- »Dass meine Eltern ihre Beziehung zu mir so gelebt haben, bedeutet für mich, dass ...«

Vielleicht hat dein Vater deine Mutter betrogen und das bedeutet für dich heute, dass du Männern nicht vertrauen kannst oder glaubst, deinen (möglichen) Partner kontrollieren zu müssen. In dieser Art machst du deine Liste und formulierst die Sätze dann so um, dass du sie hinterfragen kannst: »Ich kann Männern nicht vertrauen.« »Ich muss meinen Partner kontrollieren.«

THE WORK ÜBER DEINE KINDER

Kinder sind großartig – solange sie so sind, wie wir es wollen. Doch wie toll findest du deine Kinder in dem Moment, wenn sie nicht tun, was du willst? Wenn sie quengeln, wenn sie nicht auf dich hören, wenn sie ihr Zimmer nicht aufräumen, wenn sie …?

Wenn du Mutter oder Vater bist, würdest du sicher von dir sagen: »Ich liebe meine Kinder!« Doch kannst du diese Liebe in dem Moment, wo du von ihnen genervt bist, wirklich spüren? Meiner Erfahrung nach bieten uns unsere Kinder die Gelegenheit, wirklich in die bedingungslose Liebe hineinzuwachsen, die wir sind. Von dieser Liebe entfernen wir uns jedoch so lange, wie wir glauben, dass unsere Kinder anders sein sollten, als sie sind.

UNSERE KINDER SIND UNSERE LEHRER

Hilfreich, um sich der bedingungslosen Liebe zu nähern, ist es, unsere Kinder als unsere Lehrer anzusehen. Denn das sind sie – so wie jeder andere Mensch auch, der es schafft, unsere Knöpfe zu drücken. Wenn wir in diesen Momenten registrieren, was wir glauben, und diese Gedanken überprüfen, dann wachsen wir Schritt für Schritt in genau die bedingungslose Liebe hinein, nach der wir uns letztlich alle sehnen.

KOMMUNIKATION

Ein wesentlicher Aspekt im Zusammensein mit unseren Kindern ist die Art, wie wir mit ihnen kommunizieren. Ich beobachte sehr oft, wie Eltern mit ihren Kindern auf eine Art sprechen, die einfach nicht gut funktioniert. Nehmen wir als Beispiel den Klassiker: Zimmer aufräumen. Viele Eltern reden hier oft endlos auf ihr Kind ein: »Mach das doch endlich! So schlimm ist das doch nicht! Jetzt habe ich es dir schon so oft gesagt! Wenn du es jetzt nicht machst, streichen wir dir deine Internetzeiten!« Ich frage mich, wenn ich so etwas höre: Wie viel Spaß wird es einem Kind nach solchen Worten wohl machen, sein Zimmer in Ordnung zu bringen? Es funktioniert auf diese Weise kaum, und dennoch versuchen es viele Eltern immer weiter.

So entstehen viele Konflikte erst dadurch, dass wir unsere Gedanken ungeprüft glauben – und diese Gedanken dann die Kommunikation mit unseren Kindern beeinflussen.
Frage dich einmal, wie du reagierst, wenn jemand zu dir sagt: »Mach das mal auf meine Art. Stell dich nicht so dumm an! Ich weiß genau, was für dich richtig ist! Ich weiß besser, was hier zu tun ist – tu es einfach! Deine Meinung interessiert mich nicht. Mach einfach, was ich dir sage …« Wie würdest du reagieren, wenn jemand so auf dich einredet? Die allermeisten Menschen würden automatisch mit Widerstand reagieren, mit Ablehnung. Kaum jemand würde sagen: »Oh, bitte erzähl mir mehr. Jetzt bin ich neugierig geworden.«

FRIEDEN BEGINNT, WENN WIR ANFANGEN, BEI UNS SELBST ZU SCHAUEN.

Wir mögen es nicht, wenn man so mit uns redet, und wir tun dann oft erst recht nicht, was der andere verlangt. Das hindert uns aber nicht daran, mit anderen so zu sprechen: mit unserem Partner vielleicht oder unserer Partnerin – und sehr oft eben mit unseren Kindern. Vielleicht verpacken wir es etwas freundlicher als oben beschrieben. Aber unsere Haltung ist: Ich weiß, was du tun sollst!
Um das auf den Punkt zu bringen: Wenn du *nicht* willst, dass deine Kinder ihr Zimmer aufräumen, dann wäre es eine gute Idee, wie beschrieben auf sie einzureden. Dann werden sie es ganz sicher nicht aus eigenem Antrieb tun wollen. Sie werden es so lange hinauszögern, wie es nur irgendwie geht. Vielleicht räumen sie irgendwann auf, aber nur aus Angst vor Bestrafung oder weil sie dir gefallen und ein liebes Kind sein oder noch mehr Stress vermeiden wollen. Aber sie tun es nicht von sich aus. Und etwas, was eigentlich schön ist, nämlich Ordnung zu schaffen, wird den Kindern so vermiest.

WOHER HABEN SIE DAS?

Alles, was uns an unseren Kindern stört – wo haben sie das eigentlich her? Kinder lernen vor allem durch Nachahmung. Könnte es sein, dass ein guter Teil ihrer Verhaltensweisen, die dich stören, von dir selbst abgeschaut sind? Deine Kinder drücken dann deine Knöpfe, indem sie dir etwas zeigen, was du an dir selbst nicht so gern siehst.
Wenn du so etwas entdeckst, dann könntest du dich fragen: Welche Gedanken muss ich glauben, um mich so zu verhalten (wie ich mich eigentlich nicht verhalten möchte und wie es mir mein Kind jetzt spiegelt)? Wenn wir zum Beispiel unfreundlich von unserem Kind verlangen, dass es sein Zimmer aufräumt, wie verwunderlich ist es dann, wenn dieses Kind unfreundlich mit uns oder mit anderen ist? Statt uns über seine Unfreundlichkeit aufzuregen, könnten wir uns fragen: »Wo habe ich ihm das vorgemacht?«
Sei achtsam, in welchen Situationen du unfreundlich bist, notiere die Gedanken, die dich dazu bringen, und worke sie. Wenn dich etwas an deinem Kind stört, dann empfiehlt es sich, ein ganzes »Urteile über deinen Nächsten«-Arbeitsblatt über es auszufüllen und dir deine Gedanken anzuschauen.

KANNST DU LEBEN, WAS DU SIE LEHREN WILLST?

Ich selbst bin kein allzu ordentlicher Mensch. Wenn ich das Zimmer einer meiner Töchter aufgeräumt sehen wollte, habe ich mich hineingesetzt und angefangen aufzuräumen. Ich habe sie dabei spielerisch miteinbezogen und so wurde es ein Vergnügen für uns beide. Und es ging schnell. Für mich sieht es so aus, als hätten es sich meine beiden Töchter so abgeschaut: Es macht Spaß aufzuräumen und es geht schnell.

Ich möchte mir gar nicht anrechnen, dass ich dafür gesorgt hätte, dass meine Töchter gern aufräumen. Natürlich bringen unsere Kinder auch ihre eigene Persönlichkeit mit – und manche sind ordnungsliebender als andere. Wie Kinder ihre mitgebrachten Qualitäten allerdings ausleben, das schauen sie sich stark von ihren Eltern ab.

Wenn du willst, dass deine Kinder ordentlich sind – ich bleibe jetzt einfach mal bei diesem Beispiel, auch wenn es viele, viele andere Themen gibt, auf die sich das Gesagte übertragen lässt –, dann prüfe einmal: Wo bin ich unordentlich? Und wenn es nur in meinen Gedanken ist. Wenn du willst, dass deine Kinder freundlich sind, wo bist du unfreundlich? Zu anderen, zu ihnen, zu dir selbst vielleicht? Letztlich brauchen wir nur unsere Works über unsere Kinder zu machen, dann kommen wir auf die Punkte, die uns zeigen, wie wir leben wollen. Dann brauchen wir ihnen nichts mehr vorzuwerfen. Oft trennt uns nur eine einzige Work von unserer Liebe. Und die spannende Frage ist: Kann ich das leben, was ich meinen Kindern beibringen will?

LIEBE KANN VERBUNDEN UND KLAR NEIN SAGEN

Mein Eindruck ist, dass viele Eltern ihren Kindern eine Verantwortung zuschieben, die nicht altersgerecht ist. Es ist beispielsweise nicht möglich, mit kleinen Kindern etwas auszudiskutieren. Auf der einen Seite ist es hilfreich, wenn wir unsere Works machen und lernen, unseren Kindern Raum zur Entfaltung zu geben. Auf der anderen Seite ist es

GUT GESTIMMT

Ein »Urteile über deinen Nächsten«-Arbeitsblatt über dein Kind ist die beste Investition in eure Beziehung. Ein solches Arbeitsblatt durchzugehen, endet aus meiner Erfahrung am besten mit dem Sahnehäubchen (siehe Kapitel zum »Urteile über deinen Nächsten«-Arbeitsblatt). Wenn du regelmäßig mit deinem Kind in Situationen kommst, die dich stressen könnten, dann habe ich folgende Anregung für dich: Lies dir von einem Arbeitsblatt über dein Kind das Sahnehäubchen noch einmal durch, bevor es morgens wach wird oder bevor du es aus der Kita abholst oder abends ins Bett bringst. Du wirst ihm dann vermutlich ganz anders begegnen können, nämlich mehr so, wie du ihm gern wirklich begegnen möchtest. Das Sahnehäubchen kann dir die Möglichkeit geben, mehr so zu sein, wie du eigentlich gern sein möchtest.

einfach sinnvoll, ihnen bestimmte Dinge vorzugeben. Einige Eltern haben Angst davor, ihren Kindern Grenzen zu setzen. Doch wie sollen kleine Kinder wissen, was wichtig ist und was funktioniert? Ich mag folgendes Bild: Als Eltern sind wir Kapitän des Schiffes – und natürlich funktioniert das am besten, wenn wir mit unseren Kindern in einem liebevollen Kontakt sind und sie in bestimmte Entscheidungen einbeziehen, wenn wir beispielsweise Regeln auch gemeinsam festlegen. Aber wir sind Kapitän – und nicht unser kleines Kind.

Was passiert ohne diese Klarheit? Dann sagen wir beispielsweise im Supermarkt zu unserem Kind Nein, wenn es Schokolade will. Das Kind fängt an zu quengeln und zu schreien. Und dann bekommt es die Schokolade plötzlich doch. Es lernt: Wenn ich genügend herumtobe, bekomme ich, was ich will. Wir als Eltern ärgern uns – doch wer hat dem Kind beigebracht, dass sich Quengeln lohnt? Es kann hilfreich sein, sich zu fragen: Welche Gedanken muss ich glauben, um *nicht* bei meinem Nein zu bleiben? Das könnte deine nächste Work sein.

Wenn wir als Eltern klar sind, dann brauchen wir nicht zu meckern und dann brauchen wir auch nicht zu befehlen, dann können wir einfach unsere Wahrheit äußern. Letztlich ist es eine Gratwanderung – und die gelingt mal mehr und mal weniger gut. Auf der einen Seite unseren Kindern den Raum zu geben, damit sie ihr volles Potenzial entfalten können. Und ihnen auf der anderen Seite Grenzen zu setzen, insbesondere wenn sie etwas einfach noch nicht abschätzen können. Es ist oft schön, mit Kindern flexibel sein zu können – aber wie sinnvoll wäre das, wenn es beim Zähneputzen immer Streit gibt? Zum Glück hast du die Work, wenn es einmal schwierig wird.

Gelebte Work

Es gibt ein paar Works, die mir intensiv in Erinnerung geblieben sind. Eine davon habe ich über meine jetzt erwachsene Tochter gemacht, als sie ungefähr vier Jahre alt war. Es war damals der Klassiker bei uns, dass es morgens hektisch zuging. An einem dieser Morgen war ich spät dran und hatte noch einiges zu erledigen. Zu Kaya sagte ich, sie solle ihre Jacke anziehen, und lief weiter durch die Wohnung, tat dies und das und irgendwann war ich dann so weit, dass wir in Richtung Kita hätten losgehen können. Kaya aber saß immer noch in ihrem Zimmer und spielte. Ich wurde sauer, schließlich mussten wir zu einer bestimmten Zeit in der Kita sein und ich wollte auch meine Termine danach schaffen. Ich sagte total genervt zu ihr: »Jetzt zieh endlich deine Jacke an!« Wir kamen gestresst los, liefen gestresst zur Kita – es war wirklich kein Vergnügen.

Später nahm ich mir Zeit und fragte mich, was an diesem Morgen mein Kerngedanke gewesen war. Er lautete: »Kaya sollte auf mich hören.« Es wurde eine intensive Work. Ich merkte deutlich, wie sehr mich dieser Gedanke stresste, wie er mich in Zukunftsszenarien führte, in denen alles schiefging, ich zu spät kam, Ärger bekam und so weiter.
Ohne den Gedanken, dass Kaya auf mich hören sollte, merkte ich zunächst, dass ich mit dem Gedanken überhaupt nicht mit ihr in Kontakt gewesen war. Während ich völlig mit mir beschäftigt war, durch die Wohnung lief und alles Mögliche erledigte, hatte sie friedlich in ihrem Zimmer gespielt. Ich hatte sie überhaupt nicht mitbekommen, ich war komplett in meinem Film gewesen. Ich wurde neugierig, was sie da eigentlich machte. Ich wollte sie erleben. Ohne den Gedanken, dass sie auf mich hören sollte, war ich friedlich, fühlte mich verbunden – und auch die Zukunftsszenarien waren nicht mehr bedrohlich.

Spannende Umkehrungen

Die erste Umkehrung war: »Ich sollte auf mich hören.« Ich bemerkte, dass das total stimmte – in dem Sinne, dass ich darauf hören sollte, wie ich leben will und wie ich mit meiner Tochter umgehen will. Ganz bestimmt nicht so, wie ich es an diesem Morgen getan hatte. Ich wollte sie nicht übersehen, während ich meinem Film folgte. Diese Umkehrung »Ich sollte auf mich hören« stimmte auch, da ich es ja war, der Stress hatte. Kaya hatte Zeit, gemütlich zu spielen. Sie hatte kein Problem in der Situation. Ich sollte auf mich hören und dafür sorgen, dass es morgens bei uns entspannter zugehen konnte. Eine Möglichkeit dafür war, meinen Wecker früher zu stellen.

Auch die Umkehrung »Ich sollte auf Kaya hören« war für mich sehr kraftvoll. Sie hatte in unserer Situation nichts gesagt – aber was sie tat, hat sehr wohl gesprochen. Zum einen zeigte sie mir, wie entspannt man morgens sein konnte. Und zum anderen war für mich vollkommen klar, dass sie nicht wollte, dass ich so mit ihr schimpfte.

Die dritte Umkehrung »Sie sollte nicht auf mich hören« war für mich ein wertvolles Aha-Erlebnis. Ich merkte so deutlich, dass ich gar nicht will, dass sie auf mich hört, wenn ich so mit ihr umgehe! Ich will keinesfalls, dass sie das schluckt und einfach meine unfreundlich hingeworfenen Befehle ausführt. Außerdem hätte ich, wenn sie auf mich gehört hätte, gar nicht mitbekommen, wie ich sie behandelt habe. Ich spürte große Dankbarkeit dafür, dass Kaya nicht auf mich gehört und stattdessen einfach weitergespielt hatte.

Ich stellte mir vom nächsten Tag an meinen Wecker etwas früher. Ab da hatten wir richtig Spaß dabei, uns morgens fertig zu machen und zur Kita zu gehen. Unsere Beziehung hatte sich verändert – wie es so oft passiert, wenn wir einen Gedanken überprüfen.

Ralf

PRAKTISCHE ANREGUNGEN

Es passiert immer wieder, dass Eltern sich scheuen, ganz ungefiltert ihre stressigen Gedanken über ihre Kinder aufzuschreiben. Sie meinen dann, das klinge so hart, oder sagen, dass sie ihre Kinder ja gar nicht so negativ sehen wollen. Ich empfehle dir aber unbedingt, alle deine stressigen Gedanken ohne deine innere Zensur aufzuschreiben. Wenn du diese Gedanken über deine Kinder nicht haben willst, dann verschwinden sie nicht dadurch, dass du sie nicht aufschreibst, obwohl sie in dir sind. Wenn du wirklich frei sein willst, dann schreib auch die hässlichsten Gedanken auf und hinterfrage sie mit der Work. So gibst du den Gedanken die Möglichkeit, dich zu verlassen, und kannst deinen Kindern immer mehr so begegnen, wie du ihnen eigentlich gern begegnen möchtest.

Nutze auch in Bezug auf deine Kinder alle Übungen und Anregungen, die ich bisher in diesem Buch beschrieben habe, insbesondere die Praxis zu Beziehungen allgemein. Wie immer empfehle ich besonders das »Urteile über deinen Nächsten«-Arbeitsblatt, das du über jedes deiner Kinder ausfüllen kannst. Suche dir dafür am besten eine ganz konkrete stressige Situation mit deinem Sohn oder deiner Tochter.

Einzelne Glaubenssätze

Hier sind einige typische Gedanken über Kinder. Wenn du entdeckst, dass du einen dieser Gedanken auch nur manchmal glaubst, dann kann es lohnenswert sein, ihn zu überprüfen.

- »(Name) sollte auf mich hören.«
- »(Name) sollte mich respektieren.« Oder: »(Name) sollte … respektieren.«
- »(Name) fehlt etwas.«
- »(Name) sollte nicht so langsam sein.«
- »(Name) sollte nicht so wild sein.«
- »(Name) sollte mir dankbar sein.«
- »(Name) nervt mich.«
- »(Name) ist ein Tyrann.«
- »(Name) macht mich wahnsinnig.«
- »(Name) sollte nicht so laut sein.«
- »(Name) sollte gute Manieren haben.«
- »(Name) sollte nicht so frech sein.«
- »(Name) sollte nicht so eine Unordnung machen.«
- »(Name) sollte sein/ihr Zimmer aufräumen.«
- »(Name) sollte mithelfen.«
- »(Name) sollte gern in die Kita / zur Schule gehen.«
- »(Name) sollte für mich da sein.«
- »(Name) sollte nicht so schlecht drauf sein.«

- »(Name) sollte sich allein beschäftigen. (Eine Umkehrung hier könnte sein: »Ich sollte mich mit (Name) beschäftigen.«)
- »Ich darf meinen Kindern nicht sagen, was sie tun sollen.«
- »Ich muss meine Kinder bei allen Entscheidungen miteinbeziehen.«
- »Ich muss die Wünsche meiner Kinder erfüllen.«
- »Wenn ich meinem Kind einen Wunsch nicht erfülle, mag es mich nicht mehr.«
- »Ich muss mich für meine Kinder aufopfern.«
- »Ich muss vor ihnen stark sein.«
- »Ich muss mehr Geld verdienen, damit es meinen Kindern gut geht.«
- »Ich muss mein Kind vor allen Gefahren schützen.«
- »Ich darf vor meinen Kindern nicht traurig sein / nicht weinen.«
- »Es ist meine Verantwortung, dass es meinem Kind gut geht.«
- »Wenn meine Kinder nicht glücklich/erfolgreich sind, dann bin ich eine schlechte Mutter / ein schlechter Vater.«
- »Ich habe zu wenig Zeit.«
- »Wenn ich mit (Name) schimpfe, dann ist das hilfreich.«
- »Ich muss (Name) sagen, was er/sie tun soll. (Ich begegne immer wieder Eltern, die ihren Kindern jeden kleinen Schritt vorschreiben. Dieses Verhalten entsteht vermutlich oft aus einer Hilflosigkeit, weil Kinder nicht immer sofort bereit sind, wenn die Eltern das wollen. Wie aber sollen Kinder lernen, selbstständig ihre Sachen zu machen, wenn ihnen jeder Schritt vorgeschrieben wird?)
- »Es ist zu gefährlich, wenn (Name) da hochklettert.« (Ich habe diese Work mal gemacht und für mich festgestellt, dass es mir zu gefährlich wäre, wenn meine Tochter sich nicht ausprobieren dürfte.)
- »Es sollte (Name) später einmal besser gehen als mir.« (Eine Umkehrung hier könnte sein: »Es sollte (Name) jetzt besser gehen.« Viele Eltern haben diese gute Absicht und setzen ihre Kinder unter Druck, was möglicherweise nicht so hilfreich ist.)

Bedeutungs- und Befürchtungslisten

Diese Listen bieten sich beispielsweise an, wenn dein Kind schlecht in der Schule ist, wenn es von Mitschülern geärgert wird, wenn du meinst, dass es in seiner Entwicklung zu langsam ist, wenn es in irgendeiner Weise für dich unangenehm auffällig ist ... Mach dann deine Listen und worke sie, wie vorn im Buch beschrieben:

- »(Name) ist … und das bedeutet, dass …«
- »Weil (Name) … ist, befürchte ich, dass …«

KINDER DURCH DIE WORK BEGLEITEN

Manche Kinder sprechen sehr gut auf die Work an und nehmen schon in recht jungen Jahren ganz natürlich dieses Werkzeug an, weil sie merken, wie gut es ihnen tut. Wenn es dir richtig erscheint, dann mach dein Kind bei einer passenden Gelegenheit spielerisch mit den vier Fragen und den Umkehrungen vertraut. Ich habe beispielsweise öfter meine Works laut vor Kaya gemacht. Und Byron Katie hat sogar ein Kinderbuch zur Work herausgebracht: *Tiger, Tiger, ist es wahr?*

Prüfe dein Motiv

Achte jedoch sehr genau darauf, dass du dein Kind nicht unter Druck setzt und keine konkreten Ergebnisse erreichen möchtest. Wenn du als Elternteil glaubst, dass dein Kind bestimmte Gedanken worken sollte, dann könnte es sein, dass du genau diese Idee selbst hinterfragen solltest. Denn du willst dann ja die Realität anders haben, als sie ist. Wenn sich dein Kind mit irgendwelchen Sorgen, Ängsten oder Konflikten aus seinem Umfeld an dich wendet, dann könntest du prüfen, ob es einen Versuch wert ist, es an die vier Fragen heranzuführen.

Manche Kinder sind sehr offen dafür und andere weniger, von ihren Eltern mit der Work begleitet zu werden. Je mehr du willst, dass dein Kind etwas erkennt und sich befreit, umso mehr Druck spürt es – und umso eher wird es sich verschließen. Aus meiner Erfahrung lassen sich Kinder nur dann darauf ein, wenn sie wirklich Raum bekommen. Mein Tipp ist daher, zuerst selbst zu diesem Thema zu worken, bevor man es seinem Kind anbietet: »Er sollte worken.« »Sie sollte dies und das begreifen.« Oder auch thematisch zum Problem des Kindes: »Sie sollte lernen, sich durchzusetzen«. »Er sollte nicht so wütend sein« oder was auch immer du über dein Kind denkst.

Kurz und leicht

Wenn dein Kind dafür offen ist, kann das gemeinsame Worken eine wunderbare Erfahrung sein. Dabei ist zu beachten, gerade mit Kindern ganz einfache Sätze zu wählen und sie nicht zu belehren, sondern ihnen den Raum zu lassen, ihre eigenen Antworten zu finden (wie letztlich bei jedem Menschen, den wir durch die Work begleiten). Vielleicht vereinfachst du bei kleinen Kindern auch die Fragen der Work: »Stimmt das?«, »Kannst du dir ganz sicher sein, dass das stimmt?« »Wie geht es dir, wenn du den Gedanken glaubst?« Die vierte Frage verstehen Kinder meist ohne Umformulierung.

Beachte: Die Work kann mit Kindern ganz schnell gehen, vielleicht dauert sie nur zwei Minuten. Ich hatte zum Beispiel einmal eine Work mit Kaya, als sie in der ersten Klasse war. Der Satz, mit dem sie verärgert aus der Schule kam, war: »Die anderen sollten mit mir spielen.« Ich fragte einfach: »Die anderen sollten mit dir spielen, stimmt das?« »Ja«, antwortete sie. »Kannst du ganz sicher sein, dass das stimmt, sie sollten mit dir spielen?« »Ja.« »Wie geht es dir, wenn du den Gedanken glaubst?« »Dann bin ich total wütend und sauer auf die.« »Und wer wärst du ohne den Gedanken?« »Dann geht's mir besser.« »Dann kehr den Gedanken mal um. Die sollten mit dir spielen. Wie wäre es, wenn der Satz mit ›Ich‹ beginnt?« »Ich sollte mit mir spielen.« »Wie könntest du das machen?« Kaya hatte einige Ideen, wie sie das machen könnte – und schon waren wir durch. Diese Work dauerte keine zwei Minuten. Kaya war wieder vergnügt – und ein paar Tage später passierte das Erstaunliche: Sie erzählte mir, dass sie allein irgendetwas gespielt habe und nacheinander seien mehrere andere Kinder zu ihr gekommen und wollten mit ihr spielen. Ich begriff: Sie hatte ihre Umkehrung gelebt. Ohne dass wir darüber gesprochen oder ich sie darauf hingewiesen hätte, hatte sie einfach in die Tat umgesetzt, was sie aus unserer kurzen Work gelernt hatte. »Ich sollte mit mir spielen.« Das hatte sie getan, es hatte ihr Freude gemacht, sie hatte nichts mehr vermisst – und die anderen waren von selbst dazugekommen, um mitzuspielen. Von da an war es in ihrer gesamten Schulzeit nie wieder ein Thema, dass die anderen mit ihr spielen sollten. Unsere Kinder sind so klug und so kreativ, wenn wir sie lassen.

KINDERN RAUM GEBEN

Sehr oft ist es gar nicht nötig, mit Kindern zu worken. Oftmals ist es viel wichtiger, einfach da zu sein und ihnen Raum zu geben. Aus meiner Erfahrung ist es bei Kindern von Anfang an wichtig, ihnen zuzuhören. Wenn wir ihnen den Raum geben, einfach sie selbst zu sein, dann bauen wir das Vertrauen auf, dass sie mit allem, egal, was es sein mag, zu uns kommen können. Viele Eltern wundern und beschweren sich, dass ihre Kinder in der Pubertät so verschlossen sind. Doch ist das ein Wunder, wenn sie über Jahre hinweg immer wieder erfahren haben, dass ihnen nicht wirklich zugehört wurde, dass die Eltern ständig Ratschläge gaben und meinten, alles zu wissen? Wer hat den Kindern gezeigt, dass sie ohnehin keinen Raum bekommen und dass fast alles, was sie sagen, bewertet, korrigiert und kommentiert wird?

Dass Kinder manchmal jemanden brauchen, der einfach nur zuhört, habe ich einmal sehr eindrücklich mit Kaya erlebt. Ich holte sie im Hort ab und sie war total aufgebracht. Wir setzten uns zusammen hin. Sie erzählte mir ausführlich, wie doof die anderen Kinder an dem Tag gewesen waren. Ich sagte nichts, sondern hörte ihr einfach zu. Nach etwa zehn Minuten fragte sie plötzlich: »Und, Papa, gehen wir jetzt Eis essen?« Das Thema war für sie durch. Sie hatte kein Problem mehr.

Hätte ich versucht, Kaya ihr Drama zu nehmen, hätte ich ihr erklärt, dass es doch gar nicht so schlimm sei, dass sie doch sicher auch schon mal so gehandelt habe wie ihre Freunde und so weiter – was wäre passiert?

Sie hätte umso stärker an ihrer schmerzhaften Geschichte festhalten müssen. Sie hätte mir klarmachen müssen, dass es wirklich schlimm war. Ihr Schmerz wäre nur größer geworden und hätte viel länger angedauert. Wenn wir einfach zuhören und unseren Kindern Raum geben, dann finden sie ihren Weg oft ganz allein. Und vor allem fühlen sie sich gesehen und ernst genommen.

RAUS AUS DEN MUSTERN DER EIGENEN KINDHEIT

Im Zusammensein mit unseren Kindern merken wir, wie stark wir von unseren Glaubenssätzen und Gedanken geprägt sind. Und woher haben wir die? Überwiegend aus unserer Kindheit und aus unserem Erleben der Beziehung zu unseren Eltern. Dann sehen wir unser Kind beispielsweise draußen in der Natur genüsslich am Schnee lecken und sagen: Wirf diesen Schnee weg! So passierte es mir einmal und ich merkte in dem Moment, dass ich es einfach meiner Mutter nachgemacht hatte. Ich selbst sah überhaupt kein Problem darin, dass meine Tochter probiert, wie der Schnee schmeckt. Er war sauber und es machte ihr Freude. Ich sagte ihr das, entschuldigte mich und wünschte ihr weiterhin viel Spaß mit dem Schnee. Es sensibilisierte mich dafür, dass ich nicht einfach alte Muster weitergeben wollte.

Ich bin so froh, dass ich The Work kennengelernt habe, bevor 2001 meine erste Tochter geboren wurde. Denn das hat es mir ermöglicht, an meinen Gedanken zu arbeiten, die die Beziehung zwischen mir und meinem Kind ansonsten enorm belastet hätten. Es hat mir geholfen, mit viel weniger Stress und mit sehr viel mehr Freude Vater zu sein. Ich hatte viel aufzuräumen. Mit meiner ersten Tochter war das ein intensiver Wachstumsprozess. Meine jüngere Tochter wurde zwölf Jahre später geboren und unsere Beziehung konnte von Anfang an anders sein. Zugleich ist es auch für mich bis heute ein Lernprozess und ein immer weiteres Wachsen.

SCHULDGEFÜHLE GEGENÜBER UNSEREN KINDERN

Wenn du Kinder hast, bist du ihnen vermutlich nicht immer so begegnet, wie du es eigentlich gern getan hättest. Das ist natürlich ganz normal. Solange wir unsere Gedanken glauben, müssen wir so handeln, wie wir handeln. Da haben wir keine Wahl. Du hast dir diese Gedanken ja nicht bewusst ausgesucht. Das ist alles total unschuldig.

Sollten dich trotzdem Schuldgefühle dazu quälen, lade ich dich ein, weiter hinten im Buch das Kapitel darüber zu lesen. Wir können jederzeit beginnen, uns aus unserem alten Denken herauszuentwickeln und damit zu der Liebe finden, die in uns ist. Durch die Work kommt unser Verstand einfach immer mehr in Übereinstimmung mit unserem Herzen. Was auch immer in der Vergangenheit war, du kannst heute beginnen, all deine stressigen Gedanken – auch über deine Kinder und deine Beziehung zu ihnen – zu hinterfragen. Schreib diese Gedanken auf, wenn du sie gerade bemerkst, und mach bei der nächsten Gelegenheit deine Work dazu. Wie Katie manchmal sagt: »Das Schöne an der Vergangenheit ist: Sie ist vorbei.« Du kannst immer jetzt neu beginnen.

THE WORK ÜBER DEINE ELTERN

Die Beziehung zu unseren Eltern prägt häufig uns und unsere Weltsicht prägt. Wenn du diese Beziehung mit der Work klärst, dann kannst du immer mehr das leben, was du in deiner Essenz bist: Liebe.

Byron Katie sagt, dass unsere Eltern nur einen einzigen Job hatten: uns auf die Welt zu bringen. Alles andere sei unsere Projektion. Nun, uns auf die Welt zu bringen, das haben sie offensichtlich geschafft – sie haben ihren Job also erledigt. Was auch immer wir glauben, was unsere Eltern ansonsten noch hätten tun sollen oder wie sie hätten sein sollen, sind Gedanken, die wir mit der Work überprüfen können.

Die Works über unsere Eltern wirken auf zwei Ebenen: Zum einen kann sich dadurch die Beziehung zu ihnen – ob sie noch leben oder nicht – verbessern. Zum anderen können wir dadurch freier werden von alten Mustern, die durch unsere Gedanken über die Beziehung zu unseren Eltern geprägt wurden. Diese alten Muster haben sich ausgewirkt auf unser Leben – auf unsere Partnerschaften oder die nicht vorhandene Partnerschaft, auf die Beziehung zu unseren Kindern und auch auf die Beziehung zu uns selbst und zu allen anderen Menschen in unserem Leben.

Wenn wir die Liebe, die in uns ist, die Liebe, die wir sind, leben wollen, dann kommen wir kaum darum herum, die Themen mit unserer Mutter und unserem Vater anzuschauen. Das ist übrigens unabhängig davon, ob wir mit unseren Eltern Kontakt haben wollen oder nicht, und auch davon, ob sie noch leben oder nicht. Solange die alten Muster greifen, sind wir wie Roboter. Wir leben nach einem Programm, das unbewusst abläuft und uns wenig Mitspracherecht gewährt.

ERWARTUNGEN AN UNSERE ELTERN

Solange wir unseren Eltern irgendetwas übel nehmen und Gedanken glauben, die sie anders haben wollen, als sie sind, existiert eine Trennung zu unseren Eltern. Und diese Trennung trennt uns auch von der Liebe, die wir

sind. Unsere wahre Natur ist Liebe. Wenn wir uns von dieser Liebe irgendwo abschneiden, trennen wir uns von dem, was wir wirklich sind. Solch eine Trennung ist immer schmerzhaft – für uns selbst.
Vor diesem Hintergrund lade ich dich ein, dir die Beziehung zu deinen Eltern gründlich anzuschauen. Nimm dir die Zeit. Meine Erfahrung ist: Es lohnt sich wirklich! Du brauchst dann nicht mehr darauf zu warten, dass dir deine Eltern Anerkennung, Wertschätzung, Bestätigung oder Liebe geben. Du kannst erkennen, dass du dir diese Dinge nur selbst geben kannst. Denn sie sind bereits in dir. Katie sagt, dass du selbst die Mutter bist, auf die du gewartet hast. Wenn du hingegen darauf wartest, noch etwas von deiner Mutter zu bekommen, wirst du mutterseelenallein bleiben.
Die meisten von uns haben oder hatten viele Erwartungen an ihre Eltern. Doch ist es wirklich wahr, dass deine Eltern all deine Erwartungen erfüllen sollen oder hätten erfüllen müssen? Kannst du überhaupt wissen, dass es – möglicherweise auf lange Sicht gesehen – besser für dich wäre, wenn deine Eltern so gewesen wären, wie du es dir gewünscht hast? Übrigens heißt das nicht, dass wir alles gutheißen müssten, was unsere Eltern getan haben, wenn wir die Work über sie machen. Aber es gibt immer die Möglichkeit zu erkennen, dass sie das, was wir nicht gutheißen, unschuldigerweise getan haben, weil sie, vielleicht geprägt durch ihre Umstände, es nicht anders machen konnten, als sie es gemacht haben. Warum konnten sie das nicht? Weil sie ihre Gedanken geglaubt haben, genauso wie wir unsere Gedanken glauben, wenn wir gegen unsere eigenen Werte handeln.
Oftmals ist es auch hilfreich, dir zu vergegenwärtigen, wie die ersten Lebensjahre deiner Eltern waren, um dich besser in ihre Situation hineinversetzen zu können.

WENN DU EINE RUNDUM GUTE BEZIEHUNG ZU DEINEN ELTERN HAST, DANN IST DAS EIN BONUS IN DEINEM LEBEN. FALLS DAS NICHT SO IST, DANN IST DAS DEINE CHANCE FÜR INNERES WACHSTUM.

DIE WIEDERHOLUNG UNSERER ERFAHRUNGEN

Viele von uns kennen das, dass sie sich in Beziehungen wiederfinden, in denen der Partner oder die Partnerin genauso mit ihnen umgeht, wie es Vater oder Mutter in der Kindheit mit ihnen gemacht haben. Vielleicht wird respektlos gehandelt, es wird geschimpft, Liebe wird an bestimmte Leistungen gebunden, die andere Person nimmt sich keine Zeit für uns, wir können unserem Partner nicht vertrauen – und was es sonst noch alles an Mustern geben kann. Und auch wir selbst können uns dabei beobachten, dass wir in manchen Situationen in unserer Partnerschaft genauso handeln, wie wir es als Kind getan haben. Wir versuchen, die Partnerin mit Humor zu besänftigen oder ihr alles recht zu machen, oder wir bemühen uns, dem Partner gegenüber auf irgendeine Weise »Papis Liebling« zu sein, damit er sich uns zuwendet. Immer wieder tauchen die frühen Muster auf – wie eine Einladung, endlich damit aufzuräumen und frei zu werden.
Daneben gibt es den Mechanismus der Rebellion, wie schon erwähnt: Wir haben bestimm-

te Muster in unserer Herkunftsfamilie erlebt und wollen so auf keinen Fall sein. Dann schaffen wir es zwar vielleicht, eine Wiederholung zu verhindern, frei sind wir deswegen aber noch lange nicht. Auch hier sind wir gebunden an das, was wir über das glauben, was wir erlebt haben.

Ganz gleich, wie heftig oder subtil es bei dir war und ist: Kennst du das aus deinem Leben, dass du immer wieder die gleichen Muster mit deinem Partner, deiner Partnerin oder auch in anderen Beziehungen bis hin zu Arbeitsbeziehungen erlebst, die du aus deiner Kindheit kennst? Was sind das bei dir für Muster? Und was sind die Muster der Partner, die du anziehst? Kennst du das Gleiche vielleicht aus deiner Kindheit, mit deiner Mutter oder deinem Vater (oder anderen nahen Bezugspersonen)? Vielleicht magst du mal Geschwister, andere Verwandte oder Freunde fragen, was sie in dir sehen. Aber behalte im Hinterkopf, dass ihre Sicht auf dich natürlich auch nicht »die Wahrheit« ist.

Sich solcher Verbindungen bewusst zu werden ist schon der erste große Schritt in Richtung Freiheit. Mit der Bewusstheit ist die Möglichkeit der Veränderung gegeben, die noch nicht da ist, wenn alles wie automatisiert abläuft. Zugleich ist es gut möglich, dass dich durch die Arbeit mit der Work alte Muster verlassen, ohne dass sie dir überhaupt so richtig bewusst geworden sind.

SPÜRE, WAS GUT IST FÜR DICH

The Work und speziell die Anregungen in diesem Kapitel und im Kapitel allgemein zu Beziehungen haben das Potenzial, deine Beziehung zu deinen Eltern zu befreien und in Frieden zu bringen. Zugleich gibt es sicher Menschen, für die es sinnvoll ist, keinen Kontakt mehr zu Mutter oder Vater zu suchen oder zuzulassen. Wenn du merkst, dass Abstand für dich das Richtige ist, dann höre dabei auf dich. Es geht bei der Work nicht darum, irgendetwas erreichen zu wollen. Worum es geht, ist, dass du deine Gedanken hinterfragen und herausfinden kannst, was deine Wahrheit ist. Vielleicht stellst du fest, dass sich die Beziehung zu deinen Eltern mit einem Mal deutlich leichter und freier, liebevoller und humorvoller anfühlt. Und vielleicht merkst du: Gut, dass ich mit ihnen nicht in Kontakt sein muss. Auch das kann sich für dich nach der Work anders anfühlen als vorher, freier und aus diesem Abstand heraus freundlicher.

PRAKTISCHE ANREGUNGEN

Auch in der Beziehung zu deinen Eltern – ob sie sich auf deine Kindheit oder die Gegenwart bezieht – kannst du all die Angebote aus diesem Buch und speziell aus dem Kapitel zu Beziehungen allgemein nutzen. Der absolute Kern ist für mich auch hier das »Urteile über deinen Nächsten«-Arbeitsblatt, das du wunderbar für deine Mutter und deinen Vater oder andere Bezugspersonen deiner Kindheit ausfüllen kannst: zunächst vielleicht allgemein mit allem, was einmal gesagt werden will, und dann auch gezielt für konkrete Situationen, die du mit ihnen als schmerzvoll erlebt hast.

Vieles aus der Kindheit ist uns natürlich nicht mehr bewusst. Es gibt allerlei psychologische Mechanismen, Schwieriges zu verdrängen oder umzudeuten. Damit du gut an die Gefühle oder Situationen herankommst, bei denen es etwas zu klären gibt, biete ich dir im Folgenden ein paar Vorübungen an. Die meisten davon sind an sich schon sehr kraftvoll und sie können in äußerst gehaltvolle UNAs münden, die du dann mit der Work überprüfen kannst.

»Ich nehme es ihnen übel, dass …« Schritt 1

Entscheide dich zunächst, ob du zuerst über deine Mutter oder deinen Vater arbeiten willst. Vielleicht hast du auch Adoptiveltern oder Pflegeeltern gehabt oder bist bei anderen Verwandten aufgewachsen. All diese Menschen kannst du hier einbeziehen. Wähle jeweils eine Person aus und arbeite dich so durch deine Beziehungen zu deinen ersten engen Bezugspersonen hindurch. Wenn du weißt, mit wem du beginnen willst, dann notiere dir die folgende Formulierung: »Ich nehme es meiner Mutter übel, dass …« »Ich nehme es meinem Vater übel, dass …« Begib dich voll hinein in das, was bei dir zu dieser Formulierung auftaucht. Schreib deine Liste und sei möglichst offen dafür, die schmerzhaften Punkte zu erleben, die für dich hierbei auftauchen. Schreib alles auf, was da kommt. Zensiere nichts und versuch nicht, deine Mutter oder deinen Vater in Schutz zu nehmen oder die Dinge zu bagatellisieren oder dir auszureden. Was für dich auftaucht, kann jetzt auf Papier.

Viele Dinge, die schon lange her sind und in unserer frühen Kindheit passiert sind, sind uns wahrscheinlich nur vage bewusst. Lass zu, dass du bei dieser Übung ein wenig in dieser alten Energie schwimmst, in all den Gefühlen, die sich in dir mit dem Thema verbinden: »Ich nehme es meiner Mutter oder meinem Vater übel, dass …«

Schreib Winzigkeiten auf und große Dinge. Alles, was dir in den Sinn kommt. Ganz gleich, ob es in deine früheste Kindheit gehört, in deine Pubertät oder in dein aktuelles Leben. Lass jetzt die Anteile in dir zu Wort kommen, für die es schmerzvoll ist. Vermutlich gibt es auch die Anteile, die wissen, dass deine Eltern nicht anders handeln konnten, als sie es damals getan haben. Doch diese Anteile brauchst du jetzt nicht. Gib den Anteilen Raum, denen noch etwas wehtut, die deiner Mutter oder deinem Vater noch etwas übel nehmen.

Lass alles auf Papier fließen – vielleicht, dass deine Eltern nicht für dich da waren, andere bevorzugt haben, emotional nicht erreichbar waren, dich nicht verstanden oder dir nicht zugehört haben, von dir Sachen verlangt haben, die dich überforderten oder gar nicht zu dir passten, wie sie dir die Liebe verwehrten, wenn du nicht so warst, wie sie es wollten ...

Mach diese Liste dann auch für den anderen Elternteil und gegebenenfalls für weitere Bezugspersonen wie Adoptiveltern oder Pflegeeltern. Wenn du alle Listen geschrieben hast, dann priorisiere sie jeweils. Nummeriere also, welche Sätze auf den einzelnen Listen für dich die höchste Dringlichkeit, den größten emotionalen Bezug haben. Gib dem schmerzhaftesten eine eins, dem nächsten eine zwei, bist du zumindest auf jeder Liste die ersten vier Gedanken identifiziert hast, die du dir unbedingt ansehen möchtest.

»Ich nehme es ihnen übel, dass ...« Schritt 2

Wenn du diese Vorbereitung gemacht hast, dann geht es ans eigentliche Worken. Wähle wieder aus, über wen du zuerst arbeiten möchtest, und nimm dir von deiner Liste den Satz mit der Priorität eins. Das könnte zum Beispiel sein: »Ich nehme es meinem Vater übel, dass er nie für mich da war.« Diesen Satz schreibst du jetzt unter Punkt eins in das »Urteile über deinen Nächsten«-Arbeitsblatt. Die Formulierung passt nicht immer ganz genau, doch du kannst sie leicht umformuliert dort notieren. Vielleicht suchst du auch nach dem Gefühl in der Formulierung des Arbeitsblattes: »Ich bin wütend, enttäuscht, traurig ... wegen meinem Vater, weil er nie für mich da war.« Von diesem Satz aus füllst du nun das gesamte Arbeitsblatt aus. Dieser Anfangssatz ist das Thema für das Arbeitsblatt. Achte diesmal nicht unbedingt auf eine bestimmte Situation, sondern arbeite ganz allgemein zu diesem Thema von deiner Liste. Wenn du dir viel Zeit hierfür nehmen willst, dann ist die Einladung, erst einmal ein oder zwei oder sogar vier solche Arbeitsblätter auf Basis deiner vier priorisierten Sätze über deinen Vater und genauso über deine Mutter (oder weitere Bezugspersonen) auszufüllen. Dann hast du schon einmal all deine Sätze heraus und auf Papier gebracht. Im nächsten Schritt kannst du diese Arbeitsblätter nach und nach worken, inklusive Sahnehäubchen. Manchmal ist es ratsam, sich dafür mehrere Tage Zeit zu nehmen oder zumindest das Sahnehäubchen erst am nächsten Tag zu lesen oder dann noch einmal zu wiederholen.

Wenn deine Eltern noch leben, kann es schön sein, dir das Sahnehäubchen vorzulesen, bevor du sie das nächste Mal triffst oder anrufst. Das kann dir Zugang zu inneren Ressourcen geben und dadurch eine andere Begegnung ermöglichen.

Welche Bedeutung gabst du dem Geschehen?

Hier eine andere, oft wertvolle Anregung. Frage dich einmal: Was hat deine Mutter oder dein Vater zu dir als Kind gesagt, was dir Angst gemacht, was dich eingeschüchtert, wütend oder traurig gemacht hat oder wofür du dich geschämt hast? Frage dich das ruhig immer wieder einmal und lass dabei Bilder hochkommen. Was taucht da auf? Vielleicht so etwas wie »Meine Mutter hat gesagt, wenn ich nicht gehorche oder wenn ich nicht tue, was sie sagt, dann steckt sie mich in ein Heim«, »Mein Vater hat gesagt, wenn ich nicht besser in der Schule werde, werde ich im Leben niemals klarkommen«, »Meine Mutter hat gesagt, dass meine gemalten Bilder lächerlich sind«. Was ist es bei dir? Mach dir dazu Notizen.

Und dann frage dich bei jedem Punkt auf deiner Liste: Welche Bedeutung hast du als kleines Mädchen, als kleiner Junge dem gegeben, dass deine Eltern das gesagt haben? Vielleicht »Dass meine Mutter das gesagt hat, bedeutet, dass sie mich nicht liebt, dass mit mir etwas falsch ist« und so weiter. Diese Gedanken kannst du nun in dieser Situation in der Vergangenheit überprüfen, umformuliert in: »Sie liebt mich nicht«, »Mit mir ist etwas falsch« und so weiter. Vielleicht ergibt sich aus diesen Betrachtungen auch ein weiteres »Urteil über deinen Nächsten«-Arbeitsblatt über Vater oder Mutter.

Brief an Mutter und Vater

Einen Brief an deine Mutter oder deinen Vater zu schreiben, so wie es vorn im Kapitel »Einen Brief schreiben« beschrieben ist, kann ebenfalls helfen, an verborgenes emotionales Material heranzukommen.

»Es wäre besser, wenn mein Vater / meine Mutter ...«

Und auch diese Formulierung kann dich anregen, Listen zu machen, die als Basis für weitere Work-Sitzungen oder auch Arbeitsblätter dienen können. Die Anleitung dafür findest du im »Es wäre besser, wenn ...«-Kapitel.

»Was ich mir immer von dir gewünscht habe, Papa/Mama ...«

Auch dieser Satzanfang bietet eine hilfreiche Grundlage, um in die schmerzlichen Gefühle und Situationen hineinzukommen, über die du dann ein Arbeitsblatt machen kannst.

Wenn du dann das gesamte Arbeitsblatt geworkt und auch das Sahnehäubchen gemacht hast (siehe Kapitel »Das Finden der stressigen Überzeugungen«), kannst du zu deiner Liste zurückkehren und sie vollständig zu dir umkehren: »Was ich mir immer von mir gewünscht habe, ist, dass ...« Lies dir deine Listen auf diese Weise vor und lass die Worte einfach auf dich wirken. Spüre bei jedem Satz, ob er eine Resonanz in dir auslöst und ob er sich für dich stimmig anfühlt. Vielleicht erkennst du, wie sehr du dir diese Dinge von dir selbst gewünscht hast und dass dir deine Eltern vielleicht nur dabei geholfen haben zu erkennen, wer du wirklich sein und wie du leben willst.

THE WORK UND VERGEBUNG

Solange wir jemandem nicht vergeben können, ist das schmerzhaft für uns. Wir hängen an den Konzepten darüber fest, was es bedeutet, dass diese Person uns dies oder jenes angetan hat. Das trennt uns von unserer wahren Natur, die Liebe und Frieden ist.

Solange wir jemandem etwas nicht vergeben haben, halten wir an bestimmten Gedanken fest und trennen uns damit von der anderen Person – und oft auch von weiteren Beteiligten. Wenn wir zum Beispiel unserer Tante irgendetwas nicht vergeben haben, dann beeinflusst das oft auch andere Familienmitglieder, unseren Umgang mit ihnen und deren Umgang untereinander. Es bringt Unfrieden und Verwirrung ins System.

So wichtig Vergebung ist – es geht natürlich nicht darum, etwas vergeben zu müssen, was wir nicht vergeben können. Das würde nicht funktionieren. Doch wenn du ein Interesse daran hast, wirklich frei und glücklich zu leben, dann ist Vergebung eine Voraussetzung dafür, Groll und Ablehnung, Wut oder sogar Hass anderen gegenüber abzulegen, ganz gleich, was sie getan oder unterlassen haben.

Die Work ist dafür das vielleicht kraftvollste Werkzeug überhaupt. Viele Menschen erzählen, dass die Vergebung mithilfe der Work irgendwann einfach stattfand. Es war nicht einmal eine bestimmte Aktion nötig. Die Gründe, warum sie nicht vergeben konnten, lösten sich in Nichts auf, nachdem die Menschen ihre Gedanken über die andere Person und die Situation überprüft hatten.

Solange wir jemandem nicht vergeben haben, werden wir es, zumindest wenn wir feinfühlig genug dafür sind, auch körperlich spüren. Irgendwo im Körper werden wir Enge oder Anspannung wahrnehmen. Oft ist es beispielsweise ein Kloß im Hals oder eine Spannung in den Schultern. Nach meiner Erfahrung scheint dies auch ein Nährboden für körperliche Krankheiten zu sein. Schon allein deshalb kann es sich lohnen, sich diesen Themen zu widmen.

Byron Katie macht zum Thema Vergebung eine Aussage, die viele Menschen erst einmal eine ganze Weile beschäftigt. Sie sagt: »Vergebung bedeutet zu erkennen, dass das, was deiner Ansicht nach passierte, niemals geschehen ist.« Eine häufige Reaktion auf diesen Satz ist: Aber er hat es doch getan! Sie hat mir das wirklich angetan! Es ist jedoch niemals das, was jemand tut, was uns Leid zufügt. Das Schmerzhafte ist immer die Bedeutung, die wir dem geben, was geschehen ist.

Beim Worken können wir dann womöglich erkennen, dass die andere Person zwar eine bestimmte Sache getan hat, dass wir deswegen aber nicht leiden müssten, wenn wir unsere Gedanken darüber nicht glauben würden. Wenn wir nicht denken würden, dass die Person es getan hat, weil sie uns eins auswischen wollte, weil sie uns nicht respektiert, weil wir es nicht besser verdient hätten, dann verändert sich unsere Sicht auf das, was geschehen ist. Unser Blick darauf wandelt sich völlig. Dann müssen wir noch nicht einmal mehr vergeben, dann geschieht Vergebung von selbst. Sie geschieht in dem Moment, in dem wir unsere Geschichte über die Situation nicht mehr glauben. Dann können wir bemerken, dass es tatsächlich niemals so geschehen ist, wie wir glaubten, dass es geschehen sei.

Es gibt berührende Beispiele von Menschen, die auch das Schlimmste vergeben konnten – beispielsweise einige Überlebende des Holocaust. Oder Eltern, die dem Mörder ihres Kindes vergeben konnten. Sie zeigen uns eindrucksvoll, was möglich ist. Und auch wenn es nicht so dramatisch ist: Wir haben die Work und können dadurch Vergebung ermöglichen. Das gilt natürlich auch für Dinge, die wir uns selbst vorwerfen (mehr dazu im Kapitel über Schuldgefühle).

VERGEBUNG MITHILFE DER WORK

Ich lade dich ein, dir bewusst zu machen, wem du in deinem Leben noch nicht vergeben hast. Vielleicht findest du große einschneidende Erlebnisse – oder auch Kleinigkeiten, die du anderen übel nimmst. Nutze dann das »Urteile über deinen Nächsten«-Arbeitsblatt, um deine Wahrheit zu entdecken und so möglicherweise Klarheit und Frieden zu finden. Es geht natürlich nicht darum, dich dahin zu worken, endlich vergeben zu können. Es geht – wie immer – darum zu worken, um deine eigene Wahrheit zu finden. Vergebung folgt dann oftmals ganz von selbst. Was dich frei machen kann, sind deine eigenen Antworten.

»Ich kann … nicht vergeben!« Wenn du das über eine Person glaubst, dann lohnt es sich, auch diesen Gedanken zu überprüfen. Frage dich dann bei der dritten Frage auch: »Wie fühlt es sich in meinem Körper an, wenn ich diesen Gedanken glaube?« Bei den Umkehrungen (siehe gleichnamiges Kapitel) kannst du hier auch die Formulierung »Ich will … nicht vergeben« ausprobieren. Kannst du das finden? Vielleicht wäre es dir möglich, dem anderen zu vergeben, aber aus irgendeinem Grund will zumindest ein Teil von dir das im Moment nicht tun. Bemerke das und spüre, wie es dir damit geht.

Oft ist beim Thema Vergebung auch die folgende Frage hilfreich: »Muss ich das, was der andere getan hat, wirklich persönlich nehmen?« In vielen Fällen können wir entdecken, dass die anderen das getan haben, was sie getan haben, weil sie ganz fest ihre eigenen Gedanken glauben. Was hat das mit uns zu tun?

THE WORK ZUR KLÄRUNG DER VERGANGENHEIT

An dieser Stelle möchte ich dir eine kraftvolle Übung vorstellen, mit der du einschneidende Erfahrungen aus der Vergangenheit klären kannst. Auch zu bestimmten Eigenschaften, die du an dir selbst hinderlich findest, kannst du damit arbeiten.

Erinnere dich einmal an etwas Schlimmes, was dir passiert ist. Das kann eine einzelne Situation sein, beispielsweise ein Unfall, und es kann genauso gut eine schwierige Lebensphase und länger andauernde schmerzhafte Umstände betreffen, beispielsweise wenn du mit einer Mutter aufgewachsen bist, die Alkoholikerin war, oder wenn dein Vater gestorben ist, als du ein kleines Kind warst. Es kann eine körperliche Beeinträchtigung betreffen oder dass du längere Zeit im Krankenhaus sein musstest. Oder du hast von deiner Mutter gehört, dass sie dich ins Heim stecken wird, wenn du nicht besser gehorchst. Vielleicht warst du auch tatsächlich in einem Kinderheim und es ging dir dort nicht gut. Schau mal, welches Thema bei dir auftaucht.

Nimm dir dann die Zeit und erstelle eine Bedeutungsliste zu diesem Thema. »Mir ist damals etwas geschehen, und das bedeutet jetzt immer noch für mich, dass …« Zum Beispiel: »Mein Vater ist gestorben, als ich ein kleines Kind war, und das bedeutet bis heute für mich, dass ich kein männliches Vorbild habe.« »Es bedeutet, dass ich nicht weiß, wie ich als Mann gut leben und in Beziehung sein kann.« »Es bedeutet, mir fehlt immer etwas in meinem Leben.« »Es bedeutet, ich habe in Beziehungen Angst, die andere Person zu verlieren.«

Mit dieser Bedeutungsliste kannst du dann genauso arbeiten, wie ich es im Kapitel zu den Bedeutungslisten beschrieben habe. Diese Übung lockert die Verknüpfung zwischen dem damaligen Geschehen und deinem heutigen Leben. Sie kann die in dir selbstverständlich gewordene Kette unterbrechen von: Weil damals dies und das war, muss ich heute so und so sein oder dies und das erleben.

Solange wir so etwas glauben, scheint das Vergangene auch tatsächlich so zu wirken. Wenn wir es nicht mehr glauben, können Freiheit und Frieden in unser Leben kommen.

THE WORK FÜR EINSCHRÄNKENDE GLAUBENSSÄTZE ÜBER DICH

Wir alle glauben, zumindest manchmal, nicht gut genug zu sein oder dass etwas mit uns nicht stimmt. Solche Glaubenssätze sind schmerzhaft und schränken unser Leben enorm ein. Mit der Work kannst du dich von solch alten Konzepten befreien.

Manchmal passieren Dinge, die an unserem Selbstwertgefühl nagen. Unser Vater schließt uns aus seinem Testament aus oder eine Freundin lädt uns nicht zu ihrer Geburtstagsfeier ein. Es können aber auch vermeintlich harmlose Dinge sein. So oder so wird in manchen Situationen ein alter Glaubenssatz aktiviert, den wir schon in unserer Kindheit verinnerlicht haben. Der altebekannte Schmerz kommt hoch, das alte Muster von »Ich bin nicht gut genug« zeigt sich in einer seiner unzähligen Varianten.

Es lohnt sich, deine Gedanken in solchen Situationen aufzuschreiben. Beispielsweise: Was bedeutet es für dich, dass die anderen tun, was sie tun? Mach deine Liste: »Das bedeutet, dass mit mir etwas nicht stimmt.« »Das bedeutet, ich habe etwas falsch gemacht.« »Das bedeutet, er liebt mich nicht.« »Das bedeutet, die wollen nichts mit mir zu tun haben.« »Das bedeutet, ich sollte besser gar nicht da sein.« »Das bedeutet, keiner liebt mich.« Die Sätze dieser Listen kannst du nun wieder priorisieren und überprüfen. Am Ende folgt das Sahnehäubchen: Du kehrst die gesamte Liste um.

DAS BESTE, WAS PASSIEREN KANN

Meine Erfahrung ist: Alles, was geschieht, geschieht für uns, es stößt uns nicht einfach nur zu. Wir können das entdecken, indem wir die Situationen, in denen wir das nicht so sehen, mit der Work reflektieren.

Frage dich daher am Ende einer Work über solche Situationen, da wo es passend ist: »Einfach mal angenommen, das wäre für mich geschehen: Inwiefern könnte es das Beste für mich sein, dass es genau so geschehen ist, wie es geschehen ist? Wofür könnte es möglicherweise – vielleicht auf lange Sicht gesehen – gut sein?«

KRITIK ALS GESCHENK ANNEHMEN

Unsere Selbstzweifel verhindern oftmals, dass wir gelassen mit Kritik umgehen und sie als hilfreiches Geschenk annehmen können. Einerseits scheuen wir uns oft, Kritik auszusprechen, andererseits werden wir nicht gern kritisiert. Doch warum eigentlich nicht? Falls Kritik wehtut, dann meist nur deshalb, weil jemand etwas ausspricht, was wir selbst auch schon über uns geglaubt haben – was wir aber lieber vor uns verstecken wollten.

Wenn unser Denken klar ist, dann können wir jede Kritik als Geschenk annehmen und als Chance zum Wachsen begreifen. Entweder weil sie einfach hilfreich ist oder, falls die Kritik schmerzt, weil wir daran wachsen können, wenn wir unsere Gedanken zu diesem Thema überprüfen.

Eine Möglichkeit dafür wäre, ein »Urteile über deinen Nächsten«-Arbeitsblatt über die Person zu schreiben, die uns kritisiert. In den Umkehrungen können wir oft ganz Erhellendes über unsere Selbstverurteilungen erkennen.

Eine andere Herangehensweise wäre zu bemerken, was wir selbst bezüglich der Kritik des anderen an uns kritisieren. Dazu kannst du eine Bedeutungsliste machen. Wenn beispielsweise jemand sagt, du seiest dick geworden, und das wehtut – dann kannst du eine Liste machen: »Dass der andere das sagt, bedeutet, dass …« Oder: »Dass mein Körper so dick ist, bedeutet, dass …« Diese Sätze kannst du dann überprüfen.

Wenn du jemandem Feedback geben willst, dann habe ich drei Tipps für dich: Frage die andere Person zunächst, ob sie es hören will – und warte die Antwort ab. Versetz dich dann gegebenenfalls in sie hinein und frage dich, wie sie deine Kritik wohl am besten hören kann. Und schließlich bewährt es sich, von sich selbst zu berichten – und nicht in Du-Botschaften auf den anderen einzureden.

28 SCHRITTE IN DIE FREIHEIT

Erfahrungsgemäß ist ein grundlegender Wandel uralter Glaubenssätze sogar mit The Work oft ein jahrelanger Prozess. Ich bin diesen Weg gegangen – und bin superdankbar für die großartigen Möglichkeiten, die mir die Work dabei eröffnet hat. Zugleich habe ich nach einem neuen Weg gesucht, der diesen Prozess vereinfachen und verkürzen kann. Ich freue mich, dir mit »28 Schritte in die Freiheit« einen solchen Weg anbieten zu können, der bereits nach vierzehn Tagen alte Glaubenssätze weitestgehend löschen kann.

Lass dir ein wenig Zeit mit den folgenden Fragen: Willst du frei sein von alten, einschränkenden Glaubensmustern und Selbstzweifeln? Willst du frei sein von den Verhaltensweisen, mit denen du dir immer wieder stressige Situationen in deinem Leben erschaffst? Willst du dich selbst als gut genug und liebenswert erleben – genau so, wie du bist? Willst du endlich ein freieres, glücklicheres und erfolgreicheres Leben genießen können?

Wenn du diese Fragen mit Ja beantwortet hast, dann ist das 28-Schritte-Programm deine Chance auf ein freieres Leben. Konkret bedeutet es, dass du vierzehn Tage lang zweimal täglich etwa zwanzig Minuten Zeit einsetzt, um immer wieder den gleichen Gedanken mit The Work zu überprüfen. Wenn du dir nur einmal am Tag die Zeit einräumen willst, brauchst du entsprechend achtundzwanzig Tage. Es stört nicht, wenn du mal einen Tag aussetzt. Allerdings machst du es dir selbst einfacher, wenn du das ganze Programm komplett in vierzehn oder achtundzwanzig Tagen durchläufst.

Es ist mir wichtig zu betonen, dass voraussichtlich nicht dein komplettes Leben sofort traumhaft schön sein wird, wenn du dich einmalig auf diesen Prozess einlässt. Aber es kann sich enorm viel verändern – und deine Lebensqualität kann sich deutlich steigern. Mit der Work kannst du dich nach und nach immer mehr von den leidvollen Konzepten und Verhaltensweisen befreien. Wenn es dir hilfreich erscheint, dann kannst du die »28 Schritte in die Freiheit« mit anderen Glaubenssätzen wiederholen.

Der »Nachteil« an diesem 28-Schritte-Programm ist: Du musst die Schritte selbst gehen. Es gibt keine magische Pille, die dir sofort einen radikalen Wandel deiner Grundeinstellungen ermöglicht. Aber es lohnt sich. Was sind schon achtundzwanzig Mal zwanzig Minuten, wenn sich dadurch dein Lebensgefühl deutlich verbessern kann?

28 SCHRITTE IN DIE FREIHEIT: DIE ANLEITUNG

Wähle dir für diesen Wandlungsprozess einen Glaubenssatz aus, von dem du endlich frei sein möchtest. Inspirationen dafür findest du hier:

Auswahl selbstverurteilender und einschränkender Glaubenssätze

- »Ich bin nicht genug.«
- »Ich bin nicht gut genug.«
- »Ich werde nicht geliebt.«
- »So wie ich bin, kann man mich nicht lieben.«
- »Mit mir stimmt was nicht.«
- »Ich bin wertlos.«
- »Ich gehöre nicht dazu.«
- »Ich bin langweilig.«
- »Es wäre besser, wenn es mich nicht gäbe.«
- »Es wäre besser, wenn ich nicht dunkelhäutig/homosexuell/schwerhörig/so groß/krank oder ... wäre.« (Siehe Kapitel »Es wäre besser, wenn ...«)

- »Ich bin total verkorkst.«
- »Ich bin ein Versager.«
- »Ich muss anders sein, als ich bin.«
- »Ich bin noch nicht so weit.«
- »Mir gelingt gar nichts.«
- »Niemand mag mich.«
- »Ich kann das nicht.«
- »Die anderen mögen mich nicht.«
- »Ich bin dumm.«
- »Ich bin peinlich.«
- »Ich schaffe es nicht, … zu tun.«
- »Ich bin daneben.«
- »Ich bin verabscheuenswert.«
- »Ich bin niederträchtig.«
- »Ich habe keinen Humor.«
- »Ich bin tollpatschig.«
- »Ich bin unfähig.«
- »Ich bin schuld.«

Der Work-Prozess

Hinterfrage den Glaubenssatz, den du dir ausgesucht hast, vierzehn Tage lang morgens und abends mit The Work – oder achtundzwanzig Tage lang einmal täglich. Reserviere dir am besten eine feste Zeit dafür, um wirklich dranzubleiben. Grundsätzlich scheint es für die meisten Menschen leichter zu sein, das Programm innerhalb von zwei Wochen abzuschließen und dafür zweimal am Tag zu worken.

Die Idee ist, für jede einzelne Work eine konkrete Situation aus deinem Leben zu finden, in der dieser Glaubenssatz dich beeinflusst hat, du dich deswegen nicht gut gefühlt oder eingeschränkt hast. Vielleicht als du ein kleines Kind warst, ein Teenie, in deinen Zwanzigern oder Fünfzigern. Wenn du beispielsweise den Glaubenssatz »Ich bin nicht gut genug« für diese Übung ausgewählt hast, dann gab es vermutlich verschiedene Situationen, in denen du diesen Gedanken geglaubt hast. Wähle für jede Überprüfung eine ganz konkrete Situation aus. Das könnte ein Moment in einem Meeting vor drei Tagen gewesen sein, in dem jemand etwas gesagt hat und du dich klein gefühlt hast. Oder eine Situation, als du fünf Jahre alt warst und sich die Erzieherin im Kindergarten über dich lustig gemacht hat.

Wenn du eine konkrete Situation hast, dann bleibst du bei den Antworten auf die Fragen der Work und bei den Umkehrungen in dieser Situation. Du versetzt dich in das Meeting zurück oder eben in die Situation als Fünfjährige oder Fünfjähriger in dem konkreten Moment im Kindergarten. Du kannst den Glaubenssatz auch ganz allgemein ohne konkrete Situation überprüfen oder die Work für eine bestimmte Situation wiederholen.

Falls du mal einen Morgen oder Abend aussetzt, dann machst du danach einfach weiter, sodass du den Gedanken insgesamt achtundzwanzig Mal überprüfst. Auf ralf-heske.de/praxisbuch-bonus findest du ein Protokoll für diese achtundzwanzig Schritte. Ich empfehle dir, es zu nutzen, um dich selbst zu motivieren. Die Anleitung für die Umkehrungen von Ich-Sätzen findest du im entsprechenden Kapitel.

THE WORK BEI SÜCHTEN UND ABLENKUNGEN

Die Ursache für Süchte und Ablenkungen ist ein Gefühl, das wir nicht fühlen wollen. Mit der Work klären wir unsere Gefühlswelt – und entziehen der Sucht damit die Grundlage.

Wenn Gefühle, die wir nicht fühlen wollen, die Ursache für Süchte und Ablenkungen sind, was ist dann die Ursache für diese Gefühle? Es sind Gedanken, die wir glauben – über uns selbst, über andere Menschen, über das Leben und die Welt. Bei mir selbst – du hast meine persönliche Geschichte im ersten Kapitel lesen können – war es so, dass ich mich sechzehn Jahre lang fast jeden Tag mit Drogen oder Alkohol von meinen Gefühlen abgelenkt habe. Ich nahm die Drogen, um mich selbst nicht zu spüren. Dann lernte ich die Work kennen und klärte meine Gedanken über andere Menschen, bei denen mir das nötig schien, und auch über mich selbst. Soweit ich mich erinnere, habe ich kein einziges Mal direkt zum Thema Alkohol geworkt. Und doch stellte ich eines Tages fest, dass ich schon seit drei Wochen nichts getrunken hatte. Ähnliches berichten auch andere, die The Work in ihr Leben geholt haben.

Wenn du ein Thema mit Süchten oder Ablenkungen hast, die dir nicht guttun, ist die grundsätzliche Einladung, mit deinen stressigen Gedanken aufzuräumen. Mach deine Works: zu deinen Eltern, deinen Partnerinnen oder Partnern (der Gegenwart und der Vergangenheit), zu deinen Geschwistern, deinen Kindern, deinen Kollegen und Freunden. Worke zu allen, bei denen irgendetwas auftaucht, was sich für dich nicht gut anfühlt. Diese Works können dir deine Freiheit wiedergeben.

Vor einigen Jahren hatte ich einmal einen Arzt in meiner Ausbildung, der in einer Entzugsklinik arbeitete und dort auch therapeutisch tätig war. Er erzählte mir, dass er mittlerweile mit dem Großteil der Patientinnen und Patienten mit der Work arbeitete. Seine Begründung: Weil es besser hilft als alles andere, damit die Patienten sich aus ihrer Sucht befreien können.

WORKEN BEI SÜCHTEN UND ABLENKUNGEN

Wenn bei dir Gefühle auftauchen, die du nicht fühlen möchtest – womit lenkst du dich ab? Was sind deine eingeschliffenen Muster, um bestimmte innere Zustände nicht wahrnehmen zu müssen? Mach dazu deine Liste, die kurz oder lang werden kann. Nutzt du Alkohol, Drogen, Zigaretten, Essen, Süßigkeiten, Schokolade, Kuchen, Kaffee, Serien, Videos, YouTube, Social Media, Computerspiele, Telefonate, Tratsch oder Lesen, grübelst du, meckerst du vor dich hin, schläfst du, stürzt du dich in die Arbeit oder bekommst du Putzwut? Natürlich haben einige dieser Dinge auch ihre guten Seiten. Die Frage ist: Tust du sie, weil du sie gern tun möchtest oder um vor irgendetwas wegzulaufen? Es kann hilfreich sein, sich über die inneren Antriebe bewusst zu werden.

Gedanken über andere hinterfragen

Bei Süchten oder Ablenkungen hat es sich bewährt, nicht direkt an diesen Themen zu arbeiten, sondern deine Gedanken über all die Menschen, mit denen du in irgendeiner Weise verstrickt bist, zu hinterfragen. Nutze dafür gern all die praktischen Anregungen aus dem Kapitel »The Work für deine Beziehungen« und speziell das »Urteile über deinen Nächsten«-Arbeitsblatt. Geh das Arbeitsblatt durch wie im entsprechenden Kapitel beschrieben. Und nutze bei der dritten Frage als Unterfrage hierbei zusätzlich die Formulierung: »Womit lenke ich mich ab, wenn ich diesen Gedanken glaube?« Vielleicht kannst du spüren, wie deine Gedanken dich direkt in die Sucht führen.

Der Moment kurz davor: »Was fühle ich …?«

Ebenfalls bewährt hat es sich, in dem Moment, kurz bevor du dich ablenken oder zu deinem Suchtmittel greifen willst, innezuhalten. Wenn du beispielsweise bemerkst, dass du auf dem Weg zum Schrank mit der Schokolade bist, von der du weißt, dass sie dir letztlich nicht guttut, dann halte inne und frage dich: Was fühle ich möglicherweise in diesem Moment, was ich vermeiden möchte zu fühlen? Werde dir darüber bewusst und schreib es dir auch auf. Als Zweites fragst du dich dann: Welche Gedanken glaube ich möglicherweise, die mich so fühlen lassen? Vielleicht sind es Gedanken über dich selbst – »Ich krieg das sowieso nicht hin«, »Ich bin nicht liebenswert« –, aber achte auch auf Gedanken über andere. Schreib diese Gedanken auf, sicher wird dir schon dadurch einiges bewusster.

Nun kannst du dich entscheiden, ob du die Schokolade immer noch essen willst oder nicht. Vielleicht willst du zunächst einen der eben notierten Sätze worken. Auch danach kannst du wieder schauen, ob du die Schokolade jetzt möchtest. Es geht nicht darum, die Work zu machen, um die Schokolade nicht zu essen. Es geht – wie immer – darum, deine Wahrheit zu finden. Mit Schokolade oder ohne.

THE WORK ÜBER DEINEN KÖRPER

Die meisten Menschen haben irgendetwas an ihrem Körper auszusetzen. Sie finden sich zu dick oder zu dünn, nicht sportlich, nicht schön oder nicht attraktiv genug. Sie hadern mit Krankheiten oder träumen vom »perfekten« Körper. Sie sind im Widerstand gegen die Realität. Und das ist schmerzhaft.

Kennst du das auch, dass du deinen Körper nicht hundertprozentig so liebst, wie er ist? Ich habe viel mit Menschen gearbeitet, die mit ihrem Körper haderten, und zum Teil sogar wegen tödlicher Krankheiten. Doch egal, worum genau es ging, immer konnten diese Menschen erkennen, dass es nicht der Körper war, sondern ihre Gedanken über den Körper, die das Leiden verursacht haben. Die gute Nachricht dabei kennst du schon: Unseren Gedanken sind wir nicht hilflos ausgeliefert. Dafür haben wir die Work. Mit ihrer Hilfe können wir uns die Gedanken anschauen, die uns davon abhalten, unseren Körper so zu lieben, wie er ist.

INNERE GEBOTE UND IDEALE

Viele Models, die einem verbreiteten Schönheitsideal – das ja auch nur aus Gedanken besteht – entsprechen, hadern genauso mit ihrem Körper wie andere Menschen auch. Es ist nicht unser Körper, der uns Zufriedenheit ermöglicht – es ist unsere Einstellung zu ihm. Im Kapitel »The Work über Gott und die Welt« weiter hinten im Buch werde ich die »Inneren Gebote« ansprechen – und die gibt es auch in Bezug auf den Körper. Viele haben das innere Gebot, attraktiv sein zu müssen, um von anderen anerkannt und geliebt zu werden. Wenn wir dann nicht so idealtypisch aussehen (oder uns selbst nicht schön oder attraktiv finden, weil die Selbstwahrnehmung durch die Gedanken verfälscht wird), dann leiden wir, weil unsere Gedanken im Widerstand sind gegen den Körper, so wie er ist.

Ein inneres Gebot ist meist eine unbewusste, aber relativ genaue Vorstellung davon, wie etwas sein sollte oder nicht sein sollte. Und wenn die Realität dann in unsren Augen anders ist, leiden wir. An dem Gebot halten wir aber stark fest und manchmal ändert sich in solchen Fällen durch das übliche Worken zu-

nächst wenig an unserem leidvollen Zustand. Dann ist es gut, zum Kern des Ganzen zu kommen und unsere inneren Gebote zu entdecken, um diese – vorzugsweise in einer besonders meditativen Work – direkt zu überprüfen.
Ein anderes inneres Gebot könnte sein: »Ich sollte keine Schmerzen haben.« Wenn ich dann aber Schmerzen habe, habe ich immer schon verloren. Ich scheitere an dem Kampf gegen die Realität. Dieser Kampf ist hoffnungslos, ich kann ihn nie gewinnen. Selbst mit starken Schmerzen können Menschen sehr viel besser umgehen, wenn sie nicht glauben, dass diese Schmerzen nicht da sein sollten. Auch hier kann die Work so viel verändern! Manche beschreiben ihre Schmerzen nach der Work nicht einmal mehr als »Schmerzen«, sondern einfach als »interessante Erfahrungen«.
Ich habe meinen Körper früher, so wie die meisten anderen Menschen auch, abgelehnt. Manches davon waren Kleinigkeiten, wie zwei dunkle Flecken, die ich seit meiner Kindheit am Po habe. Damals dachte ich (oder zumindest ein Teil von mir), dass eine Partnerin, wenn sie diese Flecken sähe, sofort weglaufen würde. Aus heutiger Sicht wirkt das völlig absurd – aber damals hat das meine Kontaktmöglichkeiten zu Mädchen und später zu Frauen enorm eingeschränkt. Was sind deine dunklen Flecken?
Heute bin ich so dankbar für meinen Körper und für alles, was ich durch ihn und mit ihm erleben darf. Und diese Dankbarkeit, man könnte sagen, diese Liebesbeziehung mit meinem Körper, tut ihm viel besser als der Kampf gegen ihn. Ich habe das bei vielen Menschen erlebt: Nachdem sie aufhörten, gegen ihren Körper anzukämpfen, wurde er viel gesünder und sogar attraktiver. Es ist ein Paradox: Wenn wir den Körper nicht mehr anders haben wollen, als er ist, dann entwickelt er sich manchmal genau in die Richtung, wie wir ihn immer haben wollten.

WAHRE SCHÖNHEIT KOMMT VON INNEN

Ein klarer Verstand scheint grundsätzlich hilfreich zu sein für einen gesunden und attraktiven Körper. Insofern ist die Work das vielleicht wirksamste Schönheitselixier. Wenn dein Körper nicht mehr schöner werden muss, als er ist, dann wird er es.
Du könntest mal eine Skizze machen von Vorder- und Rückseite deines Körpers und dort all das hineinzeichnen, was dir an deinem Körper nicht passt. Vielleicht die dünnen Haare, der Speck auf den Rippen, die Schmerzen im Knie, die Schilddrüse, der Darm, der Heuschnupfen oder die Narbe irgendwo. Du kannst in dieser Zeichnung auch Zustände wie »kraftlos«, »müde«, »schwer«, »fett«, »alt« und auch Krankheiten notieren oder einzeichnen. Diese Zeichnung kann eine gute Grundlage sein, um dich auf die folgenden Anregungen zum Worken einzulassen.
Aus meinen Seminaren weiß ich, dass auch viele Menschen, die vorher glaubten, eigentlich kein Thema mit ihrem Körper zu haben, von der Work über ihn sehr profitieren konnten. Ihr Verhältnis zu ihrem Körper wurde noch viel inniger und das fühlt sich einfach total schön an.

WORKEN ÜBER DEN KÖRPER

Das Arbeitsblatt über deinen Körper

Das »Urteile über deinen Nächsten«-Arbeitsblatt funktioniert hervorragend, um damit deine Gedanken über den Körper zu finden und sie dann zu überprüfen. Weiter unten findest du Tipps, was du beim Ausfüllen beachten kannst.

Wenn das Thema Körper ein sehr stressiges für dich ist – oder wenn du es einfach liebst, genauer hinzuschauen –, dann kannst du nach dem Ausfüllen des UNAs zusätzlich noch eine Bedeutungsliste erstellen. »Ich habe Krebs und das bedeutet, dass …« »Ich habe ständig Kopfschmerzen und das bedeutet, dass …« »Ich bin zu dick und das bedeutet, dass …« »Mein Körper wird alt und das bedeutet, dass …« Beachte wieder, dass es vor allem um die Bedeutungen geht, die dich jetzt, vielleicht schon seit Langem, belasten oder die auf die Zukunft verweisen. Nun kannst du mit dem Überprüfen der Gedanken beginnen. Wähle aus, ob du mit der Bedeutungsliste oder mit dem Arbeitsblatt beginnen möchtest.

Bei den Works über den Körper ist es oft wertvoll, folgende Unterfragen zur dritten Frage »Wie reagierst du, wenn du den Gedanken glaubst?« miteinzubeziehen: »Wie behandle ich den Körper, wenn ich diesen Gedanken glaube?« Wenn es bei deiner Work um das Thema Körpergewicht geht, dann ist diese Unterfrage oft erhellend: »Womit lenke ich mich ab, wenn ich den Gedanken glaube?« Oftmals führt uns nämlich die Vorstellung, dass unser Körper zu dick oder nicht schön genug sei, vor lauter Stress und Frust direkt zum Kühlschrank oder zu den Süßigkeiten. Andere stellen das Essen ein, wenn sie Gedanken über ihren Körper glauben. Diese Unterfrage kannst du auch in deine anderen Works mit einbauen, wenn Körpergewicht ein Thema für dich ist.

Bei den Umkehrungen gibt es bei diesen Works eine Besonderheit: Du kehrst die Sätze über deinen Körper zunächst ins Gegenteil um, zusätzlich aber nicht zu dir selbst und zum anderen, sondern zu »mein Denken«. Also zum Beispiel: »Mein Körper sollte gesund sein« wird zu: »Mein Körper sollte nicht gesund sein (wenn er es nicht ist).« Und zu: »Mein Denken sollte gesund sein (und zwar speziell mein Denken über meinen Körper).« Mehr dazu findest du im Kapitel »Die Umkehrung hin zu ›mein Denken‹«.

Ich empfehle, speziell bei größeren Themen über den Körper, das gesamte UNA und zumindest drei Sätze deiner Bedeutungsliste zu worken und am Ende für beides noch das Sahnehäubchen zu machen: Wie im Kapitel zum Sahnehäubchen vorn beschrieben, liest du dir das gesamte Arbeitsblatt in der Umkehrung vor, hier aber in der Umkehrung zu »mein Denken«. Frage dich nach dem Sahnehäubchen: »Worum ging es wirklich? Ging es um deinen Körper – oder ging es vielmehr um dein Denken über deinen Körper?« Auch für die Bedeutungsliste kannst du wieder das Sahnehäubchen machen, hier lautet die Formulierung »… und das bedeutet *nicht*, dass …«. Frage dich: Könnte das sein, dass es das gar nicht bedeutet? Falls eine der Umkehrungen nicht passt, dann gehst du zur nächsten.

Wie du das UNA über deinen Körper ausfüllst

Lass mich das noch etwas genauer ausführen. Du kannst das »Urteile über deinen Nächsten«-Arbeitsblatt über deinen Körper über eines dieser vier Themen schreiben:

- den Körper allgemein
- Körperteile und Organe (z. B. Haare, Knie, Leber, Haut, Brüste, Augen)
- Symptome (z. B. Schmerzen, Müdigkeit, Kraftlosigkeit, Taubheit, Kribbeln)
- Krankheiten (z. B. MS, Krebs, Diabetes, Migräne, Epilepsie, Allergie)

Wichtig ist, dass du nicht in der Ich-Form über dich selbst schreibst. Du schreibst also nicht: »Ich will, dass ich schlanker werde.« Oder: »Ich sollte weniger Schmerzen haben.« Sondern: »Ich will, dass mein Körper schlanker wird« oder »Der Schmerz sollte verschwinden«. Schreib über deinen Körper, ein Körperteil, ein Organ, eine Krankheit, den Schmerz und/oder über ein Symptom, so wie du über eine andere Person schreiben würdest. Hier sind Beispiele für mögliche Sätze, die auf deinem Arbeitsblatt auftauchen könnten:

- »Ich bin wütend auf meinen Körper, weil er so dick ist.«
- »Ich will, dass meine Hüfte nicht wehtut.«
- »Das PMS sollte mich in Ruhe lassen.«
- »Meine Haut sollte reiner sein.«
- »Ich brauche von den Schmerzen, dass sie sich in Luft auflösen.«
- »Mein Körper ist krank, unflexibel, schmerzend ...«
- »Ich will nie wieder erleben, dass mein Körper mich so einschränkt.«

Wenn du ein großes Thema mit einem körperlichen Aspekt hast, wie beispielsweise Migräne, Übergewicht, MS, Diabetes, chronische Schmerzen oder Krebs, dann empfehle ich, ein ganzes »Urteile über deinen Nächsten«-Arbeitsblatt nur über diesen einen Aspekt auszufüllen. Für das Beispiel Krebs könnte das so aussehen: »Ich habe Angst vor dem Krebs, weil er mich umbringt. Ich will, dass der Krebs verschwindet. Ich will, dass der Krebs mir keine Angst einjagt. Der Krebs sollte sehen, wie sehr ich mich schon weiterentwickelt habe. Ich brauche von dem Krebs, dass er mir wohlgesonnen ist. Der Krebs ist gemein. Ich will nie wieder erleben, dass mir etwas so viel Angst macht.«
Du könntest entsprechend auch ein UNA über psychische Symptome schreiben, wie über »die Essstörung«, »die Depression«, »die Schlaflosigkeit«, »die Angststörung«, »die Panikattacken« oder »die Sucht«. Finde dafür, wenn es dir möglich ist, eine konkrete Situation, als du beispielsweise eine Panikattacke hattest. Füll das Arbeitsblatt dann aus dieser konkreten Situation, aus dieser einen Sekunde in der Zeit heraus aus.

THE WORK ÜBER SEXUALITÄT

Sexualität sei die schönste Nebensache der Welt, heißt es. Was aber, wenn du Sexualität nicht nur als schön erlebst? Wenn sie auch verwirrend, schmerzhaft oder schambesetzt ist? Finde deine unbewussten Gedanken, um sie hinterfragen zu können.

Um an die einschränkenden und Stress verursachenden Gedanken zum Thema Sexualität in dir zu kommen, habe ich hier einige Satzanfänge und Fragen zusammengestellt. Beantworte sie dir oder vervollständige die Sätze, mach deine Listen und worke dann deine schmerzhaftesten Überzeugungen, um frei zu werden und deine Sexualität genießen zu können. Es geht hier um das Auffinden von Stress verursachenden Glaubenssätzen, nicht um die Wohlfühlsätze, die auch da sein mögen. Nimm dir Zeit. Wenn du frei sein willst, dann lohnt es sich, wirklich ehrlich zu sein. Möglicherweise taucht zu einzelnen Fragen nichts auf – das ist völlig in Ordnung.

- »Ich kann meine Sexualität nicht voll und ganz genießen, weil …«
- »Ich kann mich sexuell nicht wirklich hingeben, weil …«
- »Ich kann meine Sexualität nicht so leben, wie ich es möchte, weil …«
- »Ich kann Selbstbefriedigung nicht voll und ganz genießen, weil …«
- Was, glaube ich, sagt es über mich aus, dass ich … nicht so viel Lust auf Sex habe / so viel Lust auf Sex habe / Erektionsschwierigkeiten habe / nicht so schnell erregt bin / so schnell komme / Schwierigkeiten habe zu kommen / bestimmte Sachen mag oder nicht mag / Pornos schaue ... »Dass ich … bedeutet, dass …«
- Was ist deine »abartigste« sexuelle Fantasie, die, die du am meisten verstecken musst? Was, glaubst du, sagt es über dich aus, dass du so eine Fantasie hast? »Dass ich diese Fantasie habe, bedeutet, dass …«
- Was, befürchte ich, könnte Schlimmes geschehen, wenn ich absolut ehrlich wäre mit meinen sexuellen Bedürfnissen?
- Welche weiteren Stress verursachenden Glaubenssätze tauchen zum Thema Sexualität auf?

THE WORK ÜBER ARBEIT UND BERUF

»Der Himmel ist nicht die Grenze. Der Verstand, der den Himmel sieht, ist die Begrenzung«, sagt Byron Katie – und ihre Aussage trifft auch für unsere Arbeit und unseren Beruf voll ins Schwarze. Auch hier kann das Überprüfen unserer Gedanken die ersehnte Freiheit bringen.

Aus meiner Erfahrung haben viele Menschen Arbeitsthemen, die sich mithilfe der Work gut lösen lassen: Dann ist die Beziehung zu den Kollegen mit einem Mal wieder wunderbar, auf einmal ist eine bestimmte Scham weg und sie können insgesamt viel freier agieren oder die Arbeitssituation wird grundsätzlich sehr viel erfüllender. Ich kenne Menschen, die diese Erfüllung in einem Job gefunden haben, den sie zuvor schrecklich fanden. Und ich kenne Menschen, die ihre berufliche Situation komplett verändert haben und auf diese Weise ihre Arbeit nun genießen können.

GANZ PERSÖNLICH

Die größte Herausforderung in meinem Leben ist das ganze Themenfeld rund um Arbeit und Unternehmertum. 2004 habe ich begonnen, die Work anzubieten und seit 2008 tue ich es selbstständig und hauptberuflich. Ursprünglich wollte ich einfach die Work machen, ich wollte spielerisch mit anderen arbeiten, ich wollte das mit anderen teilen, was mir so wichtig geworden war, was mein Leben so wunderbar verändert hatte. Ich wollte nicht primär Unternehmer werden – aber das gehört natürlich zur Selbstständigkeit dazu. Dieser Aspekt hat immer wieder Stress in mein Leben gebracht. Ganz offensichtlich liegt es mir, Seminare zu geben und Menschen zu coachen. Was mir nicht so sehr liegt, ist, mein Unternehmen immer ganz klar und auf Stand und durchorganisiert zu führen. Ich sehe, wie sich auch in diesem Bereich schon viel zum Positiven verändert hat – und es warten da immer noch Wachstumsschritte auf mich.

Was ich bei nicht wenigen Menschen bemerke: In manchen Bereichen ändert sich durch die Work schnell sehr sehr viel – und in anderen Bereichen ist es ein länger andauernder Prozess.

PRAKTISCHE ANREGUNGEN

Auch für das Berufliche kannst du alle Übungen nutzen, die ich dir in diesem Buch vorgestellt habe. Du kannst auch nach allgemeinen Sätzen forschen und sie hinterfragen. Sehr hilfreich ist es zum Beispiel, die Überzeugungen zu überprüfen: »Ich muss arbeiten.« »Ich muss zur Arbeit gehen.« Die besonderen Umkehrungen für diese »Ich muss …«-Sätze findest du im Kapitel zu den Umkehrungen vorn im Buch.

Außerdem möchte ich dich dazu einladen, »Urteile über deinen Nächsten«-Arbeitsblätter zu machen – über alle Menschen, mit denen du in Bezug auf deine Arbeit zu tun hast und die dir unangenehme Gefühle dabei bescheren. Auch wenn du selbstständig bist, kannst du dich fragen: Welche Personen halten dich davon ab, so erfolgreich zu sein und so entspannt und erfüllt zu arbeiten, wie du es willst?

Möglicherweise wirst du auch im Kapitel zu den einschränkenden Glaubenssätzen über dich selbst fündig und kannst solche allgemeinen Vorstellungen auflösen, die dich im Beruf hemmen – so etwas wie: »Ich bin nicht gut genug« (beispielsweise für die nächsthöhere Position in der Firma oder im Hinblick auf die nächste Gehaltsverhandlung).

Wie möchtest du arbeiten?

Im Kapitel »Was muss ich glauben, um …« hast du bereits gelesen, wie du dich mehr in Übereinstimmung mit deinen Werten und dem, wie du wirklich leben möchtest, bringen kannst. Das kannst du natürlich auch auf die einzelnen Lebensfelder übertragen und besonders gut auf das Berufliche. Frage dich dazu: Wie würdest du sein wollen, wenn alles möglich wäre? Wie möchtest du dich in deinem Beruf sehen? Wie möchtest du dich sehen im Umgang mit deinen Kollegen, Vorgesetzten oder Mitarbeitern? Wie möchtest du dich sehen in dem, was du in deiner Arbeit tust? Wie möchtest du dich sehen in Bezug auf Erfolg? Wer möchtest du sein in dem, was du in dieser Welt erschaffst, was du hier auf der Erde hinterlässt? Liste diese Dinge auf. Stell dir vor, du könntest dir sicher sein, dass alles, was du beginnst, zum Erfolg führt und funktioniert. Was wäre dein Traum in beruflicher Hinsicht? Welche Arbeit würdest du machen und auf welche Weise?

Frage dich dann im zweiten Schritt: Was hindert dich daran, beruflich das zu tun, was du möchtest? Liste auch hierzu alle Gedanken auf, die dir in den Sinn kommen. Vielleicht: »Ich kenne nicht die richtigen Leute.« »Niemand unterstützt mich richtig.« »Ich hatte nie wirklich eine Chance.« »Die anderen legen mir Steine in den Weg.« »Ich bin nicht diszipliniert/gebildet/mutig genug.« »Ich bin einfach kein Erfolgstyp.« Diese Sätze kannst du mit der Work hinterfragen. Und du kannst dich fragen: Was musst du glauben, um gegen deine Überzeugungen, Werte und Wünsche zu handeln?

Gelebte Work

Meine Reaktion auf die Frau bei der Hotline war übertrieben emotional. Ich setzte mich hin und erstellte eine Liste all der Gedanken, die ich glauben musste, um so wütend darauf zu reagieren, dass sie mir zum wiederholten Male nicht weiterhalf und eher Chaos in die ganze Sache hineinbrachte. Ganz oben auf meiner Liste stand der Satz: »Jeder muss seinen Job ordentlich machen!« Am liebsten hätte ich vier Ausrufezeichen dahintergesetzt.

Beim Überprüfen dieses Satzes spürte ich extrem aggressive, sogar feindselige Emotionen Menschen gegenüber, von denen ich glaubte, dass sie ihren Job eben nicht ordentlich machen. In solchen Momenten konnte richtiggehend ein Diktator in mir wach werden. Es fühlte sich furchtbar an – eng, innerlich tobend, völlig festgefahren. Ohne den Satz hingegen konnte ich viel mehr Raum lassen. Ich konnte in Ruhe schauen, wie die anderen sich verhalten, sogar von ihnen lernen und davon ausgehen, dass die Welt nicht untergeht, wenn sie nicht perfekt funktionieren.

Was mir vor allem klar wurde: Diesen Anspruch, meinen Job ordentlich zu machen, hatte ich in dieser ganzen aggressiven und unnachgiebigen Absolutheit auch mir selbst gegenüber. Und war ich nicht eine, die ständig darüber klagte, dass die Arbeit in ihrem Leben viel zu viel Raum einnahm? Mit diesem Anspruch, von dem kein Millimeter abgewichen werden durfte, kein Wunder.

Ich begann eine ganze Serie Works mit diesem Satz: »X sollte seinen Job ordentlich machen!« »Y sollte seinen Job ordentlich machen!« Und mit jedem Mal wurde ich freier in meinem eigenen Arbeiten. Ich tat mein Bestes, so wie alle anderen auch, und ich tat mir nicht mehr so oft weh, nur um meine Arbeit perfekt hinzubekommen. Ich erkannte, dass nicht mein Arbeiten oder das Arbeiten von irgendjemand anderem die Welt zusammenhält, sondern dass die Welt – das freundliche Universum – das auch so ganz gut schafft.

Diane

THE WORK BEI BURNOUT

Aus meiner Erfahrung ist The Work die allerbeste Prophylaxe gegen Burnout. Und auch wenn wir bereits mitten in dieses Syndrom hineingerutscht sind, können wir uns mithilfe der vier Fragen dort wieder herausarbeiten.

Burnout ist zu einem Massenphänomen und zu einer Volkskrankheit geworden und meist ist es für die Betroffenen ein sehr langwieriger, teilweise langjähriger Prozess, sich von einem solchen Zustand des Ausgebranntseins zu erholen, wieder Kraft zu tanken und neu Sinn in der Arbeit und Freude am Leben zu finden.

Doch was ist es, was uns in ein Burnout führt? Meiner Erfahrung nach sind es letztlich die Gedanken, die wir glauben. Gedanken darüber, warum wir uns nicht abgrenzen, warum wir nicht Nein sagen, warum wir nicht klar zu dem stehen, was für uns stimmig ist. Es sind Gedanken, die uns daran hindern, Veränderungen anzugehen, die längst anstehen. Denn mit entsprechenden Glaubenssätzen verharren wir in Umständen, die uns mit der Zeit krank machen können. Wir halten uns mit unserem Denken in vermeintlicher Hilflosigkeit, in Ohnmacht und Sorge. Oder wir treiben uns aufgrund alter Überzeugungen zu immer mehr Leistung an, bis uns die Kraft ausgeht. Sehr oft geht es hierbei um Gedanken, die mit »Ich muss …« und mit »Ich kann doch nicht …« beginnen. Wenn wir all diese Gedanken mit der Work überprüfen, kann uns das wieder handlungsfähig machen. Wir sehen wieder Möglichkeiten und trauen uns an Veränderungen heran.

WORK-KULTUR IN UNTERNEHMEN

Studien zufolge hat etwa jeder fünfte Arbeitnehmer in seinem Leben ein Burnout. Das ist auch für die Wirtschaft ein Problem, denn die betroffenen Mitarbeiter fallen oft viele Monate aus. Daher wäre aus meiner Sicht – und nicht nur aus diesem Grund – eine Unternehmenskultur hilfreich, in der die Belegschaft mit der Work vertraut gemacht wird. Solange das in deiner Firma nicht der Fall ist, kannst du die Work für dich selbst nutzen.

THE WORK ÜBER GELD UND ERFOLG

Für viele Menschen sind die Finanzen ein großes Thema. Bei einigen beobachte ich eine unterschwellige Angst davor, es sich anzuschauen. Doch vor allem, wenn es finanziell nicht rund äuft, könnte es eine gute Idee sein, Klarheit zu schaffen. Welche Gedanken musst du glauben, um das nicht zu tun?

Meine Tochter Kaya kam mit etwa zehn Jahren einmal auf mich zu und sagte: »Ich will nie reich sein.» Ich war erstaunt und fragte sie: »Warum denn nicht?« Und sie sagte: »Ich will nie so sein wie Pünktchens Eltern.«
Was war passiert? Wir hatten kurz zuvor die wundervolle »Pünktchen und Anton«-Verfilmung von Caroline Link gesehen – und Kaya hatte dadurch Reichtum mit einem kalten, verschlossenen Herzen verbunden. Ihr Verstand hatte geschlussfolgert: Wenn ich einmal viel Geld habe, werde ich mein Herz verlieren, so wie das bei Pünktchens Eltern geschehen ist. Wenn ich hingegen arm bin, werde ich liebevoll sein können, wie Antons Mutter ... Zum Glück hatte sie es angesprochen und wir konnten es uns anschauen. So konnte sich diese Verknüpfung wieder lösen. Andernfalls hätte sich diese Überzeugung in ihr verfestigt und möglicherweise verhindert, dass sie jemals finanziell entspannt hätte leben können.

Geld und Erfolg hängen für uns meist eng zusammen. Doch was bedeutet Erfolg für dich eigentlich ganz genau? Es kann hilfreich sein, diese Frage zu klären.

»REICH IST, WER WEISS, DASS ER GENUG HAT.«
LAO-TSE

Heißt Erfolg für dich, viel Geld zu haben und eine hohe Position zu bekleiden? Oder ein erfülltes Leben zu leben, verbunden mit deiner Familie und deinen Freunden, mit einem offenen Herzen? Bedeutet Erfolg für dich, mit deiner Arbeit dazu beizutragen, dass Menschen wachsen können, dass etwas in deinem Sinne Gutes in der Welt geschieht? Das übrigens können wir in vielen Jobs – ob als Lehrer, Bankangestellte oder Umweltberater, als Coach, Ärztin oder Supermarktkassierer.

PRAKTISCHE ANREGUNGEN

Wie ist deine Einstellung zum Thema Geld und Finanzen? Schreib spontan deine stressigen Gedanken zu diesem Thema auf. Vielleicht: »Ich brauche mehr Geld.« »Ich muss mein Vermögen zusammenhalten.« »Ich habe nicht genug Geld.«
Notiere deine Gedanken zum Thema Erfolg. Vielleicht mit dem Satzanfang: »Ein Erfolg ist es erst, wenn …« Oder auch: Was musst du tun, um erfolgreich zu sein? »Ich muss …« Ein häufiges Thema ist auch: »Ich darf nicht erfolgreicher sein als Mutter oder Vater, oft auch als Großmutter oder -vater – oder als mein Partner oder meine Partnerin.« So kann eine Menge wertvolles Work-Material entstehen.
Vielleicht möchtest du einmal nachschauen: Was glaubst du (an stressigen Gedanken) über Menschen, die richtig vermögend sind? Notiere dir diese Gedanken und hinterfrage sie. Vielleicht: »Reiche Menschen sind arrogant.« Oder schreib ein UNA über reiche Menschen. Arbeite ebenso über »arme Leute« und Armut. Vielleicht glaubst du »Arme nehmen nicht richtig teil am Leben« oder »Armut ist schrecklich«.

Weitere Listen

Arbeite gern mit den folgenden Anregungen, wenn sie dich ansprechen. Ergänze dann jeweils deine spontanen Gedanken, mach deine Listen und hinterfrage die Sätze:

- »Dass ich so wenig (oder so viel) Geld habe, bedeutet, dass …«
- »Dass ich Schulden habe, bedeutet, dass …«
- »Dass ich so wenig verdiene, bedeutet, dass …«
- »Dass ich kaum etwas angespart habe, bedeutet, dass …«
- »Wenn ich Geld hätte, dann ...« Was könnte Schlimmes passieren, wenn du richtig viel Geld hättest, wenn du richtig erfolgreich und sehr wohlhabend wärst? Vielleicht denkst du: »Ich würde meine Freunde verlieren.« »Ich wäre einsam und allein.«
- Was brauchst du, um wirklich glücklich zu sein? Vielleicht: »Ich brauche mehr Geld, um glücklich zu sein.« »Ich brauche mehr Erfolg, um glücklich zu sein.« »Ich brauche finanzielle Sicherheit.«

Sprichwörter und altbekannte Sätze

Es kann sich bei den unterschiedlichsten Themen lohnen, einmal Sätze zu worken, die jeder kennt und kaum jemand hinterfragt. Beim Geld könnte das zum Beispiel sein: »Ohne Fleiß kein Preis« oder »Eher geht ein Kamel durch ein Nadelöhr, als dass ein Reicher in den Himmel kommt«. Ging Jesus, auf den diese Worte zurückgehen, zu seiner Zeit davon aus, dass Menschen für Reichtum ihr Herz verkaufen müssen? Schau dir solche Vorstellungen an und finde deine Wahrheit, für unsere heutige Zeit und für dich.

THE WORK ÜBER TOD UND STERBEN

Wenn wir The Work für das Thema Tod nutzen, dann können wir Frieden mit dem finden, das so sicher ist wie vielleicht nichts anderes im Leben, nämlich dass wir und die anderen menschlichen Wesen früher oder später sterben werden.

Jeder menschliche Körper wird eines Tages sterben. Auch die Menschen um uns herum, und seien sie uns noch so lieb und teuer, werden sterben. Wer weiß, ob Wissenschaftler irgendwann etwas entdecken, was den Körper unsterblich machen könnte. Bis dahin gilt auf jeden Fall, dass unser irdisches Leben ein Ende haben wird. Davon können wir sicher ausgehen.

Wenn wir nun wissen, dass wir alle sterben werden, dann ist es nicht sehr hilfreich, wenn wir darüber ungute Gefühle haben, oder? Es ist nicht hilfreich für ein gutes Leben. Katie sagte einmal: »Bis wir verstehen, dass Tod und Leben das Gleiche sind, leben wir in Angst.« Wir können beginnen, Leben und Tod besser zu verstehen, wenn wir uns unserer Konzepte über beides bewusst werden, und diese dann mit der Work hinterfragen.

Vielleicht kennst du die Aussage: »Jede Angst ist letztlich die Angst vor dem Tod.« Da ist zumindest insofern etwas dran, als dass die – größtenteils unbewusste – Angst vor dem Tod unser Lebensgefühl prägt.

Für mich und auch für viele Teilnehmende meiner Seminare hat es sich sehr gelohnt, sich mit dem Thema Tod und auch mit dem Sterbeprozess zu beschäftigen. Wenn wir unsere Konzepte dazu entdecken und diese mit der Work auflösen, dann wartet ein freieres Leben auf uns. Ganz besonders spürbar wird das dann, wenn in unserem nahen Umfeld Menschen sterben – oder wenn wir wissen, dass es für uns bald so weit ist.

BEFÜRCHTUNGEN ZUM THEMA TOD

Beginnen wir mit dem Tod (und nicht mit dem Sterbeprozess) – und den Möglichkeiten, mit diesem Thema in Frieden zu kommen. Du kannst beispielsweise einfach alle Gedanken notieren, die du in dir findest, wenn du an

den Tod denkst. Du kannst deine Befürchtungen anschauen, die du mit deinem eigenen Tod verbindest. Diese Sätze kannst du dann worken. Vielleicht sind das Gedanken wie: »Ich werde bestraft werden.«
Oder falls etwas auftaucht wie: »Dann ist da nichts mehr«, könntest du überprüfen: »Es wäre schlimm, wenn da nichts mehr ist.«
So etwas zu Lebzeiten zu glauben kann ziemlich einschränkend und angsteinflößend sein. Doch sind diese Gedanken wahr? Kannst du wirklich wissen, dass es wahr ist, was du über den Tod denkst?
Besonders hilfreich kann es beim Thema Tod sein, sich Ängste und Befürchtungen anzuschauen, was also passieren, wie es sich anfühlen und auswirken wird, wenn jemand, der dir nahesteht, künftig tot sein wird. Oder auch die Bedeutungen, die dein Verstand dem gibt, was es heißt, dass jemand, der dir nahe war (oder ist), bereits gestorben ist. Darum geht es bei der Übung, die unten näher beschrieben wird.
An dieser Stelle empfehle ich dir unbedingt, zuerst die Liste zu einer der beiden unten beschriebenen Fragestellungen zu schreiben – und erst dann weiterzulesen. Andernfalls bringst du dich vielleicht um einen wunderbaren Moment der Selbsterkenntnis. Und das wäre doch schade.

ZWEI FRAGEN ZUM TOD – TEIL 1

Die erste Möglichkeit ist, eine Befürchtungsliste zu machen: »Was könnte Schlimmes geschehen, wenn jemand, der mir nahesteht (und der jetzt noch lebt), tot ist?« Es geht dabei nicht um deine Gedanken über den Sterbeprozess, sondern um die Gedanken darüber, dass dieser Mensch dann tot ist. Die zweite Möglichkeit ist eine Bedeutungsliste: »Dass jemand, der mir nahe ist, gestorben ist, bedeutet jetzt immer noch, dass …« Diese Liste kannst du machen, wenn ein lieber Mensch bereits gestorben ist.
Wähle dir eine der beiden Möglichkeiten aus und dann auch einen Menschen, über den du deine Liste schreiben möchtest. Mögliche Sätze könnten hier sein: »Ich habe keine Lebensfreude mehr«, »Ich bin für immer allein«, »Ich komme mit vielem im Leben nicht mehr klar«, »Ich werde nie wieder so einen tollen Partner finden«.
Und jetzt noch mal mein Tipp: Schreib erst deine Liste, schreib alle deine Gedanken auf – und lies erst dann weiter! Das kann sich wirklich lohnen.
Wenn du deine Liste fertig hast, dann lies sie noch einmal durch und frage dich: Wovon handeln diese Gedanken? Geht es dabei um den Menschen, der gestorben ist oder sterben könnte? Geht es darum, dass für diesen Menschen etwas nicht in Ordnung ist? Oder geht es bei diesen Sätzen um dich, darum, was für dich schwierig ist?

Manchmal geht es vielleicht auch um andere Personen, beispielsweise um Kinder, die unter dem Verlust eines Elternteils leiden könnten.

ZWEI FRAGEN ZUM TOD – TEIL 2

Im nächsten Schritt gehst du mit diesen Listen so vor wie mit allen anderen Befürchtungs- oder Bedeutungslisten – es ist in den gleichnamigen Kapiteln beschrieben. Du priorisierst deine Sätze und überprüfst sie. Formuliere sie dafür, wenn nötig, um, damit sie konkreter werden: Aus »Ich befürchte, für immer allein zu sein« wird »Ich werde immer allein sein«, aus »Ich fühle mich allein« wird »Ich bin allein« und so weiter. Wenn du ein paar dieser Sätze mit der Work überprüft hast, dann kannst du die gesamte Liste umkehren, also das Sahnehäubchen für deine Befürchtungs- oder Bedeutungsliste machen. Das könnte beispielsweise so aussehen: »Auch wenn er tot ist, werde ich *nicht* für immer allein sein«, »… werde ich *trotzdem* Lebensfreude haben«, »… werde ich mit dem praktischen Leben klarkommen«, »… werden die Kinder das verkraften können«.
Manchmal müssen doppelte Verneinungen bei diesen Umkehrungen bestehen bleiben und manchmal kannst du die Umkehrung auch einfach positiv formulieren. Mach es so, wie es für dich passt. Finde dann für jede deiner Umkehrungen jeweils Beispiele mit der Frage: »Könnte das auch sein?«

In meinen Seminaren habe ich die Erfahrung gemacht, dass auf den allermeisten dieser Listen kein einziger Satz über die Person steht, die gestorben ist oder sterben könnte. Es scheint also ein tiefes Wissen in uns zu geben, dass es für die Menschen, die einmal tot sind, schon in Ordnung so ist.
Und falls doch mal eine Befürchtung für die verstorbene Person auftaucht, kannst du diese genauso mit der Work überprüfen wie die Befürchtungen, die du in Bezug auf dich selbst oder andere Beteiligte hast.
Es passiert, was passiert. Menschen sterben, daran können wir nichts ändern. Doch wie geht es mit uns weiter, mit denen, die noch eine Zeit lang in ihrem Körper leben? Wenn wir Gedanken glauben wie »Ich werde nie wieder glücklich sein«, dann beeinträchtigt uns das natürlich ganz enorm in unserem Sein – und zwar auch schon, während dieser andere Mensch noch am Leben ist. Wenn wir glauben »Die Kinder haben einen Knacks bekommen«, dann können wir in der Work möglicherweise erkennen, dass wir sie dann – zumindest manchmal – auf eine Art behandeln, die weder für sie noch für uns selbst hilfreich ist.
Ziemlich verbreitet ist auch der Gedanke: »Wenn ich nach seinem Tod nicht richtig leide, dann habe ich ihn nicht wirklich geliebt.« Das ist einfach nur ein Missverständnis, und wenn du so etwas glaubst, dann würde ich dir empfehlen, diesen Gedanken mit der Work zu überprüfen.

Befürchten und Bedauern

Manchmal taucht auf der Befürchtungsliste etwas auf, was du bereust oder bedauerst, beispielsweise: »Ich bereue, dass ich nicht mehr Zeit mit ihm verbracht habe / dass ich ihr nicht oft genug gesagt habe, wie sehr ich sie liebe / dass ich etwas Bestimmtes nicht mehr mit ihm geklärt habe.« Falls du solche Befürchtungen entdeckst – wunderbar! Dann kannst du das jetzt tun, anstatt nach dem Tod der anderen zu bereuen, dass du es gelassen hast. Du kannst ab jetzt mehr Zeit mit ihnen verbringen, ihnen sagen, wie sehr du sie liebst, oder das mit ihnen klären, was noch ungeklärt ist. Warum solltest du darauf warten, bis sie gestorben sind, um es dann zu bedauern?

Falls du glaubst, das geht nicht und du kannst diese Dinge jetzt nicht umsetzen, kannst du prüfen, was dem im Weg steht: Welche Gedanken musst du glauben, um das nicht zu tun, was du andernfalls später bereuen wirst? Weitere Hinweise hierzu findest du auch im Kapitel über die Work in Beziehungen. Vielleicht machst du ein UNA über die andere Person.

Falls dieser Mensch bereits gestorben ist und du jetzt bedauerst, bestimmte Dinge mit ihm nicht oder nicht intensiv genug erlebt zu haben, kannst du gedanklich in eine frühere Situation gehen und deine »Ich hätte …«-Sätze hinterfragen. Und du kannst mit den Menschen, die aktuell lebendig in deinem Leben sind, so liebevoll und klar sein, wie zu sein du es dir mit der verstorbenen Person gewünscht hättest.

FRIEDEN MIT DEM UNVERMEIDLICHEN

Byron Katies Sichtweise auf den Tod kann sehr inspirierend sein. Sie ist so völlig anders als das, was wir normalerweise darüber denken. Gerade deswegen kann es so befreiend sein, ihre Aussagen zum Tod auf sich wirken zu lassen. In einer Geschichte geht es um ein Gespräch zwischen ihr und ihrem Mann Stephen. Beide saßen zusammen beim Arzt, um sich impfen zu lassen, und Katie las den Beipackzettel mit den Nebenwirkungen dieser Impfung. Die letzte mögliche Nebenwirkung lautete: Tod. Stephen sagte daraufhin zu Katie, dass er hoffe, dass sie nicht sterben werde, wenn sie sich gleich impfen ließe. Katies Antwort: »Du gönnst mir ja gar nichts.«

Es gibt noch eine andere Geschichte, die sich relativ kurze Zeit nach ihrem Erwachen zugetragen hat: Katie war damals mit ihrer Tochter in einem Supermarkt, in einer Stadt, in der sie früher mal gelebt hatten, und sie trafen Bekannte, die sie sehr lange nicht gesehen hatten. Es entwickelte sich eine Plauderei und die Bekannten fragten Katie, wie es ihrer Mutter gehen würde. Katie antwortete: »Es geht ihr gut, sie ist tot.« Sofort herrschten Stille und betretenes Schweigen. Katie merkte, dass sich die Stimmung verändert hatte, konnte das aber nicht einordnen. Nachher erklärte ihr ihre Tochter, dass sie so nicht mit den Leuten reden könne, die würden das nicht verstehen.

Nahtoderfahrene

Es kann so wertvoll sein, wenn wir unsere Sicht auf den Tod erweitern. In meinen Intensiv-Seminaren frage ich seit vielen Jahren, ob jemand unter den Teilnehmenden ist, der schon einmal eine Nahtoderfahrung gemacht hat. Tatsächlich waren bisher in fast jedem Seminar eine oder mehrere Personen, die das bejahen konnten. Manche erzählten dann von dem unglaublich schönen Licht, auf das sie sich zubewegten, und beinahe alle berichteten

von dem unendlich tiefen Frieden und der Glückseligkeit, die spürbar gewesen waren. Es waren unterschiedliche Dinge, die da berichtet wurden, doch eines hatten diese Menschen, die sie erzählten, alle gemeinsam: Wenn ich sie am Ende fragte, ob sie jetzt noch Angst vor dem Tod hätten, dann schauten sie mich ein bisschen belustigt oder überrascht an und sagten so etwas wie: Nein, natürlich nicht. Wieso sollte ich davor Angst haben?
Die Menschen also, die ganz nah am Tod dran waren, bei denen hatte sich die Angst davor restlos aufgelöst. Das habe ich mittlerweile von bestimmt fünfzig Menschen bestätigt bekommen. Diese Angst scheint wie weggewaschen zu sein, wenn man einmal diesen Frieden gespürt hat, der beim Übergang zum Tod erfahrbar wird.

DAS STERBEN

Der Übergang in den Tod, der Sterbeprozess, kann mit der Work noch einmal extra angeschaut werden. Viele Menschen haben Angst davor und verbinden Sterben mit Schmerzen und Leiden, damit, dass etwas Schreckliches passiert. Oft denken sie unterschwellig, dass es nicht passieren sollte – während es nach wie vor etwas ist, was jedem Menschen unweigerlich irgendwann passieren wird. Unten im Kasten findest du zwei Möglichkeiten, um Frieden mit dem Thema Sterben zu finden.
Erlaube dir – mit aller Achtsamkeit –, auch bei diesen Untersuchungen ganz hineinzugehen in deine Emotionen, in Ängste, Trauer oder Wut. Erlaube dir, sie zu spüren, und versuche bitte nicht, sie in irgendeiner Weise »wegzuworken«.

WENN DU ANGST VORM STERBEN HAST

Wenn dir das Sterben eines Menschen auf unangenehme und schmerzvolle Weise nahegeht, konnte es sich lohnen, ein »Urteile über deinen Nächsten«-Arbeitsblatt auszufüllen und die Sätze zu worken. Du kannst es über einen Menschen, der gerade stirbt, ausfüllen und dabei ganz tief hineingehen in das Leiden und den Schmerz, die du in dir selbst findest. Dann tauchen auf diesem Arbeitsblatt wahrscheinlich Sätze auf wie »Er leidet«, »Sie hat schreckliche Schmerzen«, »Er hat Angst«, »Er will weiterleben«.
Du kannst dich auch fragen: »Was muss ich glauben, damit es für mich leidvoll ist, wenn andere im Sterben liegen?« Liste deine Antworten auf und hinterfrage sie einzeln. Vertraue auch hier darauf, dass du sehr viel über dich selbst lernst, wenn du über andere Menschen workst.
Natürlich kannst du auch für dich eine Befürchtungsliste machen: »Was, befürchte ich, könnte Schlimmes geschehen, wenn ich sterbe?« Und auch diese Antworten kannst du dann hinterfragen und umkehren.

IDENTIFIZIERT MIT DEM KÖRPER

Das Thema Tod ist eng mit der Frage verbunden, wer wir eigentlich wirklich sind – und ob von uns etwas bleibt, wenn der Körper nicht mehr ist.
So sehr ich das innige Verhältnis zu meinem Körper liebe und schätze, so wertvoll finde ich es auch zu fragen: Bin ich, in meiner Essenz, dieser Körper? Gerade wenn es um das Thema Tod geht, ist diese Frage ganz zentral – weshalb ich dir hier in diesem Kapitel eine für die meisten Menschen sehr intensive Work ans Herz legen möchte.

Wer bist du wirklich?

Wir alle identifizieren uns mit unserem Körper – bis wir es vielleicht irgendwann nicht mehr tun. Wir setzen uns mit dem Körper gleich. Das führt dazu, dass wir glauben, dass uns etwas passiert, wenn dem Körper etwas zustößt. Da gibt es also ein Ich, das sich des Körpers gewahr ist, genauso wie es sich der Gedanken, Gefühle und Wahrnehmungen gewahr ist. Dieses Ich ist aber nicht der Körper, da es sich des Körpers bewusst sein kann. Ich will nicht, dass du das einfach glaubst, doch vielleicht kann es zu deiner eigenen Erfahrung werden. Man könnte sagen, dass man in den Religionen eine Vereinbarung getroffen hat, was man als Gemeinschaft glauben will. Die Work ermöglicht dir, selbst zu erleben, was für dich stimmt. Schon Jesus sagte: »Die Wahrheit wird euch frei machen.« Solange wir etwas nur glauben, können immer wieder Zweifel daran auftauchen. Auch deswegen ist es so wertvoll, unsere eigene Wahrheit zu entdecken. Und das können wir, indem wir unsere Gedanken mit der Work überprüfen.

Relativ viele Menschen haben schon einmal die Erfahrung gemacht, sich mit allem verbunden zu fühlen. Vielleicht beim Anblick eines Sonnenuntergangs, beim Sex, in einem Seminar, während eines Konzerts oder einer Extremerfahrung. Hast du so etwas auch schon erlebt? Möglicherweise spontan oder in einer tiefen Meditation oder einer spirituellen Übung? In solchen Momenten setzt unser Verstand für einen Moment aus. Dann erleben wir vollkommene Grenzenlosigkeit, ein All-eins-Sein. Nach meiner Erfahrung fühlt sich das viel wahrer an als der oftmals alltägliche Zustand des »Ich bin ich und getrennt von der Welt«.
Egal, ob du an eine solche Erfahrung anknüpfen kannst oder nicht – für die meisten klingt sie erst einmal wie eine spirituelle Theorie. Deswegen lohnt es sich, ihr ganz praktisch nachzugehen und den Gedanken zu untersuchen: »Ich bin dieser Körper.« Wenn du mit allem eins bist, dann bist du natürlich auch der Körper, so ist es nicht gemeint. Es ist die Frage nach deiner Essenz, nach dem, was du wirklich bist, nach deinem wahren Sein.
Genau das kannst du in der Work, die du auf den nächsten beiden Seiten findest, für dich selbst überprüfen. Es war eine meditative Gruppen-Work in einem meiner Seminare, die ich hier in Teilen wiedergebe.
Nimm dir beim Lesen viel Zeit und Stille, um deine eigenen Antworten zu entdecken. Spüre nach innen und bemerke die Antworten, die sich in dir zeigen. Vertraue dem, was in dir auftaucht.
Gönn dir vielleicht noch einen Moment in Stille, bevor du mit dieser Work beginnst.

Gelebte Work: »Ich bin dieser Körper«

In deiner Essenz: Du bist dieser Körper – ist das wahr?
Nach einer ganzen Weile der Stille antworten einige im Seminarraum mit Nein, einige mit Ja. Beides ist gleich gut, es geht um deine Wahrheit, um deine Antwort.
In deiner Essenz: Du bist dieser Körper – kannst du mit absoluter Sicherheit wissen, dass das wahr ist?
Kannst du mit absoluter Sicherheit wissen, dass es wahr ist, dass du nicht mehr bist, wenn dieser Körper beerdigt wurde? Kannst du mit absoluter Sicherheit wissen, dass das wahr ist – du in deiner Essenz bist dieser Körper?
Nach einer längeren Zeit der Stille gibt es im Raum einige Male Nein und ein paar Ja.
Wir untersuchen hier einen Gedanken, den wahrscheinlich niemand von uns den ganzen Tag aktiv vor sich hin denkt: »Ich bin dieser Körper, ich bin mein Körper.« Dennoch hat dieser Gedanke Auswirkungen und beeinflusst unbewusst unser ganzes Leben. Bemerke: Wie reagierst du, was passiert, wenn du den Gedanken glaubst – du bist dieser Körper?
Nach einer Zeit des Erspürens werden die Antworten in den Raum hineingesprochen: »Ich beschränke mich auf den Körper.« »Ich fühle mich gefangen.« »Eng.« »Verwirrt.« »Getrennt.« »Einsam.« »Irgendwie tot.« »Vergänglich.« »Ein Hunger, den ich nicht stillen kann.« »Der Körper bekommt die meiste Aufmerksamkeit und Nahrung.« »Eitel.« »Als müsste ich mich ständig schützen.« »Verletzlich.« »Verzweifelt.« »Irritiert.« »Begrenzt.« »Unsicher.« »Ausgeliefert.« »Irgendwie hoffnungslos.« »Nie genug.«
Wie fühlt es sich an, wenn du den Gedanken glaubst: Ich bin dieser Körper?
Von den Teilnehmenden ist zu hören: »Ängstlich.« »Ausweglos.« »Eingeschränkt.« »Vertrieben.« »Wie abgeschnitten.« »Stressig.« »Es verschließt mein Herz.« »Eng im Brustraum, flacher Atem.« »Das Herz klopft schnell.« »Der Kopf fühlt sich schwer an.« »Druck auf den Schultern.« »Angespannt.« »Zusammengezogene Stirn.«
Bemerke einmal: Wie gehst du mit dem Körper um, wenn du glaubst, dass du dieser Körper bist? Aus der Stille kommen die Antworten: »Lieblos.« »Ängstlich.« »Ich fühle mich abhängig und das ärgert mich.« »Bittend, bettelnd.« »Fordernd.« »Streng.« »Ich gönne ihm nichts.« »Argwöhnisch aufpassend.« »Manipulierend.« »Schonungslos.« »Kontrollierend.« »Ich überfordere den Körper.« »Er soll mir gehorchen.« »Wie ein zerbrechliches Neugeborenes.« »Ich klammere dran fest.« »Ich muss ihn schützen.« »Ich mache ihn für alles Mögliche verantwortlich.« »Er muss funktionieren, alles hängt davon ab!« »Wir sind wie eine Zweckgemeinschaft, da ist wenig Liebe.«
Wenn du den Gedanken glaubst, du bist dieser Körper, wozu bist du dann nicht in der Lage? »Über meine Grenzen hinauszuwachsen.« »Wirklich zu lieben.« »Zu vertrauen.« »Meine innere Stimme zu hören.« »Das Leben voll anzunehmen.« »Wahrzunehmen, was wirklich ist.« »Wirklich zu leben.« »In Frieden mit mir zu sein.« »Meine wahre Natur zu spüren.« »Zu entspannen.« »In Frieden zu sterben, wenn es so weit ist.« »Krisen anzunehmen.«

»An ein Sein nach dem Tod zu glauben.« »Ich kann seine Vergänglichkeit nicht akzeptieren. Ich kämpfe dagegen an.« »Ich kann mich nicht für andere Möglichkeiten öffnen.« »Den Körper zu lieben.« »Ich kann nicht loslassen.« »Frei zu sein.«

Jetzt nehmen wir einmal an, dieser Gedanke, du bist dieser Körper, wurde gelöscht. Er kann einfach nicht mehr auftauchen. Wer wärst du ohne diesen Gedanken?

Aus der Stille heraus ist nach einiger Zeit zu hören: »Frei.« »Frieden.« »Grenzenlos.« »Liebe.« »Offen.« »Weit.« »Beschwingt.« »Wahrheit.« »Leicht.« »Voller Mut.« »Präsent.« »Wach.« »Die, die ich bin.« »Mit allem verbunden.« »Voller göttlicher Freude.« »Ich habe keine Angst.« »Zeitlos.« »Fürsorglich.« »Mit allem verbunden.« »Ich kann den Körper lieben und schätzen.« »Ich kann ihn ganz neu kennenlernen.« »Nicht mehr wertend.« »Ohne Erwartungen.«

Ich lade dich ein, das voll und ganz zu fühlen. Wie fühlt sich dein Körper an, wenn du ohne diesen Gedanken bist, dass du dein Körper bist?

Was bist du wirklich, jetzt, hier, in diesem Moment – ohne den Gedanken, du bist dieser Körper? Lass dir Zeit, das in Stille zu spüren.

Die Umkehrungen

Nun lass uns zu den Umkehrungen gehen. Die erste Umkehrung ist: »Ich bin *nicht* dieser Körper.« Erlebe diese Umkehrung. Lass dir Zeit, das zu spüren.

Wie könnte das wahr sein – in deiner Essenz bist du nicht dieser Körper? Warum könnte das auch sein?

Aus der Stille kommt nach einer Zeit: »Ich kann träumen.« »Ich kann den Körper willentlich bewegen.« »Ich kann ihn spüren.« »Er atmet ohne mein Zutun.« »Ich kann ihn verlassen.« »Es gibt etwas in mir, das ihn spüren kann.« »Ich beobachte, wie er sich verändert.« »Ich kann wahrnehmen, dass meine Grenzen nicht identisch mit den Körpergrenzen sind.« »Mein Körper erscheint innerhalb meines Bewusstseins.« »Ich hatte ihn schon oft vergessen und war ganz woanders.« »Ich kann ihn von außen betrachten.« »Weil ich so alt und so jung sein kann, wie ich gerade bin.« »Ich kann den Körper bemerken.«

Für die nächste Umkehrung frage dich: Was taucht spontan bei dir als Gegenteil auf für »Körper«? Ich bin dieser Körper – umgekehrt: Ich bin … Während du das liest, halte inne und frage dich: Ganz spontan, was ist dein Gegenteil? Die Anwesenden sagen: »Ich bin Frequenz.« »Ich bin Geist.« »Ich bin Licht.« »Ich bin Bewegung.« »Ich bin Weite.« »Ich bin alles.« »Ich bin Präsenz.« »Ich bin Liebe.« »Ich bin Energie.« »Ich bin Fließen.« »Ich bin Wahrnehmen.« »Ich bin ein Teil von allem.« »Ich bin Stille.« »Ich bin Raum.« »Ich bin Seele.« »Ich bin.«

Jetzt erlaube dir, diese Umkehrung, die in dir aufgetaucht ist, ganz und gar zu erleben. Nimm sie in Stille wahr.

THE WORK BEI ANSTEHENDEN ENTSCHEIDUNGEN

The Work kann hilfreich dafür sein, um Entscheidungen zu treffen und dann auch zu ihnen zu stehen. Wenn wir regelmäßig worken, wird unser Verstand immer klarer und damit ist der Zugang zu unserer Intuition frei.

Solange unser Verstand unklar ist, kommen wir nicht an unsere Intuition heran. Die Energie geht stärker in den Kopf und wir sind sehr auf die Gedanken fokussiert – das aber ist nicht der Ort, wo Entscheidungen stattfinden können. Letztlich bemerken wir Entscheidungen nämlich in uns genauso, wie wir die Antworten auf die Fragen der Work in uns bemerken. Sie tauchen einfach auf, wenn wir dafür offen sind.

Natürlich können wir für anstehende Entscheidungen unseren Verstand nutzen, wir können die Vorteile und Nachteile der einzelnen Optionen durchdenken. Wenn die Entscheidung innerlich aber noch nicht klar ist und wir weiterhin auf der Gedankenebene versuchen, zu Klarheit zu kommen, dann stehen wir uns eher selbst im Weg. Wenn wir weiterhin die Entscheidung »herbeizudenken« versuchen, dann übersehen wir oftmals sogar, dass sie in unserem Inneren schon auf uns wartet. Katie zufolge braucht man, wenn man liebt, was ist, keine Entscheidungen zu treffen. Sie berichtet, dass sie in ihrem Leben nur wartet und beobachtet, weil sie weiß, dass die Entscheidung zur rechten Zeit getroffen wird.

Wenn du regelmäßig workst, wirst du vermutlich bemerken, dass du immer leichter und freier Entscheidungen abwarten und zulassen kannst. Ich selbst konnte das früher gar nicht gut, ich wollte mich nicht auf irgendetwas festlegen müssen. Heute hingegen macht es mir sogar Freude, Entscheidungen, die ich in mir spüre, dann auch zu leben.

Das eine ist also das regelmäßige Worken, das dir Entscheidungen zunehmend leichter machen kann. Zum anderen kannst du auch ganz gezielt zu bestimmten Themen arbeiten, die mit anstehenden Entscheidungen zusammenhängen. Dazu findest du einige hilfreiche Anregungen auf der nächsten Seite.

ENTSCHEIDUNGEN MIT THE WORK

»Urteile über deinen Nächsten«-Arbeitsblatt

Wenn andere Personen in deinen Entscheidungsprozess involviert sind, weil du beispielsweise überlegst, dich von jemandem zu trennen oder mit jemandem zusammenzuarbeiten oder eben nicht, dann kannst du über diese Personen ein »Urteile über deinen Nächsten«-Arbeitsblatt ausfüllen und es wie im entsprechenden Kapitel beschrieben durcharbeiten. Oftmals weißt du nach einem solchen Arbeitsblatt einfach, was du tun willst. Ich habe es beispielsweise in einer früheren Paarbeziehung so erlebt: Ich fühlte mich von meiner damaligen Partnerin sehr oft nicht wertgeschätzt und workte ein Arbeitsblatt nach dem anderen über sie. Eines Morgens machte sie wieder eine Bemerkung, die ich nicht wertschätzend fand – und da war es klar. Die Entscheidung war gefallen, ohne dass ich mich überhaupt in einen aktiven Entscheidungsprozess begeben hätte. In Liebe zu mir selbst und in Liebe zu ihr trennte ich mich.

Bedeutungs- und Befürchtungslisten

Quält dich eine anstehende Entscheidung, kannst du wie im Kapitel »Das Finden der stressigen Überzeugungen« beschrieben Listen in dieser Art machen:

- »Wenn ich mich für Option A entscheide, bedeutet das für mich, dass …«
- »Wenn ich mich für Option B entscheide, bedeutet das für mich, dass …«
- »Wenn ich mich für Option A entscheide, befürchte ich, dass …«
- »Wenn ich mich für Option B entscheide, befürchte ich, dass …«

Priorisiere dann deine Listen und worke die Sätze, die für dich ganz oben stehen. Mach danach gegebenenfalls das Sahnehäubchen. Auch auf diese Weise bereitest du den Boden dafür, dass sich deine Entscheidung zeigen kann.

»Es wäre besser, wenn …«

Eine weitere Möglichkeit besteht darin, die Optionen einmal durchzuspielen und die Sätze zu hinterfragen: »Es wäre besser, wenn ich mich für A entscheide« und »Es wäre besser, wenn ich mich für B entscheide«. Bei den Umkehrungen wirst du dann Beispiele für die entgegengesetzten Möglichkeiten finden. Das kann den Druck aus der Situation rausnehmen und dich dafür öffnen, dass dich deine Entscheidung allmählich findet.

THE WORK BEI SCHULDGEFÜHLEN

Viele Menschen werden durch ihre Schuldgefühle enorm belastet. Und noch mehr Menschen ist es gar nicht bewusst, wie sehr sie darunter leiden. In diesem Kapitel erfährst du, wie du dich von dieser Last befreien kannst.

Schuld liegt wie eine enorme Last auf uns, das ist oft sogar körperlich spürbar. Und Schuld kann zu Depressionen führen. Sich von dieser Last zu befreien kann unser ganzes Lebensgefühl grundlegend verbessern. Ohne Schuldgefühle fühlen wir uns leichter und lebendiger. Wir können sie nicht einfach loslassen, doch wir können ihre Ursache verstehen und unsere Work machen. So können Schuldgefühle sich auflösen.

Manche Menschen sind der Meinung, dass eine gewisse Portion Schuldgefühl ihnen hilft, sich besser zu benehmen oder sinnvoller zu handeln. Ich halte das für fraglich. Denn wenn wir unter Schuldgefühlen leiden, können wir nicht so gut für uns oder andere da sein.

Bewusst oder unterschwellig?

Viele Menschen wissen, dass sie unter Schuldgefühlen leiden. Sie gehen davon aus, irgendwann einmal einen, vielleicht schwerwiegenden Fehler gemacht zu haben. Je nachdem, wie sehr wir uns für das verurteilen, was wir getan oder gelassen haben oder wie wir sind, können uns Schuldgefühle heftig plagen und unser ganzes Leben prägen.

In meinen Seminaren mache ich zugleich immer wieder die Erfahrung, dass vielen Menschen gar nicht bewusst ist, dass sie mit Schuldgefühlen leben. Erst wenn das Thema angesprochen wird, tauchen manchmal intensive Schuldgefühle auf und die Betroffenen stellen fest, wie sehr auch sie in ihrem Lebensgefühl davon beeinflusst und belastet werden. Es ist zwar erst einmal schmerzhaft, das zu erkennen, aber das Bewusstwerden hilft dann auch, sich wirklich davon befreien zu können. Ich führe dich gleich durch drei Meditationen, die dir ermöglichen können, deine Unschuld zu erkennen. Dafür ist es wichtig, dass du dir zunächst darüber bewusst wirst, wofür genau du dich schuldig fühlst.

WOFÜR FÜHLST DU DICH SCHULDIG?

Gönn dir die Zeit, die es braucht, um dir darüber bewusst zu werden: Gibt es etwas, wofür du dich schuldig fühlst? Falls ja: Was genau ist es? Du kannst dich auch fragen: Wenn es etwas gäbe, wofür du dich schuldig fühlen könntest – was könnte das sein? Was hast du möglicherweise getan, was jemanden verletzt haben könnte? Oder was hast du nicht getan? Womit hast du jemanden schlecht behandelt? Was hast du jemandem angetan? Was war es genau? Notiere es dir.

Meiner Erfahrung nach gibt es eine bestimmte Grundannahme dafür, warum wir uns schuldig fühlen. Wenn diese genauer betrachtet und tiefer erforscht wird, können die meisten Menschen feststellen, dass diese Grundannahme für sie eigentlich gar nicht wahr ist. Dadurch kann entdeckt werden, dass es Schuld in dem Sinne, wie sie es glaubten, gar nicht gibt.

Für die folgenden drei geführten Meditationen brauchst du die Situation, für die du dich schuldig fühlst. Finde einen ruhigen Platz und gönn dir Zeit für jede einzelne der Fragen. Schließ gern immer wieder deine Augen. Und halte Schreibzeug bereit.

MEDITATION 1

Wofür fühlst du dich schuldig? Werde dir darüber bewusst. Was ist es genau? Wenn du dich für diese bestimmte Sache schuldig fühlst, wie fühlt sich das an? Erlaube dir, das zu fühlen. Ich brauche kein Hellseher zu sein, um sagen zu können, dass es sich nicht gut anfühlt, richtig? Wie fühlt sich dein Körper an, wenn du dich dafür schuldig fühlst? Bewege dich vielleicht mal durch den Raum und spüre es. Spürst du die Last, die du mit dir herumträgst? Wie ist deine Körperhaltung? Wohin richtet sich dein Blick? Wie fühlt sich das alles an, wenn du glaubst, schuldig zu sein? Was denkst du über dich selbst und dein Leben, wenn du glaubst, schuldig zu sein?

Jetzt begib dich innerlich zurück in die Zeit, als du so gehandelt hast, wie du gehandelt hast. Wenn du zum damaligen Zeitpunkt anders hättest handeln können, sodass du damit der anderen Person den Schmerz hättest ersparen können, und das stimmig für dich gewesen wäre, hättest du es dann getan? Das ist eine ganz entscheidende Frage. Lass dir Zeit für deine Antwort.

Vielleicht musstest du das tun, was du getan hast, weil du ansonsten gegen deine innere Wahrheit gehandelt hättest. Die Frage ist: Wenn es dir möglich gewesen wäre, so zu handeln, dass es die andere Person nicht verletzt hätte – und du trotzdem dir selbst hättest treu bleiben können –, hättest du das dann vorgezogen? Möglicherweise ging in der Situation nicht beides, aber mal angenommen, es wäre möglich gewesen: Hättest du dann gern anders gehandelt?

Wenn du damals durch irgendeinen Zauber in der Lage gewesen wärst, mit der anderen Person besser umzugehen, ohne dich selbst zu verraten, hättest du das dann gern gemacht?

Die meisten Menschen kommen hier zu einem Ja. Fast alle sagen: »Ja, natürlich hätte ich in der Situation gern anders gehandelt, wenn es mir möglich gewesen wäre.«
Manchmal gibt es noch ein paar Gedankengänge, die das nicht zulassen. Falls das bei dir so sein sollte, dann lade ich dich ein, diese Gedanken aufzuschreiben und mit der Work zu überprüfen.
Wenn du jedoch erkannt hast, dass du gern anders gehandelt hättest, wenn es dir denn möglich gewesen wäre, dann bedeutet das im Umkehrschluss, dass du zum damaligen Zeitpunkt – mit dem, was du in der Situation gedacht und geglaubt hast – gar nicht anders hättest handeln können, als du es getan hast. Richtig?
Warum ist das so? Weil du ja selbst sagst, dass du es gern anders gemacht hättest, wenn es dir möglich gewesen wäre.
Erlaube dir, das zu erleben. Wenn du das wirklich spüren kannst, dann ist es das Ende von Schuld in deiner Situation. Notiere dir: Was nimmst du mit von dieser Reise?

ECHTE SELBSTLIEBE IST NUR MÖGLICH OHNE SCHULDGEFÜHLE.

Schuld kann uns nur so lange im Griff haben, wie wir glauben, dass wir es hätten anders machen können. Ohne diese Grundannahme »Ich hätte es anders machen können« kann es keine Schuld mehr geben.
Wenn wir erkennen, dass wir in der Situation tatsächlich keine andere Wahlmöglichkeit hatten, dann erkennen wir auch, dass wir total unschuldig sind. Und das ist ein enorm befreiendes Gefühl.

NIEMALS JEMANDEM WEHTUN?

Es ist nicht möglich zu leben, ohne dass sich auch mal jemand verletzt fühlt. Wenn sich jemand in dich verliebt und sagt: »Ich will mit dir zusammen sein« und du aber nicht mit dieser Person zusammen sein möchtest – solltest du das dann trotzdem tun, damit sie sich nicht verletzt fühlt? Damit würdest du dich einerseits selbst verletzen – wenn du gegen deine Wahrheit handelst – und andererseits würde das, zumindest auf längere Sicht gesehen, sowieso nicht funktionieren.
Es gibt viele Möglichkeiten, wie andere sich durch uns verletzt fühlen können, selbst wenn wir in reiner Liebe sind. Menschen projizieren ihre Vorstellungen und Erwartungen auf andere und fühlen sich dann vielleicht abgelehnt. In anderen Situationen bist du vielleicht einfach mit etwas beschäftigt und jemand denkt, du seiest arrogant und würdest ihn abwerten. Es gehört also zu unserer menschlichen Natur, dass wir es nicht vermeiden können, anderen wehzutun.

MEDITATION 2

Diese Meditation habe ich in ähnlicher Form in Seminaren von Katie erlebt. Sie hat mein Verständnis von Schuld komplett verändert. Vielleicht wird es dir ähnlich ergehen.

Geh zurück in die Situation, für die du dich schuldig fühlst oder gefühlt hast. Was genau ist damals geschehen? Lass die Erinnerungen aufsteigen. Und nun spulst du den Film von den damaligen Geschehnissen langsam noch etwas weiter zurück. Halte ihn da an, wo du bemerkst, dass das der Moment war, in dem die Entscheidung da war, so zu handeln, wie du dann gehandelt hast – und wofür du dich zumindest im Nachhinein schuldig gefühlt hast. Deine Erinnerung daran braucht nicht glasklar zu sein, es genügt, ein Gefühl für diesen Moment zu haben.

In dem Moment, in dem die Entscheidung da war, so zu handeln, wie du gehandelt hast: Wie hast du dich gefühlt? Werde dir deiner Gefühle bewusst. Notiere sie.

Und dann bemerke: Welche Gedanken musstest du möglicherweise glauben, um dich so zu fühlen? Lass dir Zeit, diese Gedanken zu finden. Notiere sie.

Hast du dir die Gedanken aufgeschrieben? Gut. Dann gehen wir einen Schritt weiter. Diese Gedanken vor dir auf deinem Blatt Papier – hast du dir die ausgesucht? Oder sind sie einfach aufgetaucht? Sie sind einfach aufgetaucht, oder? Du hast ja nicht am Morgen dieses Tages entschieden, zu diesem Zeitpunkt diese Gedanken zu denken, oder?

Gedanken tauchen einfach so von allein auf. Du kannst nicht wissen, was du in zwölf Minuten und siebzehn Sekunden denken wirst, richtig? Das ist der Grund, warum Katie davon spricht, dass wir nicht denken, sondern gedacht werden.

Und in deiner konkreten Situation tauchten die Gedanken auf, die auftauchten. Und die Gedanken, die nicht auftauchten, tauchten nicht auf. Du hast dir das nicht vorher so ausgedacht, richtig? Und du hättest auch nicht sagen können: Ach, diese Gedanken gefallen mir gerade nicht, ich nehme mal andere. Das war dir in der Realität nicht möglich.

Jetzt kommen wir zum entscheidenden Punkt: In deiner Situation sind die Gedanken aufgetaucht, die aufgetaucht sind. Es lag nicht in deiner Macht, andere Gedanken zu haben. Das Auftauchen der Gedanken war also komplett unschuldig.

Du hast diese Gedanken geglaubt – und auch das ist total unschuldig. Ganz automatisch glauben wir erst einmal unsere Gedanken.

Und diese Gedanken haben dann in deiner Situation die Gefühle verursacht, die sie verursacht haben. Auch das konntest du nicht ändern, es geschah in dem Moment ebenfalls von allein, oder?

Und weil du dich so gefühlt hast, wie du dich gefühlt hast, musstest du so handeln, wie du gehandelt hast. Auch darin lag keine Wahl. Kannst du das erkennen?

Insofern ist der ganze Vorgang völlig unschuldig. Zusammengefasst kann man sagen: Ein Gedanke tauchte auf, wurde geglaubt, löste ein Gefühl aus, was wiederum eine Handlung auslöste. Künftig kannst du in so einer Situation vielleicht anders handeln, doch im Nachhinein ist das unmöglich.

Manchmal tauchen an dieser Stelle die »Abers« auf. (Übrigens, falls so ein »Aber« bei dir aufgetaucht ist, hast du dir das auch nicht ausgesucht, oder? Dann ist es einfach auf einmal da gewesen, richtig?) Vielleicht taucht so etwas auf wie: »Aber ich hätte mich trotzdem anders entscheiden sollen!« Oder: »Ich hätte mich erst einmal beruhigen sollen … Ich hätte mich in den anderen hineinversetzen müssen … Ich hätte die Folgen bedenken sollen!« Doch wäre das wirklich möglich gewesen? In deiner Idealvorstellung ja, aber in der Realität? Diese Gedanken sind in dem Moment vermutlich einfach nicht aufgetaucht.

Und manchmal gab es möglicherweise sogar alternative Gedanken wie die oben genannten, du hast sie aber nicht weiterverfolgt, weil die anderen Gedanken stärker deine Aufmerksamkeit auf sich gezogen haben. Auch das konntest du letztlich in der Situation nicht beeinflussen, richtig?

Manchmal argumentiert der Verstand weiter: »Okay, auch wenn ich in diesem Moment nicht anders konnte, weil ich bestimmte Dinge gedacht habe, dann hätte ich eben früher dafür sorgen müssen, dass ich in diesem Moment gar nicht solche Sachen glaube!« Das ist zwar gut gemeint, aber in der Realität war auch das offensichtlich nicht möglich. Es hätte nicht anders sein können, weil es nicht anders war.

Noch einmal: Du hast in deiner Situation vielleicht etwas gedacht wie: »Der andere hätte das nicht tun sollen!«, »Sie verkauft mich für dumm!«, »Das darf ich mir nicht bieten lassen!«. Dann warst du möglicherweise wütend und hast aus diesem Gefühl heraus aggressiv oder beleidigt gehandelt. Die Gedanken hast du dir nicht ausgesucht, sie sind einfach aufgetaucht.

Kannst du sehen, wie unschuldig das Ganze ist?

Wir könnten nur dann schuldig sein, wenn wir schuldig dafür wären, dass ein Gedanke auftaucht. Aber das ist eine absurde Vorstellung, oder?

MEDITATION 3

Eine weitere Möglichkeit. Frage dich: Wie fühlt es sich für dich an, wenn du jemanden schlecht behandelst? Das fühlt sich nicht gut an, richtig? Erlaube dir, intensiver zu fühlen, was es mit dir macht. Es fühlt sich schlecht an, oder? Erlaube dir, das wirklich zu spüren. Nimm dir einen Moment Zeit dafür.

Und wie fühlt es sich an, wenn du jemanden gut behandelst? Wenn du für jemanden da sein kannst? Wenn du hilfreich sein kannst? Wenn du liebevoll und zugewandt bist mit jemandem? Wie fühlt sich das an? Möglicherweise ist jetzt sogar ein Lächeln auf dein Gesicht gekommen, während du das liest. Es fühlt sich normalerweise gut an, richtig?

WORK ÜBER SCHULD

Zusätzlich zu den drei Meditationen über Schuld lohnt es sich, all die Gedanken zu worken, die dich dazu gebracht haben, in deiner Situation so zu handeln, wie du es getan hast und wofür du dich später schuldig gefühlt hast.

NEIN SAGEN

Oft fühlen wir uns schuldig, wenn jemand uns um etwas bittet und wir Nein sagen. Wenn du spürst, dass deine Antwort ein Nein ist und du dich damit nicht gut fühlst, dann könntest du eine Bedeutungsliste machen: »Wenn ich Nein sage, bedeutet das …« Was bedeutet es deiner Meinung nach für dich oder für die anderen?
Die Sätze kannst du dann überprüfen. Das genaue Vorgehen ist im Kapitel zur Bedeutungsliste beschrieben.

Wenn du die freie Wahl hättest, ob es dir gut geht oder ob es dir schlecht geht: Wofür würdest du dich entscheiden? Natürlich entscheiden wir uns, wenn wir wirklich die freie Wahl haben, dafür, dass es uns gut geht, oder?
Wenn wir jemanden schlecht behandeln, fühlt es sich schlecht an. Das heißt, in dem Moment, in dem wir jemanden schlecht behandeln, handeln wir offensichtlich nicht so, wie wir es eigentlich wollen. Denn eigentlich wollen wir uns gut fühlen – aber das verhindern wir, indem wir andere schlecht behandeln. Das bedeutet, dass du nicht in Übereinstimmung mit deiner wahren Natur handelst, wenn du jemanden schlecht behandelst.
Für mich ist das ein weiterer Beweis dafür, dass wir nicht anders handeln können, als wir es tun. Weil wir ja, wenn wir wirklich die freie Wahl hätten, so handeln würden, dass es uns gut geht. In dem Moment, in dem wir jemanden schlecht behandeln, haben wir offensichtlich nicht die freie Wahl.

DIE ILLUSION »ICH HÄTTE ES ANDERS MACHEN KÖNNEN«

Diese drei Meditationen zum Thema Schuld kannst du immer wieder mit verschiedenen Situationen machen.
Die Grundannahme, der zugrunde liegende Gedanke, um überhaupt ein Schuldgefühl entwickeln zu können, lautet: »Ich hätte es anders machen können.« Und das kann – meiner Erfahrung mit mir selbst und all meinen Klienten und Seminarteilnehmern nach – nie wahr sein. Es ist immer nur eine Fantasie. Um das für dich selbst zu überprüfen, lade ich dich ein, diesen Gedanken »Ich hätte es anders machen können« zu worken. Auf der nächsten Seite führe ich dich durch diese Work hindurch.
Letztlich sind wir alle total unschuldig. Das gilt auch für korrupte Politiker, für Diebe und für Mörder, einfach für alle. Studien zeigen, dass unsere frühkindlichen Erfahrungen die Handlungen bestimmen, die wir als Erwachsene ausführen. Wenn also jemand einen anderen umbringt, dann können wir einfach dankbar sein, dass wir diese Prägungen als Kind nicht bekommen haben.
Wenn ich das so sage, dann schrillen sicher bei manchen die Alarmglocken: Dann könnten wir uns ja alles erlauben und uns einfach alle gegenseitig umbringen. Für mich ist es so, dass dieses »Letztlich sind wir unschuldig« nicht als Ausrede für verantwortungsloses Verhalten dienen kann. Wenn wir anderen schaden,

dann fühlt es sich einfach schlecht an. Durch so ein Verhalten trennen wir uns von unserem wahren Sein ab und das ist extrem schmerzhaft (auch wenn manche so abgestumpft sind, dass sie diesen Schmerz erst einmal nicht so deutlich spüren können). Man könnte es so ausdrücken: Wenn wir anderen bewusst etwas Schmerzhaftes antun, ist das für uns selbst schmerzvoll. Die Kirche nennt das »Sünde«. Eine Herleitung dieses Wortes ist »absondern«. Wir sündigen in dem Sinne, dass wir uns von unserer wahren Natur trennen. Aber wir können Frieden finden, wenn wir erkennen, wie unschuldig unser Handeln war.

»ICH HÄTTE ES ANDERS MACHEN KÖNNEN«

Nutze diese Work für eine ganz konkrete Situation, in der du dich für etwas schuldig fühlst, weil du glaubst (oder zumindest ein Anteil von dir), dass du es hättest anders machen können. Erlaube dir auch in dieser Work wieder, dich besonders meditativ auf die Fragen einzulassen. Stell dir die jeweilige Frage und bemerke, welche Antworten in dir auftauchen. Überlege deine Antworten nicht, sondern nimm einfach wahr, was sich in dir zeigt. Notiere dir deine Antworten.

- »Ich hätte es anders machen können.« In meiner Situation: Ist das wahr?
- »Ich hätte es anders machen können.« In meiner Situation: Kann ich mit absoluter Sicherheit wissen, dass das wahr ist?
- »Ich hätte es anders machen können.« In meiner Situation: Wie reagiere ich, wenn ich diesen Gedanken glaube? Lass dir Zeit mit deinen Antworten … »Ich hätte es anders machen können.« Wozu bin ich nicht in der Lage, wenn ich diesen Gedanken glaube?
- »Ich hätte es anders machen können.« In meiner Situation: Wer wäre ich ohne diesen Gedanken? Lass dir Zeit, das zu erleben … »Ich hätte es anders machen können.« In meiner Situation: Wer bin ich, jetzt hier in diesem Moment, ohne diesen Gedanken? Lass dir wieder Zeit …
- Die Umkehrung lautet: »Ich hätte es *nicht* anders machen können.« Das bedeutet ja: »Ich konnte es in der Situation nur *genau so machen, wie ich es gemacht habe.*« Erlebe diese Umkehrung. Lass dir Zeit dafür …
- Kann ich ein Beispiel dafür finden, wie die Umkehrung wahr sein könnte?
- Kann ich weitere Beispiele finden? Warum hätte ich es nicht anders machen können (mit dem, was ich in der Situation gedacht und geglaubt habe und wie ich mich dadurch gefühlt habe)?

Lass das, was du entdeckt hast, noch einmal in deiner Situation auf dich wirken. Was hat sich verändert? Wie geht es dir jetzt? Was nimmst du mit aus dieser Work?

»WER IST SCHULD?«

Die andere Seite des Themas Schuld ist die, auf der wir anderen Schuld zuweisen. »Du bist schuld!« »Deinetwegen muss ich leiden!« »Wenn sie das nicht getan hätte, könnte ich glücklich sein!« »Schuld am Klimawandel sind die Politik / die Industrie / die Landwirtschaft / die Fleischesser / die vielen unbewussten Leute« und so weiter. Solche Gedanken bringen Unfrieden in unser Leben und sie machen uns auch nicht in dem Sinne aktiv, indem wir wirklich konstruktiv das verändern könnten, was uns am Herzen liegt.
Es lohnt sich, diese Themen mit der Work zu untersuchen. Ich empfehle dafür, ein »Urteile über deinen Nächsten«-Arbeitsblatt über die Beschuldigten auszufüllen: über die andere Person, der du etwas vorwirfst, über bestimmte Politiker oder über »die Politiker« ganz allgemein, über bestimmte Firmen oder »die Industrie«, über »die Menschen« oder bestimmte Gruppierungen und so weiter. Das ist auch eine wunderbare Möglichkeit, an unseren Vorurteilen zu arbeiten. Die genaue Anleitung dafür findest du im Kapitel »Das Urteile über deinen Nächsten«-Arbeitsblatt«.

AUS DER LÄHMUNG IN DIE KRAFT

Um gut mit deinen Gedanken arbeiten zu können, empfiehlt es sich, nach der (vermeintlichen) Schuld zu fragen, wenn du beispielsweise mit einem globalen Thema wie dem Klimawandel oder bestimmten Zuständen in der Gesellschaft haderst. Frage dich dann: Wer ist schuld daran, dass es so ist, wie es ist? Auch wenn es Schuld nicht gibt: Wen könntest du dafür beschuldigen? Wer ist schuld, dass nicht angemessen gehandelt wird? Wer ist schuld, dass ungerecht geurteilt wird? Und so weiter ...

MAHATMA GANDHI SAGTE: »SEI DU SELBST DIE VERÄNDERUNG, DIE DU DIR WÜNSCHST FÜR DIESE WELT.« DEINE WORK KANN DIR OFFENBAREN, WIE DU DIESE VERÄNDERUNG SEIN KANNST.

Wenn du den Schuldigen ausgemacht hast, dann fülle über diese Person ein UNA aus und hinterfrage dann deine Gedanken. Du kannst das Arbeitsblatt auch ausfüllen über eine Gruppe, aber in den meisten Fällen würde ich eine einzelne Person empfehlen. Wenn du allerdings mit deinen Vorurteilen aufräumen willst, dann ist es hilfreich, die Gruppen, über die du Vorurteile hast, zu nehmen.
Sei dabei nicht politisch korrekt oder spirituell oder über allem stehend – schreib ganz ehrlich frei von der Leber weg, welche Gedanken auftauchen, und überprüfe sie dann.
Das kann zu einer völlig neuen Sicht auf diese Themenbereiche oder diese Menschen führen – und zu einem tieferen inneren Frieden. Es kann die Lähmung auflösen, »eh nichts tun zu können«, und dich damit vielleicht auch zu einem hilfreicheren Engagement im Außen bringen. Du kannst ganz neu sehen, was du in deiner Welt tun kannst – so kann aus dem anfänglichen Schmerz, aus der anfänglichen Empörung, Wut oder Niedergeschlagenheit eine große Kraft und Handlungsfähigkeit erwachsen.

WIEDERGUTMACHUNG ANBIETEN

Auch wenn du erkennst, dass du in einer bestimmten Situation gar nicht anders handeln konntest, als du es getan hast, bereust du möglicherweise, dass du jemanden verletzt hast. Byron Katie hat für sich entdeckt, dass sie einiges wiedergutzumachen hatte, was sie anderen angetan hatte. Mehr dazu findest du in ihren Büchern *Lieben, was ist* und *Ich brauche deine Liebe – Ist das wahr?*. Sie regt dazu an, einen Wiedergutmachungsbrief zu schreiben. Oft machen wir das auch, nachdem wir durch das Worken Frieden damit gefunden haben, was jemand uns vermeintlich angetan hatte.

Hier ist ihre Anleitung für den Brief:

Benenne drei Dinge, die du einer Person angetan hast. Schreib, dass es dir leidtut. Frage, wie du das wiedergutmachen kannst, oder biete die Weise an, wie du es tun möchtest. Frage dann, ob das für die andere Person passt. Benenne anschließend drei Dinge, die diese Person dir gegeben hat und für die du dankbar bist. Danke ihr dafür. Beende den Brief, wenn es sich richtig anfühlt, mit »Ich liebe dich« und unterschreib ihn. Du kannst diesen Brief abschicken, der Person vorlesen oder ihr einfach sagen, was du entdeckt hast.

Wichtig ist, dass du erst dann Wiedergutmachung anbietest, wenn du demjenigen wirklich von Herzen etwas geben willst – ohne dafür etwas zurückbekommen zu wollen, auch nicht, dass er oder sie dein Handeln entschuldigen soll. Wiedergutmachung ist es nur, wenn du bereit bist, sie bedingungslos anzubieten. Erwähne auch nicht, was du dachtest, dass diese Person dir angetan hätte. Falls da noch irgendein Groll übrig ist, mach erst weiter deine Work.

Bitte überprüfe, ob es angemessen ist, Wiedergutmachung anzubieten – oder ob das möglicherweise noch mehr Leid auslösen könnte, wenn du beispielsweise eine Affäre mit jemandem bei dessen Partnerin wiedergutmachen willst, die aber gar nichts davon weiß. In solchen Fällen kannst du Wiedergutmachung leisten, ohne dass die betreffende Person das mitbekommt. Sei kreativ! Oder du machst es wieder gut, indem du gut für andere Menschen da bist, die vielleicht in einer ähnlichen Situation sind.

Oft haben wir in solchen Situationen auch bei uns selbst etwas gutzumachen. Probiere einmal aus, deinen Wiedergutmachungsbrief in der Umkehrung zu dir selbst zu lesen. Du setzt einfach dich überall da ein, wo die andere Person erwähnt ist. Oft ergibt das erstaunlich viel Sinn. Frage dich, wie du das, was du auch dir unschuldigerweise angetan hast, bei dir selbst wiedergutmachen kannst.

THE WORK BEI SCHAMGEFÜHLEN

Schamgefühle können uns enormes Leiden zufügen. Hier findest du deinen Ausweg aus diesem inneren Gefängnis.

Das Schamgefühl ist für viele Menschen ein häufiger Begleiter. Es zeigt sich beispielsweise als Peinlich-berührt-Sein oder als Im-Erdboden-versinken-Wollen. Grundgedanken, die Scham auslösen, sind etwa: »Mit mir stimmt etwas nicht.« Oder: »Ich sollte anders sein.« Wenn du, so wie ich früher, häufig Scham fühlst, kann ich dir als Kur für solche Grundgedanken die »28 Schritte in die Freiheit« ans Herz legen, wie sie im Kapitel »The Work für einschränkende Glaubenssätze über dich selbst« beschrieben sind. Scham kann auch unsere Identität prägen (mehr dazu findest du im Kapitel zur »Work über deine Rollen im Leben«).

DIE GRÖSSTE SCHAM

Fast alle Menschen schleppen einen Riesenbrocken an Scham für ganz bestimmte Sachen mit sich herum, die sie getan oder gelassen haben, die sie erlebt haben oder dafür, wie sie sind. In diesen Fällen liegt Scham nahe bei den Schuldgefühlen, die Übungen aus dem vorherigen Kapitel können dafür also auch hilfreich sein.

Hier kommt eine geniale weitere Übung zur Scham. Gönn dir Zeit, diesen Satz fortzusetzen: »Die Sache, für die ich mich in meinem Leben am meisten schäme, ist ...«

Dann mach deine Liste: Was sagt das über dich aus? Was bedeutet das für dein Leben – und zwar bis heute? Was bedeutet das für das Leben der anderen – und zwar bis heute? Schreib also beispielsweise: »Ich habe meinen Sohn geschlagen und das bedeutet, dass ich eine schlechte Mutter bin, ... dass er kein Urvertrauen mehr hat ...«

Spüre, wie es sich anfühlt, dich dafür zu schämen und der Sache diese Bedeutungen zu geben. Bewege dich damit mal durch den Raum. Worke dann wie bei den Bedeutungslisten gewohnt.

THE WORK BEI ÄNGSTEN UND BEFÜRCHTUNGEN

Ängste und Befürchtungen sind letztlich auch nur Gedanken – und wie all unsere Stress verursachenden Gedanken können wir sie gut mit der Work hinterfragen.

Die Grundlage für all unsere Ängste sind letztlich zwei Gedanken: »Etwas Schlimmes könnte geschehen« und »Es kann etwas geschehen, womit ich nicht umgehen kann«. Ich kann dir sehr ans Herz legen, diese beiden Gedanken zu hinterfragen.

Angst an sich ist erst einmal hilfreich. Wenn wir zum Beispiel die Straße überqueren und plötzlich ein Auto heranrast, dann hilft uns die Angst rein physisch, sofort so viel Kraft zu mobilisieren, dass wir wegspringen und uns in Sicherheit bringen können. Diese angemessene Angst ist nie ein Problem, denn sie taucht nur in Situationen auf, wo wir sie auch brauchen. Die meisten unserer Ängste sind allerdings psychologische Ängste und die können tatsächlich zum Problem werden. Wir befürchten, dass etwas Schlimmes passieren könnte – da dies aber immer die Zukunft betrifft, können wir nicht damit umgehen, denn die Zukunft ist ungewiss. Unser Verstand projiziert alte Erfahrungen, beispielsweise auch aus Filmen, auf eine vorgestellte Zukunft und malt sich diese in den schrecklichsten Farben aus. Angst braucht immer Zukunft – und die Work (ebenso wie Meditation) kann uns nach und nach im gegenwärtigen Augenblick verankern, wo es keine Angst geben kann.

Manchmal können uns Ängste helfen, in Aktion zu treten. Wenn wir beispielsweise Angst haben, eine Prüfung zu vermasseln, kann das dazu führen, dass wir uns hinsetzen und lernen. Mit dieser aktiven Handlung wird dann auch die Angst allmählich kleiner. Es kann aber auch passieren, dass wir die Angst lange mit uns herumtragen, aber nicht aktiv werden und uns von ihr bremsen lassen. Dann kann es sehr hilfreich sein, die Gedanken hinter der Angst zu identifizieren und zu hinterfragen.

Prüfe einmal für dich: Wie oft hattest du schon Angst und dachtest, dass etwas Schlimmes geschehen könnte, womit du nicht umgehen kannst? Und wie oft ist es wirklich so schlimm gekommen? Vielleicht war es mal mit mehr und mal mit weniger Leid verbunden – doch du konntest damit umgehen. Die Tatsache, dass du jetzt diese Zeilen liest, zeigt bereits, dass du mit allem, was in deinem Leben bisher geschehen ist, irgendwie hast umgehen können. Darauf kannst du aufbauen. Jetzt hast du auch noch die Work und kannst damit dein Leiden in allen möglichen Situationen auflösen. Und zwar rückblickend für vergangene Erfahrungen, die dich noch heute auf irgendeine Weise beeinträchtigen, und vorbereitend für Dinge, die in der Zukunft geschehen können. Das Leiden ist nur eine Folge deiner Gedanken und Geschichten, die du um die Situation herum spinnst.

Manche Menschen sind sich ihrer Ängste sehr bewusst, andere haben keine Sprache dafür. Typische Manager würden wohl kaum sagen, dass sie Angst haben. Sie sprechen lieber von Stress. Stress ist allerdings immer eine Form von Angst – Angst, etwas nicht zu schaffen, nicht gut genug zu sein, zu versagen, attackiert zu werden, zu verarmen.

ANGST – UND LIEBE

Für viele ist das Gegenteil von Angst Mut. Doch Mut bedeutet, dass wir trotz einer Angst handeln. Meine ältere Tochter beispielsweise ist zum ersten Mal mit acht Jahren vom Dreimeterbrett gesprungen. Sie kletterte auf den Sprungturm, lief auf das Brett und sprang. Ich fragte sie, ob sie denn gar keine Angst gehabt hätte. Und sie antwortete leicht entrüstet: »Natürlich hatte ich Angst, aber das musste mich doch nicht davon abhalten zu springen.« So können wir mit Ängsten umgehen: Wir können sie fühlen und da sein lassen – und dennoch handeln und das tun, was wir wollen. Die Work kann uns helfen, auch mit Ängsten wieder handlungsfähig zu werden.

Für mich ist das Gegenteil von Angst Liebe. Wenn wir in Liebe sind, sind wir im Vertrauen – und dann kann keine Angst auftauchen. Wenn du durch das Hinterfragen deiner Gedanken immer mehr in das Vertrauen und in die Liebe kommst, dann werden Ängste dich immer weniger beeinflussen.

Bei Katie scheinen alle Ängste und Befürchtungen komplett verschwunden zu sein. Dadurch entsteht in Work-Kreisen manchmal der Eindruck, es wäre erstrebenswert, angstfrei zu leben – und man habe nur die Work noch nicht gut genug gemacht, falls noch Ängste auftauchen. Ich finde, das ist Quatsch. Für beinahe alle Menschen gehören Ängste zum Leben dazu. Umso schöner, dass es mit der Work möglich ist, dass uns diese Ängste nicht mehr so stark einschränken müssen.

BEFÜRCHTUNGEN

Wenn jemand seine Arbeit verliert, kann er auf zwei Weisen damit umgehen: Er könnte voller Angst sagen, alles sei vorbei, er finde nie wieder so einen guten Job und so weiter. Oder er könnte sagen: »Okay, ich habe meinen Job verloren. Ich bin neugierig, was jetzt kommt.« In welchem Zustand ist es wohl wahrscheinlicher, dass sich etwas Gutes aus der Situation entwickelt? Wenn du deine Befürchtungen workst, kannst du in einen handlungsfähigeren Zustand kommen.

Erstell dafür eine Liste mit Dingen, die du befürchtest. Vielleicht hast du deinen Job verloren, dann schreibst du: »Ich habe meinen Job verloren und ich befürchte, dass …« Oder du schreibst: »Ich könnte meinen Job verlieren und ich befürchte, dass …«

DIE URSACHEN VON ÄNGSTEN

Untersuche einmal die Sätze »Etwas Schlimmes wird geschehen«, »Etwas Schreckliches könnte geschehen«, »Es kann etwas geschehen, womit ich nicht umgehen kann« und »Wenn (konkret) dies und das geschieht, kann ich damit nicht umgehen«. Eine andere wunderbare Möglichkeit ist, für eine Situation in der Zukunft, die dir Angst macht, deine Gedanken zu notieren und zu hinterfragen.

Genauso, wie wir Situationen aus der Vergangenheit mithilfe der Work überprüfen können, können wir es auch mit vorgestellten Zukunftsszenarien tun. Vergangenheit und Zukunft existieren nur in unserem Kopf, beide kannst du dir lebendig vorstellen, doch du tust es in der Gegenwart, dem einzig realen Moment. Wenn du beispielsweise einen Vortrag halten sollst und damit in Verbindung Ängste auftauchen, dann kannst du dich in die Situation des Vortrags hineinversetzen. Stell dir dein Publikum so schlimm vor, wie es nur geht, und schreib von dieser Vorstellung aus ein »Urteile über deinen Nächsten«-Arbeitsblatt über dein Publikum. Auf diese Weise kannst du mit allen Situationen arbeiten, die dich ängstigen, beispielsweise mit Telefonaten, Bewerbungsgesprächen, Aussprachen, Krisen.

Ein paar Tipps zum Thema Ängste

Wenn wir Angst haben, atmen wir meist nur sehr flach und in den Brustraum. In so einer Situation kann es dir helfen, deinen Atem wahrzunehmen und mit einer kleinen Übung tiefer werden zu lassen: Leg eine Hand auf deinen Bauchnabel, atme ruhig ein und lass dann die Luft ganz langsam durch den Mund nach außen strömen, als würdest du sie sanft durch einen Strohhalm blasen. Beobachte, wie deine Angst möglicherweise nachlässt.

Untersuchungen haben gezeigt, dass Angststörungen schon nachlassen können, wenn die Betroffenen vier Wochen lang kein Fleisch essen. Ängste können sich außerdem merklich reduzieren, wenn wir darauf verzichten, zu viele und ausführliche Nachrichten zu schauen und ebenso Krimis und Thriller beiseitelassen. Diese Informationen füttern unser Gehirn mit Problematischem – und das wirkt sich in uns aus.

Dankbarkeit ist auch eine gute Medizin bei Ängsten. Wir können nicht gleichzeitig dankbar sein und Angst haben. Manche Menschen wachen morgens oft mit diffusen Ängsten auf. In solchen Fällen empfehle ich besonders, was aber für alle Menschen wunderschön sein kann: Werde dir gleich morgens bewusst, wofür du in deinem Leben dankbar bist. Schreib eine Liste mit möglichst vielen großen und kleinen Erlebnissen, für die du dankbar bist. Ein Verstärker für die Wirkung von Dankbarkeit kann sein, dir nacheinander drei Erlebnisse bewusst zu machen, für die du dankbar bist, und diese dann jeweils eine Minute lang ganz intensiv wieder zu erleben. Versetz dich dafür noch einmal in diese Situation hinein und mal sie dir noch schöner aus. Es hat sich bewährt, solche Übungen täglich zu machen.

THE WORK ÜBER DEINE ROLLEN IM LEBEN

Wir alle nehmen – meist unbewusst – bestimmte Rollen in unserem Leben ein, die uns extrem in unserer freien Entfaltung einschränken. Entdecke die Freiheit, die möglich ist, wenn du diese Identifikationen hinterfragst.

Der Verstand braucht es, sich mit etwas zu identifizieren. Doch diese Rollen, von denen wir denken, dass wir sie seien, schränken uns enorm ein und hindern uns daran, frei und glücklich zu leben. Sie stehen dem im Weg, gut mit uns selbst und anderen umzugehen.

Solange wir eine Rolle unbewusst einnehmen, so lange erschaffen wir damit unser eigenes inneres Gefängnis. Mit der Work haben wir die Chance, unseren Rollen auf die Schliche zu kommen. Wenn wir unsere Identifikationen hinterfragen, dann kann sich das Gefängnis in Luft auflösen.

Manche unserer Rollen und Identifikationen sind komplett unbewusst entstanden, andere fanden wir gut und haben sie uns absichtlich zugelegt. Manche sind darauf ausgerichtet, welchen Eindruck andere von uns bekommen sollen. So hat auch für dich möglicherweise ein Porschefahrer ein anderes Image als ein Golffahrer oder jemand, der immer mit dem Fahrrad oder dem Bus unterwegs ist. Vielleicht hast du bemerkt, dass dir schon beim Lesen des letzten Satzes unterschiedliche Bilder in den Kopf kamen und du eine ganze Menge an Urteilen über diese nur aufgrund ihres Fahrzeugs illustrierten Personen aufstellen könntest. Du könntest als erste Übung mal notieren: Porschefahrer sind …, Busfahrer sind … und so weiter. Und dann kannst du ein paar Gedanken dieser Bedeutungsliste überprüfen.

Ich kann dir sehr empfehlen, dir mal einen Tag Zeit zu nehmen, um dir deine Rollen genauer anzuschauen. Vielleicht tust du dich dafür mit jemandem zusammen.

Was sind die wesentlichen Rollen, die du in deinem Leben einnimmst? Womit identifizierst du dich? Und was hängt für dich an den jeweiligen Rollen dran? Welche Konzepte gibt es da, die möglicherweise eine Überprüfung lohnen?

HINTERFRAGE DIE ROLLEN, DIE DU EINNIMMST

Wenn du dir diese Übung gönnen möchtest, dann fang mit folgender Bedeutungsliste an: »Ich bin eine Frau (oder: Ich bin ein Mann) und das bedeutet, dass …«
Wie immer bei diesen Listen: Gönn dir Zeit, lass deinen Geist schweifen, sei offen, dich überraschen zu lassen, und notiere erst einmal alles, was dir dazu in den Sinn kommt. Zensiere nichts. Schreib in diesem Fall nicht nur Stress verursachende Gedanken auf, sondern auch Bedeutungen, die sich zunächst positiv anfühlen. Es kann sehr aufschlussreich sein, auch diese zu hinterfragen. Meine Empfehlung ist, von deiner Liste mindestens drei Sätze zu worken und dann das Sahnehäubchen zu machen: »Ich bin eine Frau und das bedeutet nicht, dass …« Das genaue Vorgehen dazu ist im Kapitel zu den Bedeutungslisten beschrieben. Am Ende empfehle ich, den ursprünglichen Satz mit der Work zu überprüfen: »Ich bin eine Frau.« Probiere in der Umkehrung aus, was für dich wahrer ist. Auch die einfache Umkehrung »Ich bin« kann uns unserem wahren Sein näher bringen.
Hier findest du weitere Inspirationen für Identifikationen, die du auf die gleiche Weise überprüfen kannst. Welche Rollen engen dich möglicherweise am meisten ein?
»Ich bin …

- Ehefrau, Geliebter, Geschiedene, Witwer, Single, Verlassene, ungebunden …«
- Mutter, Sohn, Oma, Enkel, (große/kleine) Schwester, Zwilling, Patentante …«
- Anwältin, Coach, Putzfrau, Lehrer, Selbstständige, Beamte, Chef, Angestellter …«
- arm, vermögend, verschuldet, insolvent, dunkelhäutig, alt, sechzig …«
- homosexuell, introvertiert, hochsensibel, attraktiv, hässlich, sportlich, entstellt …«
- Diabetiker, krebskrank, impotent, chronisch krank, depressiv, schwerhörig …«
- Deutsche, Italiener, Sachse, Atheist, Christ, Moslem, Buddhist, Worker ...«
- Akademikerin, aus einer Arbeiterfamilie, Wähler von dieser Partei ...«
- Klassikfan, Metalfan, Nerd, in den Wechseljahren, Autonarr, Öko, Vielflieger ...«
- tablettenabhängig, alkoholsüchtig, Raucher, spielsüchtig, pornosüchtig …«
- dieser Körper, diese Gedanken, diese Gefühle ...«

Auch aus Schuld- und Schamgefühlen formen wir oft unbewusst eine Identität, die besonders schmerzvoll sein kann. Der folgende Satzanfang kann dir helfen, solche Identifikationen aufzudecken, was häufig extrem wertvoll ist: »Ich bin derjenige, der …« Oder: »Ich bin diejenige, die …« Womit identifizierst du dich? Lass dir Zeit, das zu entdecken.
Das weitere Vorgehen beschreibe ich an einem Beispiel. Wenn dein Satz lautet: »Ich bin diejenige, die immer überfordert ist«, dann mach deine Liste: »Ich bin diejenige, die immer überfordert ist, und das bedeutet, dass …« Hinterfrage dann die Punkte der Liste und nutze auch das Sahnehäubchen. Überprüfe zum Schluss den Gedanken: »Ich bin immer überfordert.«

THE WORK ÜBER GOTT UND DIE WELT

Letztlich kannst du mit der Work jeden nur denkbaren Gedanken überprüfen. Hier möchte ich dir dafür noch ein paar weiterführende Anregungen geben.

Für die meisten Menschen ist die Work ein Instrument, das sie einsetzen, wenn sie Probleme in Beziehungen, im Job oder mit sich selbst haben. Wenn sie dann eine Weile damit gearbeitet haben und spüren, wie sie immer freier werden und ihr Leben immer mehr so gestalten können, wie sie es aus dem Herzen heraus möchten, dann gehen sie auch mit der Work weiter und immer noch weiter. Denn wir können mit den vier Fragen und den Umkehrungen alle nur denkbaren Gedanken zu allen möglichen Themen überprüfen.

Einerseits ist die Work eine ganz einfache und leicht zu erlernende Methode, die wirklich aus nicht mehr als vier Fragen und der Einladung, Umkehrungen zu finden, besteht. Andererseits ergibt sich aus einem hinterfragten und damit freieren Verstand eine vollkommen neue, frische und dem allgemein Üblichen in vielem kaum noch ähnliche Sicht auf die Welt. Byron Katie wirkt dabei wie anfangs schon geschrieben oftmals wie eine Zen-Meisterin, wenn sie in ihren Seminaren Menschen aus der ganzen Welt mit der Work vertraut macht. Sie hat ein paar ihrer Erkenntnisse genial auf den Punkt gebracht, finde ich. Die »drei Arten von Angelegenheiten« gehören dazu.

DIE DREI ARTEN VON ANGELEGENHEITEN

Erinnere dich einmal daran, wie du dich darüber geärgert hast, dass jemand etwas Bestimmtes sagte. Jemand stellt eine Behauptung auf oder fällt ein Urteil über dich oder jemand anderen und du spürst, wie dich das wütend macht. Du würdest dem anderen am liebsten den Mund verbieten oder ihn zumindest darüber aufklären, was jetzt hier richtiger wäre als sein Verhalten.

Nun frage dich einmal: Wessen Angelegenheit ist es, was du sagst? Deine, richtig? Und wessen Angelegenheit ist es, was diese andere

Person sagt? Auch wenn du meinst, dass du bestimmen könntest, was der andere sagt – es ist wohl genauso seine Angelegenheit, wie es deine ist, was du sagst. Und wessen Angelegenheit ist es, wie du damit umgehst, was andere sagen? Das ist wiederum deine Sache. Wenn dich stresst, was jemand sagt, könnte es das Hilfreichste sein, dazu zu worken, statt sich aufzuregen und den anderen verbessern zu wollen.

Katie spricht davon, dass es im gesamten Universum ihrer Erfahrung nach nur drei Arten von Angelegenheiten gibt: meine, deine und Gottes Angelegenheiten.

- Wessen Angelegenheit ist es, ob du etwas tust oder nicht tust? Ob du etwas tun willst oder nicht tun willst? Das ist deine Angelegenheit.
- Wessen Angelegenheit ist es, was irgendjemand anderes tut oder nicht tut, tun will oder nicht tun will? Das ist dessen Angelegenheit.
- Wessen Angelegenheit ist es, ob es gerade regnet oder nicht? Das ist das, was wir Gottes Angelegenheit nennen können oder die Angelegenheit des Universums oder wie auch immer du es ausdrücken magst.

Wenn wir uns innerlich in die Angelegenheiten anderer begeben, löst das Stress aus. Warum? Weil wir dann einen aussichtslosen Kampf gegen die Realität führen. Es ist ja in dem Moment bereits so, wie es ist. Wenn unser Verstand zu wissen glaubt, was jemand machen oder lassen sollte, wie jemand sein sollte, wie etwas sein sollte – dann ist das hoffnungslos. Wir haben immer schon in genau dem Moment verloren, in dem wir uns innerlich in die Angelegenheiten anderer begeben. Wir sind dann »außer uns«. Die Folge ist ein Gefühl von Getrenntsein.

Uns in die Angelegenheiten anderer zu begeben, verursacht einen Großteil unserer Probleme. Wenn es dir das nächste Mal nicht gut geht, dann kannst du dich fragen: In wessen Angelegenheiten befinde ich mich mental gerade? Wenn du bemerkst, dass du dich in den Angelegenheiten deines (Ex-)Partners, deiner Kinder, Eltern oder Kollegen befindest, dann ist das eine schöne Gelegenheit, ein »Urteile über deinen Nächsten«-Arbeitsblatt über die betreffende Person auszufüllen. Wenn du dich in Gottes Angelegenheit befindest, dann kannst du ein Arbeitsblatt über Gott oder auch über das Wetter – oder wogegen auch immer du innerlich ankämpfst – ausfüllen. Berücksichtige bei solchen Arbeitsblättern die Umkehrung zu »mein Denken«.

WIR KÖNNEN NIEMALS WISSEN, WAS DAS BESTE FÜR ANDERE ODER FÜR DIE WELT IST. »›ICH WEISS NICHT‹ IST MEINE BEVORZUGTE HALTUNG«, SAGT BYRON KATIE.

Wenn wir uns innerlich mehr und mehr in unseren eigenen Angelegenheiten befinden, ist das ein anderer Ausdruck dafür, dass wir »zu Hause« ankommen. Und dann wirst du vielleicht sogar bemerken, dass es letztlich auch nicht in deiner Hand liegt, was du denkst oder tust oder fühlst. Vielleicht geschieht das Leben einfach – und nichts liegt in unserer Hand. Anfangs, solange das nur eine Idee und keine innere Erfahrung ist, klingt das vielleicht schräg. Wenn wir es aber selbst erleben, dann können wir uns tief hineinentspannen in dieses Leben, in unser Sein.

WESSEN ANGELEGENHEIT IST ES?

Die folgenden Fragen sind eine Einladung zur Kontemplation. Es geht nicht um richtige oder falsche Antworten.

Wessen Angelegenheit ist es, ...

- wenn jemand schlecht gelaunt ist?
- wenn dein Kind in der Schule etwas ausgefressen hat?
- wenn dich jemand nicht so unterstützt, wie du es dir wünschst?
- wenn jemand wütend auf dich ist?
- ob deine Mutter sich gut um ihre Gesundheit kümmert oder nicht?
- ob jemand dir das Geld zurückzahlen will, das du ihm geliehen hattest?
- ob dein Partner dich verlässt oder nicht?
- ob du deinen Partner verlässt oder nicht?
- ob du es schaffst, das zu tun, was du dir vorgenommen hast?
- ob es regnet oder schneit oder die Sonne scheint?
- ob irgendwo ein Vulkan ausbricht?
- ob die Regierung so entscheidet, wie du es dir wünschst?
- ob dein Kind jetzt sein Zimmer aufräumt oder nicht?
- ob dein Körper krank ist oder nicht?
- wie groß dein Körper ist?
- ob Pickel auftauchen oder nicht?
- ob die Gesellschaft gerecht ist oder nicht?
- ob jemand die Work macht oder nicht?
- ob du die Work machst oder nicht?

Und wessen Angelegenheit ist es, wie du jeweils darauf reagierst?

Deine Angelegenheit, oder? Und letztlich ist vielleicht noch nicht einmal das deine Angelegenheit. Für mich fühlt es sich aber gut und liebevoll an, die Verantwortung dafür zu übernehmen, wie ich handle. Ich lade dich ein zu erforschen, wie es für dich ist.

INNERE GEBOTE

Meist worken wir zu einzelnen Situationen und in Bezug auf bestimmte Menschen. Es gibt aber auch Gedanken, die gewissermaßen das Fundament für all unsere Schwierigkeiten und Missverständnisse bilden. Wenn wir diese entdecken und überprüfen, dann ist Veränderung in Bereichen möglich, in denen das vorher nicht einmal vorstellbar war.

Hierzu gehört auch das, was ich die »inneren Gebote« nenne. Wir alle haben eine – meist ziemlich lange – Liste von Überzeugungen in uns, was richtig und was falsch ist. Was geht und was nicht. Oft ohne uns darüber bewusst zu sein, meinen wir in vielen Bereichen zu wissen, was wer wie tun sollte. Diese absoluten Überzeugungen können lauten: »Menschen sollten freundlich sein / ihre Gefühle zeigen / nicht meckern / nicht fliegen / andere nicht nach dem Äußeren beurteilen ...« Und so weiter. Das ist unser inneres Gesetzbuch. Und es verursacht Stress und Trennung, weil all das in der Realität natürlich trotzdem getan wird.

Wenn jemand gegen eines unserer inneren Gebote verstößt, dann reagieren wir oft hochemotional darauf. Ich kenne das von mir: »Menschen sollten respektvoll miteinander umgehen« ist eines meiner inneren Gebote. Und da, wo das in meinen Augen nicht befolgt wurde, habe ich mich früher oft total abgewendet. Das ging für mich gar nicht. Da gab es keine Gesprächsgrundlage mehr für mich. Ich konnte nicht sehen, dass die andere Person aus ihrer Sicht gute Gründe hatte, genau so zu handeln.

Wenn wir in solchen Fällen unsere Work über die Person machen und danach wird wieder gegen das innere Gebot verstoßen, dann geht der ganze Krieg gleich von vorn los. Wenn wir uns jedoch unseres inneren Gebotes bewusst werden, können wir es direkt in der Verallgemeinerung »Menschen sollten respektvoll miteinander umgehen« mit der Work überprüfen. Das sind dann wieder Works, für die sich viel Zeit und Raum empfiehlt. Denn diese Works wirken sozusagen eine Etage tiefer.

Besonders auch bei Works, die du immer wieder machst, mit immer wieder den gleichen oder ähnlichen Gedanken, kannst du dich fragen: Könnte es sein, dass ich hier ein inneres Gebot habe, dem ich unbewusst folge? Meine ich hier an irgendeiner Stelle hundertprozentig zu wissen, was richtig und was falsch ist? So kann auf einer tieferen Ebene Bewegung in das Thema kommen und du wirst handlungsfähiger und musst nicht mehr blind emotionsgesteuert reagieren.

Natürlich gibt es Gebote, auf die wir uns glücklicherweise gesellschaftlich verständigt haben, wie »Du sollst nicht töten«. Dennoch bringen Menschen andere um. Wenn du wirklich die Wahrheit wissen willst, könntest du sogar dieses Gebot überprüfen. Das alles heißt nicht, dass du deine Werte aufgeben sollst. Natürlich kannst du dich weiter dafür einsetzen, dass Menschen respektvoll miteinander umgehen und in Frieden leben. Doch du kannst es dann aus einer Energie der Liebe heraus tun und brauchst anderen nicht mehr besserwisserisch belehrend entgegenzutreten.

Vieles von dem Hass und der Hetze, die wir heute in den sozialen Medien beobachten, kommt aus solchen Absolutheitsansprüchen. Menschen, die sich auf so eine Weise äußern, sind absolut davon überzeugt, im Recht zu sein, und meinen deswegen, Andersdenkende aufs Übelste zurechtweisen und bedrohen zu dürfen. Hier schlummern oftmals sehr lange Listen von inneren Geboten im Unbewussten. Solange sie nicht darüber reflektieren, dass die Welt eben so ist, wie sie ist, agieren sie diese Absolutheitsansprüche einfach aus und suchen Schuldige für alles, was den eigenen inneren Geboten widerspricht. Wenn wir frei sein wollen, dann ist es wichtig, dass wir uns unserer inneren Gebote bewusst werden und sie überprüfen.

ÜBER ALLES NUR DENKBARE WORKEN

Hier noch einmal meine Einladung: Nutze das Instrument der Work frei und voller Neugierde und Experimentierfreude. Arbeite natürlich zu all den Menschen in deinem direkten Umfeld – doch nutze die vier Fragen auch bezüglich deiner Gedanken über Politiker oder Banker, mach deine »Urteile über deinen Nächsten«-Arbeitsblätter über Menschen ganz allgemein, über die Menschheit, über Männer, über Frauen, und nutze das Arbeitsblatt auch, indem du deinen Stress verursachenden Gedanken über die Bürokratie freien Lauf lässt, über den Kapitalismus vielleicht, über Rechtspopulismus, über Umweltverschmutzung und über die globale Erwärmung. Sprich in dem Arbeitsblatt auch mal deine Angst wie eine Person an, deine Wut vielleicht, deine Traurigkeit oder Schüchternheit. Und mach durchaus auch ab und zu ein Arbeitsblatt über Gott oder das Universum – ganz allgemein oder für bestimmte Themen, die dich gerade beschäftigen.

Du bist ein Baum. Ist das wahr?

Eine besonders schöne Übung ist diese: Du gehst hinaus in den Park oder in die Natur, wählst dir einen Baum aus und setzt oder stellst dich so hin, dass du ihn anschauen kannst. Versuche dann ein wenig zur Ruhe zu kommen, während du den Baum betrachtest und ihn mit allen Sinnen so bewusst wie möglich in dich aufnimmst.

Dann beginnst du, den folgenden Satz zu worken: »Du bist ein Baum.« Nimm dir Zeit dabei und lausche darauf, was sich in dir an Antworten zeigt. Spüre bei der dritten Frage hin, wie du reagierst und was passiert, wenn du diesen Gedanken glaubst: »Du bist ein Baum.« Und erlebe dann, wer du ohne diesen Gedanken bist. Sei ebenso sorgsam mit den Umkehrungen und lass dich überraschen, welche Beispiele in dir auftauchen.

DEINE INNEREN GEBOTE

Schreib einmal deine inneren Gebote auf. Mach eine Liste all der Dinge, die du für unumstößlich wahr hältst und mit einem gewissen emotionalen Nachdruck verteidigst. Schau in aktuellen Situationen, die dich nerven, und vielleicht auch bei »Urteile über deinen Nächsten«-Arbeitsblättern, die du schon geworkt hast, ob sich dort ein solches inneres Gebot verbirgt. Schau dir besonders die Themen an, bei denen du schon viel geworkt hast, ohne dass sich grundsätzlich etwas geändert hätte. Stecken dort vielleicht Absolutheitsansprüche dahinter, innere Gebote, die du noch nie infrage gestellt hast?

Betrachte diese Dinge in deinem privaten Leben, aber auch gesellschaftlich und global. Was für innere Gebote stellst du dir selbst auf? Was erwartest du von der Welt, von den Menschen ganz allgemein, von Lehrern, der Justiz, der Politik und so weiter?

Untersuche nach und nach diese inneren Gebote mit viel Ruhe: mit den vier Fragen und den Umkehrungen.

Gelebte Work

Hinter manchen Glaubenssätzen steckt richtiggehend Aberglaube. Auch solche Sätze (und damit verwandte Sprichwörter) lohnt es sich zu worken. So wie in diesem Beispiel von Sonja, in dem es um den Gedanken ging: »Wenn es mir so gut geht, passiert bald etwas Schlimmes.« Sonja erzählt: »Als ich bei der dritten Frage dem nachging, wie ich reagiere, wenn ich diesen Gedanken glaube, merkte ich vor allem, wie ich mich vor den Gaben des Universums verstecke, wie ich sie abwehre. Ich hatte richtig Angst vor dem Glück, davor, dass immer mehr Dinge gelingen. Ganz anders dann bei Punkt vier: Ohne den Gedanken war da Weite, ich war ganz bei mir und hatte für ein paar Momente das Gefühl, die umfassende Fülle des Universums annehmen zu können.

Bei der Umkehrung ›Wenn es mir so gut geht, passiert *nichts* Schlimmes‹ merkte ich, dass es mir seit einigen Jahren sehr gut geht, obwohl ich immer diese Angst hatte. Sie hat sich nie bewahrheitet. Vollkommen verblüfft stellte ich fest: Eigentlich ist mir noch nie in meinem Leben etwas Schlimmes passiert. Natürlich gab es sehr schmerzvolle Zeiten, doch ich hatte aus allem lernen und aus allem etwas Gutes ziehen können.

Dann ›Wenn es mir so gut geht, passiert bald etwas *Gutes*‹: Ja, das konnte ich finden, denn wenn es mir gut geht, dann ziehe ich mehr Gutes an. So war es in den letzten Jahren tatsächlich. Und auch die Krisen haben immer nur mehr Gutes hervorgebracht.

›Wenn es mir *schlecht* geht, passiert bald etwas Schlimmes‹: Ja, auch diese Umkehrung ist wahr. Denn dann verurteile ich mich und denke, ich hätte etwas falsch gemacht. Dann sehe ich überall das Schlechte und ziehe mehr davon an. Dann vertraue ich dem Universum nicht und interpretiere die Dinge als schlecht, obwohl es Chancen sind.

Schließlich versuchte ich noch ›*Hurra*, wenn es mir so gut geht, passiert bald etwas Schlimmes‹: Und ich erkannte, dass mir alles ›Schlimme‹ dazu dient, weiter zu wachsen und zu lernen. Das Gute gibt mir die Energie, das Schlechte anzunehmen und in etwas Gutes zu verwandeln. Als würde es darum gehen, alles zu erlösen. Danke.«

Sonja

DIE TRANS-FORMATION DEINES LEBENS

Eine Methode kann ihre volle Wirkung natürlich nur dann entfalten, wenn sie angewendet wird. The Work heißt übersetzt nicht von ungefähr »Arbeit«. Es ist eine Praxis – und wie sie dein Leben wirklich verwandeln kann, dafür gibt es in diesem Kapitel noch ein paar zusätzliche Hinweise.

THE WORK IN DEINEM LEBEN

Meine Einladung an dich: Arbeite ausgiebig mit den vielen Anregungen in diesem Buch. Nutze sie für die Themen, die in deinem Leben unangenehm spürbar werden, und auch für Bereiche, in denen du vielleicht nicht akut Leid erfährst, aber weißt, dass es dort noch etwas aufzuräumen gibt.

Wir sind in diesem Buch einmal durch ganz viele Lebensthemen gegangen und du hast eine riesige Menge an Möglichkeiten mitbekommen, um dich mithilfe der Work aus deinen alten Mustern zu befreien und dein Leben immer mehr so zu leben, wie du es wirklich willst.

Meine Empfehlung ist: Lass dich von dieser großen Menge an Optionen nicht lähmen. Beginne einfach dort, wo es dir am wichtigsten erscheint, mit den Themen, die dich aktuell ganz besonders ansprechen. Nimm dir dann vielleicht einen Monat für ein Thema, einen weiteren für das nächste – und so arbeitest du dich Stück für Stück durch in Richtung Freiheit. Ich finde, das ist ein wundervoller Weg, vom ersten Schritt an.

Es hat sich sehr bewährt, eine gewisse Routine aufzubauen, zum Beispiel indem du jeden Morgen mit der Work arbeitest. Je nachdem, wie viel du zu tun hast, kannst du dir vielleicht eine ganze Stunde Zeit nehmen, vielleicht ist es aber auch nur ein einziger Satz, für den du dir die Gelegenheit gibst. Eine andere Möglichkeit wäre, dass du dir am Abend eine feste Zeit dafür reservierst. So kannst du dranbleiben und immer tiefer in das wundervolle Mysterium der Work einsteigen und deinen Verstand und dein Herz nach und nach immer mehr in Einklang bringen. Schon relativ wenig Zeit, regelmäßig investiert, kann dein Leben verwandeln.

Sehr gut funktioniert es für viele, sich zusätzlich wöchentlich mit anderen per Skype zu verabreden und dann gemeinsam zu worken. Passende Partner dafür findest du am einfachsten in Work-Seminaren, wie beispielsweise ich sie anbiete, und auf einigen der Websites (siehe Anhang). Ihr arbeitet dann miteinander so wie vorn im Kapitel »Wie du andere mit The Work begleiten kannst« beschrieben.

DIE INNERE HALTUNG BEIM WORKEN

Mach dir immer wieder neu bewusst, worum es bei der Work geht. Es ist ein meditativer Prozess. Du stellst dir die jeweilige Frage, nimmst sie wörtlich, hältst inne und wartest, welche Antwort in dir auftaucht. The Work funktioniert, solange du die Fragen beantwortest. Wenn du aufhörst, die Fragen zu beantworten (wenn der Verstand beispielsweise etwas erklären möchte oder versucht, eine »richtige« Antwort zu finden), dann funktioniert es nicht mehr. Wenn du an irgendeiner Stelle von den Fragen abschweifst – und das passiert anfangs häufiger –, solltest du zur Work zurückkehren, sobald es dir auffällt. Das Schöne bei The Work ist: Es gibt keine richtigen oder falschen Antworten. Du kannst einfach der Antwort vertrauen, die sich in dir bemerkbar macht.

DIE UMKEHRUNGEN LEBEN – DIE LIVING TURNAROUNDS

Selbsterkenntnis bringt dir wenig, solange du sie nicht lebst. Die Wirkung einer Work entfaltet sich zwar von ganz allein, doch oft lohnt es sich, sich selbst dabei zu helfen, die Umkehrungen wirklich bewusst in dein Leben zu bringen. Dafür kannst du das Sahnehäubchen nutzen, beispielsweise indem du es dir immer mal wieder selbst vorliest – besonders bevor dir eine ähnliche Situation wie die auf deinem UNA bearbeitete erneut bevorsteht. Mehr dazu findest du im entsprechenden Kapitel.

Und dann gibt es da noch die sogenannten Living Turnarounds, »gelebte Umkehrungen«. Living Turnarounds sind Beispiele oder Anleitungen, wie du eine Umkehrung ganz konkret leben kannst. Manchmal löst eine Umkehrung eine besondere Resonanz in uns aus – und wir merken, wie gut es wäre, sie in unser Leben zu holen. Das funktioniert wie im Folgenden beschrieben.

Anleitung für die Living Turnarounds

Meist nehmen wir für das Herausarbeiten einer »gelebten Umkehrung« eine der Umkehrungen für einen der Sätze zu Punkt 2, Punkt 3 oder Punkt 4 eines »Urteile über deinen Nächsten«-Arbeitsblatts – und zwar entweder die Umkehrung zu uns selbst oder zum anderen. Die Formulierungen der Umkehrungen dort lauten ja:

- »Ich will, dass *ich* …«
- »*Ich* sollte …«
- »Ich brauche von *mir*, dass …«

Wenn du eine Umkehrung gefunden hast, die du gern wirklich umsetzten willst, die du also für deine Living Turnaround nehmen möchtest, dann frage dich zunächst:

- Wie kannst du diese Umkehrung leben? Was braucht es dafür? Wie kannst du das umsetzen?

Gönn dir etwas Zeit und notiere deine Antworten. Sei möglichst konkret. Manchmal ist das schon alles, was du brauchst, um eine Umkehrung gut leben zu können.

Gelebte Work

Für mich wurde einmal der Satz »Ich will, dass *ich* es mir leicht mache« zu einer Living Turnaround. In einem Projekt hatte ich bereits vier Monate lang mit einer Frau zu tun gehabt – und vier Monate lang hatte ich mich gequält. Unsere Arbeitsweisen passten gar nicht gut zusammen und ich hatte den Eindruck, dass ich durch sie nur gebremst wurde. Und obwohl wir doch gemeinsam in diesem Projekt vorankommen wollten, schien ich durch ihre Art immer noch mehr zu tun zu bekommen. Zwei Schritte vor und einen zurück. Es war zum Verzweifeln!

Zurück zur Eigenverantwortung

Ich workte viel daran herum, fand aber den Schlüssel nicht. Bis ich mich endlich dazu entschloss, ein komplettes »Urteile über deinen Nächsten«-Arbeitsblatt über diese Frau auszufüllen. Dort drin stand auch der Satz: »Ich will, dass sie es mir leicht macht.« Eine Umkehrung zu diesem Satz, und zwar die Umkehrung zu mir selbst, war der lang gesuchte Schlüssel: »Ich will, dass *ich* es mir leicht mache.« Ich erinnerte mich endlich wieder daran, dass nur ich selbst es mir leicht machen kann. Solange ich das von einer anderen Person erwarte, bin ich verloren – abhängig, wütend und ohnmächtig, solange sie nicht tut, was ich zu brauchen glaube.

Leichtigkeit ist nicht schwer

Ich entdeckte, dass es gar nicht so schwer war, es mir leicht zu machen. Ich fing an, nichts mehr vorauszusetzen und dieser Frau ganz klare Fragen zu stellen: Was meinst du damit? Wie wollen wir weiter vorgehen? Ich schlage das und das vor – was meinst du dazu? Bist du bereit, dies und das zu tun, während ich das und jenes mache? Ich zog klare Grenzen, wenn ich mit ihrer Art nicht einverstanden war. Oft bat ich sie direkt und freundlich, es mir etwas leichter zu machen. Auch das war möglich. Meist kam sie dem sogar ohne Zögern nach. Es wurde ganz einfach. Und plötzlich konnte sie mich auch nicht mehr verärgern, ich konnte mich in sie hineinversetzen und sehen, aus welchen Gründen sie so handelte, wie sie es eben tat. Die grundsätzliche Sympathie, die ich für sie hatte, konnte wieder an die Oberfläche kommen.

Auch über das Projekt hinaus entdeckte ich, dass ich es mir in so vielem leichter machen konnte. Ein Post-it mit dieser Living Turnaround, das seither an meinem Bildschirm im Büro klebt, erinnert mich täglich daran.

Diane

Oft ist es an dieser Stelle aber noch nicht so richtig klar, wie das geht, die Umkehrungen wirklich gut zu leben. Um dem näher zu kommen, kannst du dir folgende Frage stellen:

- Was ist deine Definition des Kernworts, das in dem ursprünglichen Satz auftaucht? Was ist die Bedeutung, die du dem gibst? Zum Beispiel: »Sie sollte mir zuhören.« Was genau bedeutet es für dich »zuzuhören«? Was gehört für dich dazu?

Mach deine Liste. Vielleicht steht da dann:

- »Sie sollte sich Zeit nehmen.«
- »Sie sollte sich hinsetzen.«
- »Sie sollte das Handy ausschalten.«
- »Sie sollte mit ihrer Aufmerksamkeit ganz und gar bei mir sein.«

Damit hast du eine gute Anleitung, wie du die Umkehrung leben kannst: Um dir selbst gut zuzuhören, kannst du dir Zeit nehmen, dich hinsetzen, das Handy ausschalten und mit deiner Aufmerksamkeit ganz und gar bei dir sein.

Eine dritte hilfreiche Frage kann sein:

- Wie hättest du bemerkt, wenn der andere es getan hätte? Was genau hätte er oder sie dafür tun müssen?

Beim Beispiel »Sie sollte mir zuhören« hättest du es vielleicht mitbekommen, wenn sie am Ende gesagt hätte: »Ich habe dich gehört. Hast du eine Idee, was das jetzt für dich bedeutet?« Dann könntest du das als weitere Anleitung nehmen. Du könntest dir das selbst am Ende deiner Zeit mit dir sagen: »Ich habe mich gehört. Habe ich eine Idee, was das jetzt für mich bedeutet?«

Aus deinen Antworten auf die drei Fragen zum Finden der Living Turnarounds kannst du dir deine Anleitung dafür, wie du die Umkehrung leben willst, selbst individuell zusammenstellen.

Wie kannst du dich an die Living Turnaround erinnern?

Wenn du deine Living Turnaround, also das Wie zum Leben der Umkehrung, entdeckt hast, dann finde Wege, wie du dich in der nächsten Zeit immer wieder daran erinnern kannst. Dafür ist es sinnvoll, eigene kreative Möglichkeiten zu notieren, die für dich gut funktionieren.

Vielleicht bittest du Familienmitglieder oder Freunde, dich immer wieder daran zu erinnern. Kinder können darin richtig gut sein. Vielleicht stellst du Erinnerungen in deinem Handy ein, die dich täglich ein- oder mehrmals daran denken lassen. Es gibt auch spezielle Apps, die dich zu unregelmäßigen Zeitpunkten erinnern können. Du kannst die Punkte aufschreiben und irgendwo gut sichtbar in deine Wohnung hängen oder auf den Nachttisch legen, du kannst sie dir jeden Morgen und jeden Abend aktiv vergegenwärtigen und du kannst dich einfach eine Zeit lang darauf einstimmen, diesen weisen Rat an dich selbst zu leben. Die Möglichkeiten, dich daran zu erinnern, sind grenzenlos.

MOTIVE IN DER WORK: WAS WILLST DU WIRKLICH?

Mit der Work kannst du immer noch tiefer und tiefer gehen. Wenn du schon einige Erfahrungen mit dem Überprüfen deiner Gedanken gesammelt hast, kann es besonders lohnend sein, deine Motivation für das Worken genauer zu untersuchen. Bevor du beginnst, eine Überzeugung zu überprüfen, kannst du dich fragen: Will ich wirklich die Wahrheit wissen?

Spüre in dich hinein und warte, welche Antwort auftaucht. Es geht hier einfach um Ja oder Nein.

Frage dich dann weiter: Oder möchte ich lieber recht behalten? Wieder Ja oder Nein.
Katie sagt, dass das einzige Motiv, das bei der Work funktioniert, das folgende ist: die Liebe zur Wahrheit, die Liebe zum Frieden.
Oft haben wir jedoch andere Motive. Wenn wir allerdings worken, damit ein unangenehmes Gefühl verschwindet oder wir uns in unserem Recht bestätigt sehen können, dann funktioniert das in der Regel nicht oder zumindest nicht so richtig. Was können wir in so einem Fall tun?
Ich lade dich ein zu schauen, was du mit deiner Work erreichen willst, welche Motive du also hast. Diese Motive sind sowieso da (wenn sie da sind), du kannst sie daher genauso gut bewusst anschauen. Frage dich also: Welches Motiv hast du für diese Work? Spüre in dich hinein und warte, was auftaucht.
Falls nichts auftaucht, kannst du dich fragen: Wenn du ein Motiv hättest, welches wäre das? Warte wieder und spüre, was auftaucht. Falls du ein oder mehrere Motive gefunden hast, kannst du dich fragen: Welche weiteren verborgenen Motive könnten dich dazu bringen, gerade jetzt die Work über diesen Satz zu machen? Warte, spüre, was sich zeigt, und notiere die Gedanken.
Es ist nicht falsch, Motive zu haben. Es ist, was es ist. Es ist weder gut noch schlecht. Worum es hier geht, ist, die Motive bewusst wahrzunehmen. Dann kannst du sie willkommen heißen.
Überprüfe für dich: Was ist dir wichtiger – dass es klappt und du bekommst, was dein Motiv will? Oder dass du deine tiefere Wahrheit erkennst?
Egal, wie deine Antwort lautet: Es ist nichts falsch damit. Es ist einfach deine Antwort zum jetzigen Zeitpunkt. Und es ist gut, sie wahrzunehmen.
Wenn du willst, dann untersuche die gefundenen Motive und vielleicht auch andere auftauchende stressige Gedanken – wie: »Ich sollte so etwas nicht mehr denken« – in einer eigenen Work.

GOOD TO WORK

Mit all den Angeboten und Übungen aus diesem Buch kannst du dein Leben vollkommen verändern. Manchmal entdecken Menschen dabei, dass sie eine gewisse Scheu vor dem Glück und vor der Freiheit haben. Wenn du das bei dir spürst, könntest du zur folgenden Frage deine Liste machen und die Gedanken hinterfragen: Was könnte Schlimmes geschehen, wenn du absolut frei und glücklich wärst?

AUSBLICK: DAS UNENDLICHE POTENZIAL VON THE WORK

Das Paradies ist nichts, was irgendwann in der Zukunft auf dich wartet. Das Paradies ist der Zustand, wenn du frei von allen Gedanken bist, die für dich nicht wahr sind. Du kannst es immer dann erleben, wenn du tief in deine Antwort auf die vierte Frage der Work eintauchst: Wer wärst du ohne den Gedanken? Wer bist du ohne deine Geschichte?

Ich bin total begeistert, dass dieses Buch nun geschrieben ist! Es hat lang gedauert – und nun ist es passiert: Der Text liegt vor mir. Ich hätte zu jedem einzelnen Kapitel noch so viel mehr schreiben können – doch ich wollte mich reduzieren, um dieses Handbuch übersichtlich zu halten. Das Wesentliche zur Praxis von The Work ist gesagt und du hast jede Menge Handwerkszeug, um die Work in deinem Leben lebendig werden zu lassen. Das Wertvolle an der Methode ist ja, dass wir unsere eigenen Antworten finden. So findest du hier eine Menge Anregungen für dich, mit denen du deine eigenen Antworten, deinen eigenen Weg für dich entdecken kannst. Das ist es, was dich wirklich befreien kann.

Als ich die Work kennenlernte, gab es noch kaum Bücher darüber. Ich habe viele Jahre für mich geworkt, bis mich dann Byron Katie und einige andere ermunterten, die Methode mit anderen zu teilen. Einundzwanzig Jahre lang habe ich mit der Work experimentiert. Ich bin dankbar für die vielen Inspirationen, die neue Übungen haben entstehen lassen und für bestehende Übungen neue Ideen brachten.

Dieses Praxisbuch kann nun hoffentlich in einigen Lebensfeldern eine Abkürzung für dich darstellen, sodass du nicht alles selbst für dich zu entdecken brauchst, sondern auf meinen Erfahrungen und den Erfahrungen von so vielen anderen Menschen aufbauen kannst. Ich hoffe, dass es dir ein Leitfaden sein kann, mit dessen Hilfe du dich effektiv durch deine Themen hindurchbewegen und dich von hinderlichen Konzepten in deinem Kopf befreien kannst. Du hast diese Gedanken – wie wir alle – bisher auf ganz unschuldige Weise geglaubt und sie haben sicherlich an einigen Stellen dein Leben eingeschränkt und schwieriger gemacht als nötig. Die Anregungen all der Kapitel in diesem Buch können dir helfen, dich zu befreien und das Leben zu leben, das du von Herzen willst. Du kannst die Welt verändern – indem du mit der Welt in deinem Kopf beginnst.

EINE VISION

Stell dir einmal eine Welt vor, in der alle Menschen von der Möglichkeit wüssten, ihre Gedanken nicht einfach automatisch und zwanghaft zu glauben, sondern sie zu hinterfragen und mit der Realität in Einklang zu bringen. Stell dir eine Welt vor, in der die Menschen ganz selbstverständlich und natürlich feststellen würden, dass es ihre Gedanken sind, die sie leiden lassen, und dass sie diese Gedanken, sobald sie ihnen bewusst werden, überprüfen würden. Eine Welt von Menschen, die ihren Verstand auf diese Weise mit ihrem Herzen in Einklang bringen und in großer Freiheit leben würden. Was für eine Welt entsteht da vor deinen Augen?

Stell dir vor, Kinder wüchsen mit Eltern auf, die ihre Konzepte hinterfragen würden und alte Muster und schmerzvolle Vorstellungen aus ihrer eigenen Kindheit nicht einfach unreflektiert auf sie übertragen müssten. Eltern, die bewusst auswählen könnten, was sie weitergeben wollen und was nicht.

Stell dir das Miteinander in einer Welt vor, in der es normal wäre, dass die Menschen in Konflikten oder Missverständnissen bei sich selbst schauen und ihre stressigen Gedanken überprüfen würden.

Das, was uns voneinander trennt, basiert nur auf unseren Glaubenssätzen, auf den Gedanken, von denen wir überzeugt sind, obwohl sie uns nicht guttun. Wie wäre eine Welt, in der den Menschen das bewusst wäre und in der sie die Chance nutzen würden zu wachsen, indem sie ihre eigenen Gedanken überprüften?

GEFÜHLE FÜHLEN

Manchmal taucht die Tendenz auf, die Work dafür zu nutzen, unangenehme Gefühle loszuwerden, sie gewissermaßen »wegzuworken«. Das allerdings ist nicht hilfreich – es geht nicht um ein Loswerden oder Verdrängen von Gefühlen. Letztlich befreit uns die Work von unangenehmen Gefühlen, die den stressigen Gedanken folgen. Doch sie bietet uns die Gelegenheit, innerhalb des klaren Rahmens der vier Fragen und der Umkehrungen tief in das Spüren auch unangenehmer Gefühle einzutauchen, ihnen wirklich Raum zu geben und zu erforschen, wie unsere Gedanken bestimmte Gefühle hervorrufen und verstärken. Auf diesem Weg passiert es ganz natürlich, dass diese Gefühle uns auch wieder verlassen – sie kommen und sie gehen wie Gäste unseres Lebens. Ganz so, wie es Rumi in seinem Gedicht »Das Gasthaus« beschrieben hat.

Stell dir vor, wie sich das weitverbreitete Worken in der Welt auch auf das Berufsleben auswirken würde. Teams würden den Tag mit einer gemeinsamen Gruppen-Work beginnen und überprüfen, was in Bezug auf ihr Unternehmen oder aktuelle Projekte oder ihr Miteinander an stressigen Gedanken auftaucht. Wie anders würden sie dann in den Arbeitstag starten? Wenn es Konflikte untereinander, mit Auftraggebern oder Kunden gäbe, wäre es für alle selbstverständlich, ihre Gedanken dazu zu überprüfen. Wie viel Kreativität könnte dadurch frei werden, wie viel Frieden im Miteinander könnte entstehen und wie viel Erfolg im allerbesten Sinne würde sich daraus ergeben?

Stell dir vor, wie sich alle Beziehungen in der Welt verwandeln würden, wenn die Work selbstverständlich würde. Wenn die Menschen bei jedem auftauchenden Schmerz denken würden: »Oh super! Hier glaube ich offenbar an irgendein schmerzliches Konzept, das ich hinterfragen kann – und dann finde ich eine Wahrheit, die mir bislang verborgen war, und werde frei von diesem Schmerz.« Die Projektionen auf andere hätten keine große Macht mehr und die Beziehungen würden sehr viel freier und erfüllender sein. Jede und jeder würde die Work nutzen, um in sich selbst Frieden zu finden, der dann auch nach außen strömte, ganz von selbst, in all ihrem Tun und Sein.

Vielleicht magst du deine Vorstellung von einer solchen Welt noch weiterspinnen. Stell dir vor, wie sich die Work in der Politik auswirken könnte. Wie die Welt aussehen würde, wenn zur Eröffnung jeder Bundestagsdebatte erst einmal alle gemeinsam worken würden. Oder wenn Anhänger der einzelnen Fraktionen mit den jeweils anderen Partnerworks über die gegenseitigen Urteile und Konzepte machen würden.

Stell dir vor, wie wir leben würden, wenn wir einfach überall gemeinsam nach den besten Lösungen suchen würden. Wenn es nicht darum ginge, recht zu haben oder es besser zu wissen als andere, sondern wenn es jeweils um die Sache ginge und darum, sie konstruktiv voranzubringen. Es wären keine Kriege mehr nötig, wenn Menschen ganz selbstverständlich überall da, wo es knirscht oder schmerzt, wo Wut oder Angst da ist, ihre Gedanken hinterfragen würden.

»WENN DU GLAUBST, ALLES IST SO SCHÖN, DASS ES GAR NICHT MEHR SCHÖNER WERDEN KANN, DANN MUSS ES SCHÖNER WERDEN.« BYRON KATIE

Wenn jeder Mensch – ob Lehrerin, Wirtschaftsboss, Politikerin oder wer auch immer – für sich seine Work machte, wie sähe die Welt dann aus? Wie ginge es in den Schulen zu? An den Universitäten, in den Institutionen der unterschiedlichsten Art? Wie wäre das Miteinander auf internationalen politischen und wirtschaftlichen Bühnen? Und stell dir einmal vor, was es für unseren Umgang mit der Erde bedeuten könnte, wenn wir nicht mehr aus unseren unhinterfragten Gedanken heraus agieren würden. Wenn Herz und Verstand miteinander im Einklang wären, wie es durch die Work immer wieder geschieht? Was würde möglich werden, wenn wir erkennen würden, dass es nicht darum geht, dass die Wirtschaft jedes Jahr um so und so viel Prozent wachsen muss, sondern dass

das innere Wachstum das ist, was wirklich wichtig ist?
Stell dir vor, wie viel erreichbar wäre, wenn es ganz selbstverständlich wäre und auch schon den Kindern gezeigt würde, dass wir immer genau die Gedanken hinterfragen können, die uns davon abhalten, nach unseren Werten zu leben und das zu tun, was wir möchten und was uns wichtig ist.
Wenn ich mir vergegenwärtige, was die Work in meinem Leben und im Leben von so vielen anderen verändert hat, kann ich diese Welt sehen. Diese Welt, in der wir im Miteinander leben, auf uns selbst und unser Denken achten und uns als Team empfinden – mit den anderen Menschen und mit der Natur. In diesem Miteinander können wir Lösungen für all die Probleme finden, die dadurch entstanden sind, dass wir über Jahrhunderte hinweg unsere Gedanken und Vorstellungen über das Leben einfach geglaubt haben und ihnen gefolgt sind.

DU BIST DER ANFANG

Diese neue Welt beginnt natürlich mit uns selbst. Ich, du, jeder einzelne Mensch – wir können bei uns selbst anfangen und das ist es, was die Welt verändert. Ich bin davon überzeugt, dass wir an einem Punkt stehen, an dem ein großer innerer Entwicklungsschritt überlebensnotwendig geworden ist. Wie anders könnte die Menschheit weiter existieren,

WORKE DICH FREI!

Die Work ist kein starres Regelwerk. Byron Katie hat diesen inneren Prozess als Weg für sich selbst entdeckt, als hilfreich erkannt und bald an andere weitergegeben. Es geht nicht darum, es »richtig« zu machen. Die Einladung ist, dieses Angebot zu nutzen, um selbst frei zu werden, auf genau die Weise, wie es für uns funktioniert. Über die Jahre hat sich ein Vorgehen entwickelt, wie es sich für Tausende von Menschen bewährt hat. Daher lade ich dich ein, zunächst den Anleitungen zu folgen, die du hier im Buch findest. Halte dich so lange möglichst genau daran, bis du mit dem Hinterfragen deiner Gedanken tief vertraut bist. Dann fängst du vielleicht auch an zu experimentieren und entdeckst neue Arten, wie die Work genutzt werden kann. Oft ist es jedoch nicht sehr hilfreich, zu früh etwas Eigenes in die Work hineinzubringen. Beispielsweise gibt es manchmal Menschen, die glauben: Ich habe die Work verstanden, es geht um die Umkehrungen.
Katie sagt dazu, dass Umkehrungen wie eine Ohrfeige wirken können, wenn wir vorher nicht die vier Fragen beantwortet haben. Haben wir die Überprüfung gemacht, dann ist die gleiche Umkehrung oftmals wie ein zartes Küsschen auf die Wange.

wenn nicht durch einen grundlegenden Wandel im Bewusstsein? Dafür gibt es verschiedene innere Wege, und The Work ist einer davon.

Wenn du neugierig auf die Work geworden bist, dann kann ich dich nur dazu einladen, so viel wie möglich zu worken, um mit der Methode und mit der Funktionsweise deines Geistes vertraut zu werden. Jede Seite in diesem Buch kann dich dabei unterstützen. Weiteres Material findest du auch auf meiner Website und auf anderen Sites, die ich auf den letzten Seiten hier aufgelistet habe. Mit all dem kann dir die Work helfen, ein harmonischeres Leben zu führen und mit dir selbst ebenso in Frieden zu kommen wie mit den Menschen in deinem Umfeld und all dem, was das Leben dir bringt. Meine Einladung ist: Lass dich auf die Work ein, ohne zu wissen, wohin sie dich möglicherweise führen wird. Wir können nie wissen, was am Ende dabei herauskommt.

DIE SCHÖNHEIT DER WELT ZEIGT SICH, WENN WIR DIE GEDANKEN HINTERFRAGEN, DIE AN DER WELT HERUMMÄKELN.

Wenn die Gedanken, die die Welt anders haben wollen, als sie ist, nicht mehr aktiv sind, wenn sie uns nicht mehr in den Sinn kommen, weil wir sie einfach nicht mehr glauben können, dann offenbart sich uns die ganze Schönheit und Liebe der Existenz. Dann ist alles möglich. Wie sich das in deinem Leben zeigen wird, kann niemand vorher wissen. Worke daher einfach so viel wie möglich. Hab am besten immer einen Notizblock dabei, um dir die stressigen Gedanken, die überall im Alltag auftauchen können, zu notieren und später zu untersuchen. Tu dich vielleicht auch mit anderen zusammen, die worken – auf den letzten Seiten des Buches findest du dazu Links und Hinweise. Lies andere Work-Bücher oder schau dir Videos dazu an. Und räum in deinem Geist alles aus dem Weg, was dich von deiner eigenen Wahrheit und deiner Liebe trennt. Auf diesem Weg aktivierst du deine innere Weisheit und kannst immer mehr so leben, wie es deinem Wesen und deinem Herzen entspricht. Du kommst in Verbindung mit deinem wahren Sein. Diese Essenz war schon immer da und wird immer da sein – jenseits aller Gedanken und Geschichten, die der Verstand ersonnen oder von anderen übernommen hat. In Verbindung mit deinem wahren Sein kommst du, wenn du diese Geschichten loslässt und erkennst, was du jenseits davon schon immer warst und immer sein wirst. Dein Geist kann sich dabei so weit öffnen, dass du begreifst, dass alles, was geschieht, für dich geschieht.

WILLKOMMEN IM PARADIES

Das Paradies ist nichts, was irgendwann in der Zukunft auf dich wartet. Das Paradies ist der Zustand, wenn du frei von allen Gedanken bist, die für dich nicht wahr sind. Wenn du frei von allen Konstrukten und Vorstellungen bist, die dich einschränken und deinen Blick auf dich selbst, die anderen Menschen und die Welt trüben. Das Paradies kannst du immer dann erleben, wenn du ganz tief in deine Antwort auf die vierte Frage der Work eintauchst: Wer wärst du ohne den Gedanken? Ohne deine Geschichte bist du im Paradies. Frei und voller Liebe.

LITERATUR-EMPFEHLUNGEN

Bücher von Byron Katie:

Lieben was ist. Wie vier Fragen Ihr Leben verändern können (mit Stephen Mitchell), Arkana

Ich brauche deine Liebe. Ist das wahr? (mit Michael Katz), Goldmann

Eintausend Namen für Freude. Leben in Harmonie mit dem Tao (mit Stephen Mitchell), Goldmann

Ich liebe, was ist: Freiheit finden in einer Welt des Leidens (mit Stephen Mitchell), Arkana

Wer wäre ich ohne mein Drama? Konfliktlösungen mit The Work, Goldmann

Wer bin ich ohne diesen Gedanken? Weisheit für jeden Tag, Arkana

Tiger-Tiger ist es wahr? Vier Fragen, die dich wieder lächeln lassen (ein Buch für Kinder, mit Hans Wilhelm), Palaysia

Lieben was ist: Meditationskarten, Palaysia

DVDs von Byron Katie

Zurück zur Realität. Catching up with reality, Palaysia

Kehr es um! Wie The Work unser Leben verwandeln kann, Tao Cinemathek

Verlust eines geliebten Menschen, Tao Cinemathek

Ärger und Eifersucht (DVD) Tao Cinemathek

Wahrhaftigkeit in Beziehungen, Tao Cinemathek

The Work. Vier Fragen, die Ihr Leben verändern können, Auditorium Netzwerk

Bücher über The Work

Moritz Boerner: *Byron Katies The Work: Der einfache Weg zum befreiten Leben,* Goldmann

Moritz Boerner: *Gemeinsam Lieben. Wie Sie mit Hilfe der genialen Methode The Work Ihr Leben und Ihre Beziehungen auf unglaubliche Weise verbessern,* BoernerMedia

Ralf Giesen: *Beziehungsprobleme gibt es nicht: Mit The Work zur glücklichen Partnerschaft,* Goldmann

Colette Grünbaum: *Perlen tauchen mit The Work of Byron Katie. 52 Anker im Gedankenstrom,* Kamphausen

Tanja Madsen: *Mentales Stressmanagement. Yoga für den Verstand - mit The Work von Byron Katie,* Junfermann

Eva Nitschinger: *Meine Reise zu mir selbst! Mit The Work von Byron Katie: Die werden, die ich schon immer war,* Familienbande

Ina Rudolph: *Ich will ja loslassen, doch woran halte ich mich dann fest?,* Goldmann

Ina Rudolph: *Auf ins fette, pralle Leben: 12 Experimente, wie man sich das Leben leichter machen kann,* Kösel

Ina Rudolph: *Ich will mich ja selbst lieben, aber muss ich mich dafür ändern?,* Goldmann

Website-Empfehlungen

ralf-heske.de
Meine Website mit Infos zu den Seminaren und Ausbildungen zum Coach für The Work und zu Coachings, Newsletter, Blog, usw.

ralf-heske.de/praxisbuch-bonus
Hier findest du ergänzendes Material zu diesem Praxisbuch und auch Links zu allen Arbeitsblättern.

thankswork.de
Website von Diane Zilliges, Lektorin, Autorin und Coach für The Work (vtw), die mit mir dieses Buch geschrieben hat.

thework.com
Byron Katies internationale Website mit Links zu allen Arbeitsblättern, Terminen ihrer Veranstaltungen, inklusive der neuntägigen School for The Work, Videos und weiteren Infos.

thework.com/sites/de
Byron Katies deutschsprachige Website

vtw-the-work.org
Der Verband für The Work of Byron Katie e. V. (vtw) bietet Menschen, die an The Work interessiert sind, ein Forum für Information, Austausch und Vernetzung. Hier findest du unter anderem eine Mitgliederübersicht, um dich zu vernetzen oder einen The-Work-Coach zu finden, sowie eine Terminübersicht für Seminare und offene Gruppen.

instituteforthework.com/itw/content/helpline
Die »The Work Helpline« wird von Freiwilligen rund um die Uhr, sieben Tage die Woche, und je nach Erreichbarkeit der Begleiterinnen oder Begleiter angeboten. Die Helpline ist für Menschen gedacht, die neu bei The Work sind und für diejenigen, die ab und zu Hilfe bzw. Unterstützung bei der Anwendung von The Work benötigen.

Social Media-Kanäle

YouTube:
youtube.com/@verbandfuertheworkofbyronkatie

Facebook:
facebook.com/coach.ralf.heske

Facebook-Gruppe:
»The Work of Byron Katie - Wie du Liebe und Frieden in dir selbst findest« – meine »private« Gruppe, bei der du kostenlos Mitglied werden und dich austauschen oder Fragen stellen kannst: facebook.com/groups/the.work.mit.ralf

Instagram:
instagram.com/ralfheske oder @ralfheske

REGISTER

In Dankbarkeit für Byron Katie,
die mir und so vielen anderen Menschen gezeigt hat,
dass wir die Wahl haben zu leiden
oder nicht zu leiden.

MEHR ENERGIE, MEHR WOHLBEFINDEN!

ISBN 978-3-8338-8606-5

ISBN 978-3-8338-8153-4

ISBN 978-3-8338-8233-3

ISBN 978-3-8338-7835-0

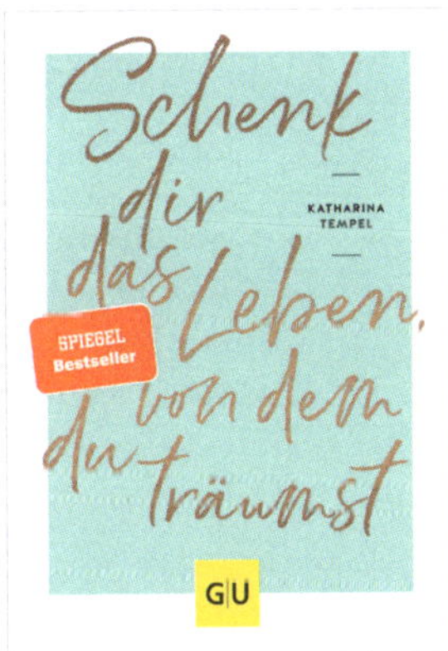

ISBN 978-3-8338-8020-9

ISBN 978-3-8338-8598-3

Alle hier vorgestellten Bücher sind auch als ebook erhältlich.

G|U

Mehr von GU auf **gu.de** | **gu.verlag** | **gu.verlag**

IMPRESSUM

ISBN 978-3-8338-7311-9

5. Auflage 2025

Projektleitung: Anja Schmidt

Lektorat: Anne Nordmann

Umschlaggestaltung und Layout: independent Medien-Design, Horst Moser, München

Bildnachweis

Coverillustration: iStock

Foto Byron Katie: Scott London

Autorenfoto: Sabine Büttner, sabinebuettner.de

Syndication: www.imageprofessionals.com

Herstellung: Martina Koralewska

Satz: griesbeckdesign, Dorothee Griesbeck, München

Repro: Medienprinzen, München

Druck & Bindung: F&W Druck- und Medienzentrum, Kienberg

Umwelthinweis:
Nachhaltigkeit ist uns sehr wichtig. Der Rohstoff Papier ist in der Buchproduktion hierfür von entscheidender Bedeutung. Daher ist dieses Buch auf PEFC-zertifiziertem Papier gedruckt. PEFC garantiert, dass ökologische, soziale und ökonomische Aspekte in der Verarbeitungskette unabhängig überwacht werden und lückenlos nachvollziehbar sind.

QUALITÄTS GARANTIE

LIEBE LESERINNEN UND LESER,

wir wollen Ihnen mit diesem Buch Informationen und Anregungen geben, um Ihnen das Leben zu erleichtern oder Sie zu inspirieren, Neues auszuprobieren. Wir achten bei der Erstellung unserer Bücher auf Aktualität und stellen höchste Ansprüche an Inhalt und Gestaltung. Alle Anleitungen und Rezepte werden von unseren Autoren, jeweils Experten auf ihren Gebieten, gewissenhaft erstellt und von unseren Redakteur*innen mit größter Sorgfalt ausgewählt und geprüft.

Haben wir Ihre Erwartungen erfüllt? Sind Sie mit diesem Buch und seinen Inhalten zufrieden? Wir freuen uns auf Ihre Rückmeldung. Und wir freuen uns, wenn Sie diesen Titel weiterempfehlen, in Ihrem Freundeskreis oder bei Ihrem Online-Kauf.

Sollten wir Ihre Erwartungen so gar nicht erfüllt haben, tauschen wir Ihnen Ihr Buch jederzeit gegen ein gleichwertiges zum gleichen oder ähnlichen Thema um.

KONTAKT ZUM LESERSERVICE

GRÄFE UND UNZER VERLAG
Grillparzerstraße 12
81675 München
www.gu.de